Antropologia da Comunicação Visual

Coleção Debates
Dirigida por J. Guinsburg

Equipe de Realização – Coordenação Textual: Luiz Henrique Soares e Elen Durando; Edição de Texto: Giacomo Leone Neto; Revisão: Margarida Goldsztajn; Produção: Ricardo W. Neves, Sergio Kon e Lia N. Marques.

massimo canevacci
ANTROPOLOGIA DA COMUNICAÇÃO VISUAL

EXPLORAÇÕES ETNOGRÁFICAS POR MEIO DO FETICHISMO METODOLÓGICO

 PERSPECTIVA

cip-Brasil. Catalogação na Publicação
Sindicato Nacional dos Editores De Livros, rj

C225a
    Canevacci, Massimo
    Antropologia da comunicação visual : explorações etnográficas por meio do fetichismo metodológico / texto [e tradução] Massimo Canevacci. - 1. ed. - São Paulo :
Perspectiva, 2018.
      304 p. : il. ; 21 cm. (Debates ; 341)

    Tradução de: Antropologia della comunicazione visuale : esplorazioni etografiche attraverso il fetichismo metodologico
    Inclui bibliografia
    isbn 978-85-273-1139-7

    1. Antropologia social. 2. Comunicação e cultura. 3. Fetichismo. 4. Ciências sociais. I. Título. II. Série.
18-52871   CDD: 301
                            CDU: 316:572.029

Meri Gleice Rodrigues de Souza - Bibliotecária CRB-7/6439
28/09/2018   04/10/2018

1ª edição

Direitos reservados à

EDITORA PERSPECTIVA LTDA.

Av. Brigadeiro Luís Antônio, 3025
01401-000 São Paulo sp Brasil
Telefax: (11) 3885-8388
www.editoraperspectiva.com.br

2018

SUMÁRIO

Prefácio a Esta Edição 11

Introdução. 17

1. RUMO A UM FETICHISMO METODOLÓGICO . .29

"Fazer-se Ver" 29

O Valor das Mercadorias Visuais 32

O Fetichismo Metodológico .34

A Biografia Cultural das Mercadorias 39

A Máquina Biológica 43

O Corpo de Tigra 45

A Fantasmagoria Visual. 47

2. COMUNICAÇÃO E REPRESENTAÇÃO. 51

As Tramas da Comunicação

A Trama Que Conecta 51

Duplo Vínculo............................59

Comunicação Visual.....................64

Emoções Fusionais......................75

As Tramas da Representação

O Caráter e o Corpo Balinês..................80

O Caderno e a Leica.........................83

Dez Categorias Para Cem Figuras 87

O Comitente Esquizoide 96

O Corpo e as Emoções......................99

Montagem 101

3. A ESCRITURA EM MONTAGEM 107

Seu Método É a Montagem 110

O Paradoxo do Prisioneiro....................... 113

Interlúdio Etnográfico

A Caixa de *A Bela-da-Tarde* 114

Superman e a Metacomunicação 115

Logo Versus Logos 118

Jeans Liminoides........................... 119

Assassina de Rua........................... 121

"Selfie de Arte" 122

Interlúdio Paradoxal........................... 124

Paradoxos Olfativos

Atrações Egoïste 127

Liberações Fragrance 129

Perversões Vice-Versa 131

Corpos Emaranhados........................ 133

O Poder do Nariz 135

A Civilização do Olfato 137

Monólogo Sussurrado 139
O Paradoxo Liberado 141

4. CABEÇAS CORTADAS 145
Rosto 145
Primeiro Plano 148
Máscara 153
Visus 161
Voz em Off 172

5. O SINCRETISMO MÍTICO DE PASOLINI 181
Medeia 183
Édipo Rei 195
Comparação 205

6. O HÍBRIDO INCORPORADO:
O VIDEODROME DE CRONENBERG 209
A Sequência 209
Nicky: Rádio 101 212
O'blivion: Cathodic Ray Mission 214
Barry Convex: Spectacular Optical 216
Max: Canal 83 218
O Vídeo-Duplo 222
Same Time Tomorrow 225

7. O FETICHISMO GRAVADO DE LYNCH 229
Estradas Ubíquas 230
Enxame de Mariposas 232
Câmeras Flutuantes 233
For Fiction 234

Sixteen Reasons.............................. 237

Café Cuspido................................. 238

Chave Azul................................... 239

Tudo É Gravado 240

O Inconsciente Mobiliário.................... 242

8. EUPORNÔ 245

Introdução 245

Empírica..................................... 247

Hipótese 256

9. METRÓPOLE COMUNICACIONAL........... 259

Metrópole Performática...................... 259

Metrópole Comunicacional................... 266

Metrópole Autorrepresentada................ 269

Metrópole Ubíqua........................... 274

Metrópoles eXterminadas 277

Pós-Final 281

10. CONCLUSÕES METAFETICHISTAS 283

Imagens 291

Índice de Fotos 291

Peças Publicitárias, Quadrinhos e Outras Artes
Visuais 292

Filmes....................................... 292

Bibliografia 295

PREFÁCIO A ESTA EDIÇÃO

Este livro passou por diversificadas composições. Nem poderia ser diferente; enquanto a comunicação visual precisa mudar em relação às paisagens digitais presentes na política, nos estilos de vida, nas redes sociais, a perspectiva teórica de base é confirmada e, ao mesmo tempo, duplicada – se o *fetichismo metodológico* prossegue no posicionamento de interpretar e transformar os fluxos de comunicação contemporânea, o *metafetichismo* anuncia a perspectiva de liberar o conceito de fetiche das incrustações seculares, sedimentadas pelos pensamentos diferenciados. A sua matriz é colonial; posteriormente, essa matriz continua idêntica na análise política como reificação; na psicanalítica como perversidade; e, agora, como sentido comum ambíguo. Em geral, ignora-se o potencial (*meta = além*) de superar o pensamento dicotômico, baseado sobre objeto-sujeito ou natureza-cultura. Enfim, a explícita hipótese do texto é focalizar, criticar e experimentar *o além* da lógica binária e dos valores dualistas.

Nessa perspectiva, o texto pratica o exaurimento da dialética baseada em oposições binárias, síntese evolutiva, paradigmas universais. A dialética desaparece *no ar de pixels*: a comunicação digital é uma composição flutuante – material/imaterial –, que vai além do dualismo dicotômico e da síntese conciliatória. Na atual fase, é evidente a crise do conceito histórico de sociedade que não é mais capaz de interpretar nem de gerenciar as transformações em potencial. Como resultado, a antropologia política assume a comunicação visual-digital como parte constitutiva da pesquisa, da crítica e da pragmática.

A situação política no Brasil, após os eventos de 2016, é um desafio ao pensamento político clássico, o qual necessita de um olhar antropológico-comunicacional por um motivo simples e urgente: a crise da política tradicional é um fenômeno global que assume, neste grande país, algumas especificidades claras. A definição de *golpe parlamentar* é – se aceita – uma crítica endereçada contra a instituição parlamentar e a democracia republicana. Por isso, a expressão afirma um conceito contraditório que mistura o incompatível e inova – infelizmente – a ciência da política. Mas há outro ponto de vista que parece estar oculto e que deveria ficar mais evidente, posicionando como tema central a comunicação política: os fatos sucedidos – quer sejam vistos como golpe parlamentar, quer como *impeachment* institucional – indicam uma restauração comunicacional não somente contra a presidente Dilma Rousseff, mas também contra as inovações da cultura digital, pois trata-se de uma restauração do poder conservador da cultura analógica. Os vários políticos do gabinete do Brasil de Temer, incorporaram física, cromática e sexualmente o restauro daquela que se pretende ser indestrutível: a geração branca-masculina-heterossexual, a qual concluiu a graduação universitária na aurora da revolução digital e sabe usar os modernos celulares e *smartphones*, mas que se apresenta totalmente ignorante ou desconfiada dos valores comunicacionais inovadores voltados à democracia tolerante, inclusiva, horizontalizada. Se o resultado do *impeachment* parlamentar for a unificação autoritária de governo e Estado, ficará claro que o conflito insurgente é ainda mais baseado na *comunicação política*. Assim, se a liderança parlamentar parece atrasada – ainda mais quando mesmo as manifestações opositoras demonstram atraso –, é porque não se consegue elaborar uma pragmática digital que coloque em crise esse poder restaurativo analógico. A imaginação exata precisa modificar os comportamentos de uma minoria minoritária – que se presume de vanguarda sendo aceita ou tolerada pela maioria –, a qual continua a professar as fantasias de que incendiar uma rua inteira ou tomar de assalto um banco seja genuíno ato revolucionário. Pelo contrário, essas práticas políticas são velhas e reconfirmam sempre o poder restaurativo. No Brasil, assim como na França ou na Itália. A crítica prática da política comunicacional deve ser inovadora e reformar profundamente os estilos *extremos* urbanos nos comportamentos e nos valores.

O texto não afirma a transição da sociedade para a comunicação que caracteriza títulos acadêmicos (em especial, os anglo-saxônicos), pelos quais se passaria "evolutivamente" de um conceito definido – a sociedade – ao conceito sucessor individualizado na comunicação. Esse modelo "evolucionista" é ainda mais evidente quando se teoriza a migração do processo analógico para o digital, ignorando a copresença persistente de ambos os modelos. Essa lógica dualista e evolutiva é diferente da minha maneira de empreender pesquisa. As narrativas dos processos de mudança são causadas por disjunções parciais, tensões conflituais, convivência sincretista, fraturas compositivas. Em suma, sociedade e comunicação coexistem conflitualmente na vida cotidiana e nas reflexões teóricas, nas pesquisas empíricas e nas composições textuais. Implementar visões de libertação em potencial da segunda *além* da primeira é o propósito deste livro.

No corpo da sociedade, está sedimentada a mesma dimensão histórica – a "sociedade civil" –, reclamada em oposição ao Estado. Com a dialética entre sociedade-Estado, nasce a política moderna, graças aos fundamentos jurídicos e filosóficos associados aos sistemas de produção da Revolução Industrial. Nesse contexto, afirmam-se dinâmicas de classes, conflitos sociais, morais, sexuais, instituições parlamentares, partidos e sindicatos. A dialética define conflitos antitéticos na perspectiva sintética do universalismo e da *governance global*. Sintese, dualismo, universalismo lançam mão do poder da dicotomia pelas suas conotações regressivistas, baseadas em pulsões simplificadas que opõem contrários – e os reproduzem – amigo-inimigo, nós-eles, bem-mal, bom-mau, masculino-feminino, material-imaterial, orgânico-inorgânico, natureza-cultura, público-privado.

A comunicação visual deve ser tratada com a mesma seriedade com que foram investigadas as condições de trabalho. Destarte, os processos são mais individuais e menos massificados, mais conectivos e menos coletivos, mais redes sociais e menos mídias de massa. Com a mudança de século, o conceito de mídia de massa parece obsoleto: reproduz-se a ideia sociológica da *massa*, de uma multidão informe de consumidores passivos e assalariados subalternos; e de *medium*, quando as radiodifusões do século XX realizavam a *mediação* vertical com a massa passivizada. A razão da crise da TV generalista é óbvia: a "massa" tende a desaparecer ou, por assim dizer, a virar *minoria*, os públicos tornam-se pluralizados; e os sujeitos, autonomizados. O digital promove pessoas que constroem o seu *palimpsesto*, cada vez menos compartilhado com a família ou "o" público. A TV generalista mantém o seu poder apenas em grandes eventos desportivos, desastres políticos ou ecológicos; o próprio conceito de homologação está em crise, com seus paradigmas sociológicos do século XX que, paradoxalmente, sobrevivem apenas em debates televisivos. Porém, quero sublinhar que – diante do poder indestrutível da TV Globo, do poder inconstitucional das evangélicas ou do tradicional da imprensa – as práticas voltadas a uma comunicação político-digital-progressiva parecem inexistentes ou ultraminoritárias no Brasil. Dessarte, a comunicação digital é conectiva e *multividual*, não tem *massa* e pluraliza o *medium*.

O metafetichismo entra nesse contexto flutuante. Por isso, a minha escolha dilui e mistura o dualismo clássico de familiar-estrangeiro, dissolve a clareza das fronteiras culturais, dirige-se para uma declaração política clara: a constituição de uma *antropologia não antropocêntrica*. A comunicação digital se estende para a vida cotidiana e permeia corpos, gêneros, regiões, estilos, linguagens e identidades. Não é uniforme, pois, em seus corpos, convivem posições bem diferenciadas e deveras antagônicas, como o crescente modelo da conspiração. Daí, o treino etnográfico no olhar, observando até o objeto mais banal com atenção micrológica. A antropologia é *indisciplinada*. Este texto rejeita a *identidade compactada*; aplica o *fetichismo metodológico* na introdução teórica e o *estupor metodológico* no encontro com os outros; pratica a *ubiquidade subjetiva* do pesquisador, o *olhar sincrético* para coisas-seres, a *composição polifônica* nos estilos expositivos. Por essa razão, o texto é a travessia dos fios narrativos sem definir o novelo.

INTRODUÇÃO

Tim Berners Lee, criador do World Wide Web, ilustra a emergência da cultura pós-euclidiana: "A onipresença da internet é mais importante que a velocidade. A velocidade é importante se você quiser ver um vídeo em alta definição, mas a ubiquidade, mesmo com conexões mais lentas, significa que você pode receber e enviar *e-mails* e fazer parte da economia digital."[1]

A ubiquidade é o conceito-chave que determina as dimensões práticas da comunicação digital; favorece e, consequentemente, modifica a percepção cotidiana das clássicas coordenadas dos espaços-temporais nas experiências do sujeito: um sujeito multivíduo. A ubiquidade permeia a experiência material-imaterial de um sujeito ubíquo que transita entre a metrópole comunicacional e as redes sociais. Destarte, o uso do conceito de ubíquo identifica um *modus operandi*

---

1 L'invenzione del World Wide Web, *La Repubblica*, 14 nov. 2011.

por intermédio da *web-cultura*: a *web* é ubíqua, e a ubiquidade caracteriza as experiências espaço-temporais do sujeito.

Na contemporaneidade, o ubíquo desenvolve a imanência lógico-sensorial de caráter material/imaterial ultrapassando o dualismo. O ubíquo é incontrolável, incompreensível, indeterminável. Fora do controle político vertical, da racionalidade monológica, de toda determinação linear espaço-temporal. Elaborar visões ubíquas que se movem à beira do além: além da fixidez identitária das coisas e do ser que, por essa qualidade, oferece visões poético-políticas ilimitadas. O Ubíquo é a potencialidade da fantasia que se conjuga com a tecnologia.

Nos processos digitais, a identidade é mais flexível em relação ao passado industrialista, é uma identidade em parte mutante acomodada sobre uma base instável, que oscila entre sujeitos/contextos diversos na mesma moldura. Por isso, o olho etnográfico é ubíquo, treinado para decodificar a coexistência de códigos discordantes (escritos, visuais, musicais, mixados etc.) e para praticar módulos igualmente diferenciados.

Quem primeiro entendeu o "caracter" ubíquo dos nascentes *mass media*, e do rádio em particular, foi Adorno. Em sua famosa pesquisa empírica sobre *broadcasting*, o filósofo encontra duas características fundamentais para esta pesquisa: fisionomia e ubiquidade. Ao analisar a forma de propagação da voz, ele observa que "a ubiquidade é única nesse meio e distingue o rádio de outras formas de comunicação"[2]. Nesse sentido, estandardização e falsa imediaticidade semeiam reificação.

Mark Weiser (1952-1999) – considerado por muitos como o pai da computação ubíqua – observa uma espécie de ubiquidade diferente da analisada por Adorno: "as ubiquidades caracterizam as relações espaço-tempo da internet"[3].

2 Apud D. Jenemann, *Adorno in America*, p. 164.
3 The Computer of the 21st Century, *Scientific American*, v. 265, n. 3, Sept 1991, p. 66-75.

A computação ubíqua nomeia a terceira onda na computação. Primeiro foram mainframes, cada um compartilhado por muitas pessoas. Agora estamos na era da computação pessoal, pessoa e máquina encarando-se desconfortavelmente na área de trabalho. Em seguida vem a computação onipresente, ou a era da tecnologia calma, quando a tecnologia recua para o fundo de nossas vidas.[4]

Ele acrescenta um passo decisivo para analisar o pensamento crítico de Adorno quando ele afirma que a ubiquidade envolve *human and not-human*. A dialética sujeito-objeto vá em crise também a causa da crescente subjetivação dos objetos.

Enfim, Weiser elabora três aspectos da mutação ubíqua:

- Quanto mais você puder fazer por *intuição*, mais inteligente você será.
- O computador deve estender seu *inconsciente*.
- A tecnologia deve criar *calma*.

Agora se abre o desafio indisciplinar entre etnografia, psicanálise, comunicação: o inconsciente se estende nos canais da comunicação; as conexões entre psique, *skin* e *screen* deveriam ser evidentes para qualquer um que envolvido nas redes sociais, não somente com pornô, como será analisado no capitulo 9. A distinção clássica entre físico e psíquico se dissolve no ar dos pixels, assim como para Marx e Engels o capitalismo industrial dissolveu no ar tudo que era sólido. Assim, afrontar as experiências do inconsciente estendido nos canais da comunicação digital é a finalidade de uma antropologia visual aplicada aos seres humanos e não humanos.

A crítica agora envolve também McLuhan, em relação à evaporação dos *mass-media* tradicionais: o conceito de *mass media* é novecentista, seja em relação à ideia sociológica de *massa*, de uma folha informe e homogênea de consumadores passivos, seja em relação ao último *medium* principal, a TV generalista. Ela não consegue mais desenvolver

4 Ibidem.

a "mediação" unitária e central entre os *broadcastings* e a "massa", justamente porque a "massa" está tendencialmente desaparecida ou, por dizer assim, minoritária.

O digital favorece escolhas individuais por pessoas que constroem o próprio "palimpsesto", sempre menos compartilhável como experiência homologante: agora entre os próprios membros de uma família não é mais possível compartilhar a experiência visual cotidiana. Assim o conceito de homologação está em crise (com os simétricos paradigmas sociológicos) e os *mass media* como modelo pratico--conceitual estão irreversivelmente obsoletos.

A TV generalista mantem o poder somente nos grandes eventos esportivos ou nas catástrofes políticas, mas perde no cotidiano devido à subjetivação das experiências pelas redes sociais (identidades mutantes) e pelo emergir irresistível da autorrepresentação.

A comunicação digital não tem massa e pluraliza o meio.

O cenário que está surgindo cruza digital e cultura, oferecendo perspectivas inéditas. Em vez de oposição dialética e classista entre aura e reprodutibilidade, as articulações digitais misturam essas duas perspectivas que – de dicotômicas – se tornam sincréticas, polifônicas, diaspóricas. Surge uma comunicação aurática reprodutível além do dualismo das tecnologias analógicas. Os traços – musicais, literários, artísticos – inseridos na *web* mantem a força expressiva "aurática" mesmo estando disponível a infinitas "reprodutibilidades". Em vez de arte coletiva, são artistas *conectivos* que se afirmam. Os cenários de uma reprodutibilidade aurática digital vão além da dialética, das dinâmicas de classe, da lógica binária: reprodutividade aurática digital.

Em vez do dualismo de opostos entre aura burguesa e reprodutibilidade operária, a comunicação digital sincretiza reprodutibilidade e aura. Essa aura reproduzível expressa manifestações liberacionistas, esse mix aurático-reprodutível é um indicador decisivo para entender o que está mudando na antropologia da comunicação visual contemporânea. É um salto paradigmático em relação ao passado.

A tese sociológica entre consumo e mídias dividia dicotomicamente os sujeitos sociais entre quem produzia e quem consumia: no primeiro caso, o trabalhador, o fazedor de política ou o artista isentado do trabalho; no segundo, o consumidor submetido em uma passividade induzida pelo nivelamento massificado. Agora os *post-media* sobem o tom do canto fúnebre para os *mass-media* clássicos. O conceito sociológico de massa entra em crise e se afirma o conceito comunicacional de *multivíduo*; e a mediação entre *broadcasting* vertical e público horizontal colapsa.

* * *

Atribuir a denominação "visual" à comunicação que será analisada no texto não significa delimitar o campo da pesquisa, mas o oposto: significa afirmar a centralização da comunicação que se realiza com a pluralidade dos meios tecnológicos. O aspecto visual está assim relacionado com as diferentes formas passíveis de reprodução do "ver". A crescente importância dessas formas é testemunhada por sua expansão semiótica nos territórios visuais circundantes, os que viveram no *hic et nunc* da vida cotidiana (desde o cenário político até o urbano). Focalizar o visual da comunicação significa, pois, selecionar esse espaço da cultura contemporânea; enquanto, em seu interior, concentram-se o poder e o conflito, a tradição e a mudança, a experimentação e o hábito, o global e o local, o homologado e o sincrético.

Por fazer parte da cultura analisada etnograficamente, o visual refere-se às muitas linguagens que veicula, como as de: montagem, enquadramento, comentário, enredo, primeiro plano, cores, ruído; e as linguagens verbal, corporal e musical. Ao mesmo tempo, o visual refere-se também aos diferentes gêneros que podem utilizar as mesmas linguagens ou inventar outras novas: cinema (ficção ou documentário), televisão, fotografia, *design*, *Spotify* ou *Apple Music*, publicidade ou videoarte. Em suma, o visual envolve também diferentes tipos de subjetividade que estão aprendendo a empregar esses gêneros e essas linguagens: não só ocidentais (em sentido amplo), mas também das populações nativas.

Quanto ao substantivo, a comunicação atesta e reforça o caráter compositivo, aplicado ao visual, que precisa ir à busca dos muitos significados que se concentram em seus textos. Em relação à comunicação visual, de fato, os sujeitos, que entram ativamente em seu *frame* – como intérpretes que negociam e cocriam significados –, são múltiplos, e todos com igual direito à plena subjetividade: o autor do texto visual (cineasta, fotógrafo, *designer*, publicitário, *prosumer*)[5]; o ator em cena (informante nativo, amador, ou profissional); o espectador performático ou *espect-ator*; e os comportamentos cada vez mais autônomos da internet das coisas.

O sistema da comunicação, portanto, não se situa na tradição mecanicista do século XIX (um emissor que remete uma mensagem a um destinatário) e talvez nem na tradição cibernética (na qual – por intermédio de comentários ou retroatividade –, o sistema torna-se complexo e circular). O texto visual deve ser visto como o resultado de um contexto pulsante, que envolve sempre esses múltiplos participantes; cada um deles, desempenhando um papel duplo, observados-observadores: autor, informante, espectador e tecnologias de comunicação, todos, atores do processo comunicativo.

Dessa inquietação, emerge um projeto sobre a comunicação visual impregnado de valores móveis, plurais e descentralizados: eles não centralizam a autoridade do autor, mas a descentralizam como possível autorialidade, multiplicando a subjetividade no campo, no cenário, na plateia, na tela do monitor.

É nesse cenário que se define a negociação dos significados, a qual envolve pesquisa etnográfica contemporânea mais avançada. Depois de entrar em crise, tanto o

---

5 *Prosumer* é um termo originário do inglês que provém da junção de *producer* (produtor) + *consumer* (consumidor).

sistema mecanicista unilinear quanto o retroativo bidirecional – ambos de tipo cientificista, funcionando por meio das mídias tradicionais, e não por meio da complexidade da comunicação digital *inter* e *intra*-humana –, o observado, em vez de objeto passivo, torna-se um sujeito que, por sua vez, observa o observador, modifica-o (e, portanto, "se" modifica) e o interpreta. E este não é apenas sujeito único da observação, mas também sujeito observado, cuja interpretação – a ser apresentada como uma das possíveis – é modificada pela presença, talvez só de fundo, do observado; o espectador que, como já enfatizado por diversos autores, em vez de receptor passivo é decodificador ativo *in fabula* que se apresenta sempre mais como performático; enfim, o "objeto" digital é sempre mais sujeito ativo que se expande na cidade, em casa, no corpo.

Os significados visualizados por todo esse enredo nunca são estáticos, não são proferidos, vistos e interpretados de forma definitiva, mas oscilam nas biografias e geografias. O significado é negociado pelas muitas linguagens postas em ação durante o *set* de filmagens, durante a montagem e a visualização. E, se o significado é sempre contextual, embora, no momento vigente, tal contexto não seja mais dado como certo, fixo e estável, a identidade do contexto – e dos possíveis significados – assimila-se à do sujeito e da mídia: sempre mais móveis, inquietantes, flutuantes.

No entanto, o conceito de canal parece-me inadequado numa impostação etnográfica e performativa do significado, porque essa se forma ao longo do próprio evento (a tomada), da montagem (edição), da exibição (visualização), ou seja, o código que se realiza no canal já é parcialmente modificado pelo receptor, uma vez que se adapta a ele, às suas supostas expectativas, ou o contesta, modifica-se ao longo da emissão, banca o neutro, e assim por diante. O canal não é nem inocente nem indiferente. Já faz parte do jogo. O canal é de-canalizado; e o digital, o assassino.

É necessário fazer um esclarecimento inicial sobre outro aspecto do método que, por conseguinte, fluidifica-se, tenta adaptar-se ao seu "sujeito/objeto" mesmo emocionalmente, para dissolver os traços de poder, os quais se manifestam, em particular, na proteiforme expansão dos fetichismos visuais. Assim, o método se transmuta em compositivo: penetra a orquestração de paisagens visuais, parece assimilar-se a ela, quase a se mascarar como um fetiche entre os fetiches, cruzando-os por meio de sua dissonância cognitiva e emocional, escritural e visual. O método faz-se comunicacional e, nesse sentido, político.

Com efeito, a abordagem da comunicação visual configura-se em três níveis:

- ◆ No primeiro, há o emprego direto, por parte do pesquisador, das técnicas audiovisuais para documentar e/ou interpretar, modificar ou legitimar a realidade, seguindo metodologias diversificadas (antropológicas, poético-artísticas, sociológicas, publicitárias, fílmicas, jornalísticas etc.).

- ◆ O segundo aplica a análise cultural nos produtos da comunicação visual em sua totalidade (do documentário etnográfico à publicidade), a fim de buscar valores, estilos de vida, inovações dos códigos por eles veiculadas, para elaborar modelos simbólicos e formais, para estudar e modificar a já mencionada pesquisa prática[6].

- ◆ O terceiro apresenta a abordagem composicional que se aplica aqui, pela qual a montagem transitiva e autorreflexiva compõe a atração de diferentes fragmentos, sequências, autores, imagens, sons. Tais aspectos são selecionados pelas suas diferenças (Bateson, Cronenberg, o xavante Divino Tserewahu, ao lado do jeans

---

6 Aqui, encaminha-se (e, em parte, se renova) a trilha de uma importante tradição da pesquisa antropológica: o estudo de uma cultura por meio do cinema de massa, realizado a distância por Rhoda Metraux, Margaret Mead e Gregory Bateson, pela impossibilidade de se deslocar para o campo, em países nazifascistas europeus como Alemanha e Itália; cf. M. Mead; R. Metraux (orgs.), *The Study of Culture at a Distance*.

Levi Strauss, e não do antropólogo Lévi-Strauss), por meio das quais se tenta fixar uma constelação móvel composta de fragmentos visuais que não são estáticos; nesse sentido, pois, o livro torna-se visual.

Os produtos da comunicação visual são um "terreno" – material-imaterial – fértil para se empreender pesquisa empírica, além de teórica, semelhante em importância à realização de materiais visuais: tenta-se aplicar métodos compositivos plurais na apresentação, a fim de proporcionar sentido a esses produtos (os fetiches visuais), assimilar-se aos fetiches e assim poder furá-los. De fato, esses três níveis devem ser entendidos como parte de um todo – móvel, flutuante, parcial – que constitui o âmbito específico da comunicação visual.

Destarte, concretiza-se uma comunicação visual transitiva e reflexiva: ela inclui, afora a alteridade interna, todo produto visual como material empírico, descentraliza o processo interpretativo e o multiplica numa forte tensão dialógico-polifônica entre o sujeito focalizado, o sujeito que focaliza, o sujeito espectador, o sujeito-tecno. Na tensão compositiva entre essas quatro subjetividades, a comunicação emerge como um desassossego contextual que precisa substituir o conceito oitocentista de sociedade.

Hoje, a difusão planetária da comunicação visual – relacionada às condições históricas modificadas – comportou a tendência à afirmação de uma cultura *glocal* (global + local) que torna cientificamente superado o âmbito heurístico do "caráter nacional" em que se movimentavam as pesquisas pioneiras[7]. As novas tecnologias de produção, recepção, autoprodução, a dilatação transcultural do mercado pós-mídia, as correntes dos *mediascapes* digitais levam a utilizar, como campo de pesquisa, o conjunto de produtos diferenciados da comunicação visual. Esses, em

---

7 Cf. E. Bourguignon, *Antropologia psicologica*; R. Robertson, *Globalization*.

sua flutuante fragmentação, tornam-se assim o âmbito de uma pesquisa cada vez mais "de distância aproximada", ao mesmo tempo local e global, familiar e estrangeira.

Tais aspectos dificultam de modo significativo todos os processos, uma vez que diminui aquela instância de estranhamento que facilitava ao pesquisador (etnógrafo ou não) o levantamento das diferenças culturais: o objeto de estudo se afirma impetuosamente como coincidente com a própria identidade cultural e, ao mesmo tempo, em contínua mutação. Em razão dessa viscosidade do objeto visual, nasce a exigência de se definirem métodos e perspectivas: é necessário, pois, aprender a observar os produtos individuais da comunicação visual como se fossem exóticos, utilizar um olhar não familiar por parte do observador e modificar a própria sensibilidade perceptiva na atitude de "fazer-se ver".

O texto aborda todas as linguagens, todos os gêneros e todas as subjetividades anteriormente enunciadas. Na introdução, busca-se renovar o tradicional (e formidável) conceito de fetichismo, para transformá-lo em método – fetichismo metodológico – adequado às novas mercadorias visuais, caracterizadas por biografias e biologias. O primeiro capítulo, sobre Gregory Bateson, é, no meu entender, decisivo; ele se divide em duas partes: na primeira, aplicam-se seus conceitos de trama que se conectam, com duplo vínculo, à comunicação visual; na segunda, desenvolve-se a análise crítica de um texto que ele escreveu em parceria com Margaret Mead, sua cônjuge e companheira – até hoje, a melhor pesquisa aplicada de antropologia visual –, a fim de se definir as formas plurais e inovadoras da representação etnográfica.

A seguir, aplica-se o que foi teorizado ao longo de um capítulo elaborado como uma autêntica montagem de escrituras e imagens. É um capítulo experimental em sua composição de texto que alterna entre cinema, quadrinhos, publicidade, paradoxos. Mediante tal aspecto, entram dois capítulos em que se desenvolve uma pesquisa sobre o primeiro plano como linguagem visual em mutação (máscara, *visus* e voz em *off*) e a autorrepresentação por meio do vídeo por parte das populações nativas brasileiras.

Os dois capítulos seguintes analisam separadamente e colocam em tensão dialógica três cineastas tão diferentes e, ao mesmo tempo, tão afins: Pasolini, antropólogo espontâneo, com seus filmes míticos; Cronenberg do *Videodrome,* metáfora máxima do vídeo incorporado; e Lynch, cuja câmera incorpora o fetichismo perturbador em cada ângulo. O irrefreável poder difusivo de um *eu-pornô* truncado pela escritura (*grafia*). Enfim, enfrenta-se a urgência de mudar métodos, lógicas, composições, pesquisando a ubiquidade digital na sua relação com os corpos polimorfos que definem o panorama mutante na *metrópole comunicacional.* Assim, emerge o *bodyscape* como panorama digital para uma nova composição narrativa da comunicação visual.

1. RUMO A UM FETICHISMO METODOLÓGICO

> *Em muitas sociedades históricas, as coisas não*
> *são tão separadas da capacidade das pessoas de*
> *agir e do poder das palavras em comunicar. Que*
> *essa visão das coisas não tenha desaparecido*
> *nem sob as condições do capitalismo industrial*
> *ocidental é uma das intuições que subjaz à*
> *famosa tese de Marx, em* O Capital, *a respeito*
> *do fetichismo das mercadorias.*
>
> ARJUN APPADURAI, *The Social Life of Things*

"Fazer-se Ver"

O objetivo deste ensaio é o de explorar as possibilidades inovadoras para uma etnografia compositiva da comunicação aplicada à crescente importância da cultura visual. Com essa finalidade, tentou-se elaborar um quadro teórico de referência para enfocar a "natureza" particular das mercadorias contemporâneas: suas características intrínsecas de mercadorias-visuais com um valor agregado de caráter comunicativo.

As mercadorias-visuais são, por "essência", fantasmáticas. Todavia, as formas contemporâneas assumidas pela fantasmagoria visual, diferenciam-se profundamente do poder estranhante das mercadorias tradicionais. Para captar os códigos das novas fantasmagorias, é necessário recomeçar pelo conceito de fetichismo e adaptá-lo aos novos níveis da mercantilização. Então, os fetiches visuais, que proliferam na comunicação de alta tecnologia, são de tal forma incorporados pelas novas mercadorias que o próprio método de observação deve levar isso em conta. Ele se redefine como *observação observadora*[1], porque coloca todas as potencialidades cognitivas do ser espectador dentro do *frame* da observação e, ao mesmo tempo, todas do lado de fora. Esse salto do observar ao observar-se – essa *metaobservação* – é a abordagem conforme à decodificação dissoluta da comunicação visual.

Uma perspectiva adequada à nova fase não pode mais se retirar desdenhosamente da práxis comunicativa, ao contrário: entre a atividade interpretativa da pesquisa empírica, aplicada à comunicação visual, e a práxis comunicativa que põe em ação as novas linguagens visuais, deveria haver trocas e enxertos sempre mais ricos e bidirecionais. Para enfrentar essa premissa de fundo, também o estilo da representação utilizado neste texto, especialmente em alguns capítulos, é – ou pretenderia ser – uma tentativa exploradora aplicada à comunicação no momento exato de sua reflexão interpretativa crítica. A hermenêutica neutra e distante não nos pertence. "Ler" um texto visual – uma mercadoria ou um filme – é também uma tentativa de dissolver seus fetiches.

---

1 Ela não pode ser "participante" na práxis cotidiana, de acordo com a tradição etnográfica, mesmo que a realidade virtual possa modificar essa proposição de forma imprevisível.

Fazer-se ver[2]. Para desenvolver o ponto de vista da observação reflexiva é preciso colocar-se nessa (*pro*)*posição*. Uma posição sensível não tanto à semiótica, à estética, à comunicação, quanto ao ato "passivo" de ver. Fazer-se ver: não no sentido de aparecer, mas nos variados sentidos de desenvolver qualidades sensitivas fundadas nas percepções do olhar, na sensibilidade do ver, do transformar-se além do sujeito-em-visão, do mudar-se em ver, em coisa-que-vê. Tornar-se olhar, tornar-se olho, *fazer-se*.

No *fazer-se*, enfatiza-se uma atividade transformadora de tipo reflexivo que envolve o sujeito até sua mutação em coisa-que-vê; no *ver*, concentra-se o processo reflexivo na atividade polimórfica, sensível, emocionada, do olhar interpretativo. Fazer-se ver significa colocar-se na posição – na ótica – que está totalmente dentro dos fluxos visuais e, ao mesmo tempo, totalmente fora. Fazer-se ver significa treinar a auto-observação enquanto se observa. Significa saltar entre um todo interior ao *frame* da visão e um todo exterior. Fazer-se ver significa desafiar a fantasmagoria das mercadorias-visuais, tornando-se "coisa" vidente, fetiche "em" visão e "da" visão.

Com tal finalidade, esta pesquisa baseia-se numa metodologia que utiliza quatro indicadores conceituais: a *vida social* das mercadorias-visuais, a *biografia cultural* das mercadorias, as *máquinas biológicas* e o *fetichismo metodológico*.

Esses quatro indicadores são articulações diferenciadas do fetichismo aplicado à contemporaneidade. Com efeito, é por intermédio da reelaboração do fetichismo que se determina a especificidade de uma abordagem etnográfica, a que – entre outras coisas – o termo pertence por competência. E o fetichismo visual "vê" as novas mercadorias sempre mais como sujeitos, com biografia própria, biologia e vida social. Nessa "visão" o fetichismo visual se transforma em fetichismo metodológico. Em *fazer-se ver*. A finalidade

2 Com esse conceito, procurarei desenvolver o enfoque de M. Perniola sobre *fazer-se sentir*, em *Del sentire* (Do Sentir), antes da sua reação filosófica anticomunicação.

do fetichismo metodológico é favorecer a dissolução das mercadorias-fetiche de tipo visual, rasgando e exasperando sua sedução: seu *sex-appeal* inorgânico[3].

A antropologia da comunicação enquadra as mercadorias-visuais como seu objeto, que se transforma em sujeito biográfico, em fetiches biológicos, redefine seu valor e tenta chegar, por meio das mesmas tramas da representação, a uma crítica da economia político-comunicativa. Por isso, o sujeito-pesquisador precisa "fazer-se": ou seja, precisa enxertar-se dentro de um processo igualitário e contrário ao antecedente e transformar-se em coisa-que-vê e que-se-vê.

O Valor das Mercadorias Visuais

Um novo método crítico não poderá mais nascer de uma ideologia política, mas de uma invenção da composição que, em seus próprios módulos de representação, dissolva os novos fetiches. Nesse sentido, desenvolveremos algumas tentativas no sentido de delinear uma teoria do valor adequada às mercadorias visuais.

Na forma atual das mercadorias, não é a quantidade de trabalho abstrato incorporado que explica seu valor de troca. Esse desmoronamento acaba com a teoria do trabalho-valor de caráter quantitativo (e, portanto, objetivista, naturalista, oitocentista). Com efeito, Marx pensava que o processo produtivo em si tornaria o trabalho puro fornecimento de força-trabalho, quantitativamente mensurável como uma mercadoria entre mercadorias.

Os mesmos clássicos dualismos entre trabalho vivo e trabalho morto, trabalho abstrato e trabalho concreto, estrutura e superestrutura são absolutamente inadequados para

---

3 O termo, elaborado por Walter Benjamin, presta-se para sucessivos desenvolvimentos que captem o poder irresistível de trazer para si as mercadorias visuais (o seu seduzir). Em virtude de o inorgânico ser essencialmente visual, seu *sex appeal* – a ascensão erótico/pornográfica das videoimagens – precisa ser aberto e dissolvido a partir do interior do processo comunicativo.

compreender a "natureza" das novas mercadorias. O trabalho vivo pós-fordista é marginal em relação ao processo de valorização pautado em bases digitais. Enquanto o trabalho abstrato, em vez de ser considerado puro fornecimento quantitativo e indiferente de força de trabalho alienada, pode ser repensado como força cognitiva e projetual extraída do saber técnico-científico e da valorização. É por isso que a restauração do trabalho concreto se torna uma invenção regressiva que idealiza comunidades e saberes inexistentes.

Esse aspecto pode ser verificado pelo desenvolvimento determinante da chamada "cultura de empresa"[4] – inerente à gestão do conjunto de processos comunicativos que amarram, em firmes tramas simbólicas, os direcionamentos estratégicos, administrativos, operativos – que há tempos se voltou para a antropologia cultural a fim de compreender, modelar e transmitir a cultura comunicativa interna: essa rede particular de símbolos e sinais, códigos e estilos, mitos e ritos encenados durante o horário de trabalho (e além dele). A lógica da cultura de empresa relaciona organização do trabalho-publicidade-marketing-venda de forma reticular e imanente.

As mercadorias visuais contêm em seu corpo fantasmático um conjunto articulado de fluxos. Estes foram definidos em uma abordagem do tipo antropológico-econômico, por Arjun Appadurai, estudioso de origem indiana e docente nos Estados Unidos. Ele delineou um modelo para enquadrar as diferenças da economia cultural contemporânea em cinco fluxos, sob forma de panoramas: *technoscape, mediascape, finanscape, ideoscape, ethnoscape*. Nessa rede panoramática globalizante, constitui-se a nova forma flutuante e disjuntiva do poder, sem haver mais nenhum centro de tipo estrutural, para evocar velhas terminologias simplificadoras[5].

4 Cf. P. Gagliardi (a cura di), *Le imprese come culture.*
5 "Emprego o termo com o mesmo sufixo – *scape* – para indicar, em primeiro lugar, que essas não são relações objetivamente dadas que parecem idênticas a partir de qualquer ângulo visual, mas que são construtos os quais partem de suas perspectivas internas, muito influenciadas pela ▶

Nesse cenário flutuante, a mais-valia relativa é somente uma metáfora obsoleta que não resiste à prova da cultura empresarial ou da lógica digital. Alguns pesquisadores chegam a conclusões segundo as quais capital e trabalho assalariado ter-se-iam tornado supérfluos há tempos. Todavia, após terem-se apercebido da morte terminal da mais-valia relativa, fazem-na ressurgir como mais-valia cognitiva. De acordo com esse enfoque de cunho cognitivo, o trabalho mental – como saber necessário às inovações tecnológicas – não seria aproveitável pelo capital como força produtiva, sendo o saber "biologicamente" afixado na mente do operador. Essa posição percebe a importância do momento da invenção-cognição, mas o encerra num organicismo mentalista isolado das relações comunicativas dominantes, para sobrepor o mistério da mais-valia: isso depende de sua incapacidade de ver a economia comunicacional como determinante dos novos fluxos globalizantes.

A teoria do valor-trabalho foi assim dissolvida por causa dessa incessante mutação comunicativo-produtiva. Por isso, é necessário explorar novos critérios classificadores que possam ser adequados a uma nova crítica da economia político-comunicativa. O terreno da crítica se constrói aceitando o desafio dos novos territórios do conflito, que se baseiam na tríade cultura-consumo-comunicação, da qual a mercadoria-visual reassume e multiplica os sentidos e os valores.

O Fetichismo Metodológico

Alguns filões das ciências humanas aceitaram o desafio da mudança, unindo a pesquisa de campo, a reflexão teórica e a crítica interna à cultura a que pertencem. Só desenredando

▷ situação histórica, linguística e política dos diferentes tipos de atores: tanto comunidades de Estados-nação, de multinacionais, de diásporas, como também grupos ou movimentos subnacionais e inclusive grupos *face to face*."Cf. A. Appadurai, Disjuncture and Difference in the Global Cultural Economy, em M. Featherstone (ed.), *Global Culture* (edição inglesa), p. 296.

esse tríplice nível inter-relacionado (pesquisa-teoria-crítica) é possível repensar o novo.

Vimos de que forma a "natureza" das novas mercadorias se apresenta como comunicação visual. Ela conduz, pois, ao território da cultura, que não pode mais ser definida como aquele "conjunto complexo" unitário e homogêneo de crenças e visões de mundo – cuja matriz também é oitocentista –, mas como culturas plurais: tanto dentro como fora de um determinado contexto, culturas fragmentárias e competitivas, dissipadoras e descentralizadas, conjuntas e conflitantes. Uma cultura *glocal*: ela é, ao mesmo tempo, global e local; participa, simultânea e conflitantemente, das ampliações globalizantes e das restrições localizadoras. O conceito de homologação – que apavorou e emocionou o público da década de 1960 – não é mais adequado à percepção da realidade de um processo complexo e conflituoso, cheio de tensões globalizantes e de reclassificações localizantes.

É inútil dissecar essas mercadorias-visuais para delas extrair a quantidade de trabalho socialmente necessário, nelas incorporado, que determinaria seu valor. Sua anatomia revela-se bem mais rica do que se pode imaginar: dentro delas não há mais puro trabalho abstrato, quantificável pelo fornecimento de força-trabalho. Ao contrário: é justamente a ideia de um trabalho abstrato, não especializado, homogeneizado, quantitativamente simples, que não resiste à força dessas novas mercadorias. Por isso, por um paradoxo apenas aparente, a anatomia dessas mercadorias-visuais só pode ser fetichista. E as mercadorias – como as pessoas – têm uma vida social própria, sustenta Appadurai[6]. Elas não são mais "objetos", mas plenamente *sujeitos*, ou seja, possuem uma individualidade própria inscrita em suas formas, em seus empregos, em suas idades. Também as mercadorias nascem, amadurecem, envelhecem, adoecem e morrem. Possuem nomes, parentescos, genealogias,

6 Cf. A. Appadurai (ed.), *The Social Life of Things*.

evoluções e mutações, sensibilidade e inteligência. Possuem uma *biografia*. Possuem um "corpo" cheio de símbolos e sinais. São fetiches. São animadas.

Diante desse poder multiplicador das mercadorias-fetiche e das mercadorias-visuais o método dissolutivo deve caracterizar-se como um *fetichismo metodológico*. Ainda segundo Appadurai, o primeiro a elaborar esse conceito, deveria ser um corretivo para o peso excessivo atribuído a uma sociologia das transações, que vai de Marx a Marcel Mauss e chega até Baudrillard, ou melhor, ao coreano-alemão Byung-Chul Han (2013).

Mesmo que nossa abordagem das coisas seja necessariamente condicionada pelo ponto de vista de que as coisas não têm significado algum separado daquele que lhe é provido pelas transações, atribuições e motivações do homem, o problema antropológico é que essa verdade formal não ilumina a circulação concreta, histórica das mercadorias. Por isso, temos que seguir as mercadorias, posto que o significado está inscrito em suas formas, em seus empregos, em suas trajetórias. Torna-se necessário, portanto, desenvolver a análise das transações humanas ao longo daquelas trajetórias que vivificam as coisas. Por conseguinte, ainda que de um ponto de vista teórico sejam os atores humanos que codifiquem as coisas com significado, do ponto de vista metodológico são as mercadorias-em-movimento que elucidam seu contexto humano e social. Nenhuma análise social das mercadorias [...] pode eliminar um mínimo nível daquilo que se define como fetichismo metodológico.[7]

Ao longo do ensaio, avançarei nessa perspectiva, pois o fetichismo metodológico se apresenta, a meu ver, como uma chave filiforme, recortada e agitada, adequada para penetrar no interior dos novos arcanos visuais incorporados pelas novas mercadorias com alto índice de comunicação. Levar-se-á a sério até demais esse conceito – talvez além das intenções de Appadurai – por sua aderência a um objeto da pesquisa que foi se transformando cada vez mais em sujeito, com uma verdadeira biografia animada, biografia-coisa, feita de histórias de vida das coisas.

7 Ibidem.

Defino *fetichismo metodológico* como sendo a abordagem das formas comunicacionais das coisas-animadas que dissolve o caráter comercial da mercadoria por meio do deslizamento semiótico dos códigos nelas incorporados. A interpretação é, ao mesmo tempo, uma destruição. É essa destruição que assume as espirais linguísticas da desconstrução. O fetichismo metodológico é, por assim dizer, *homeopático*. Ele cura o fetichismo, exasperando e dilatando as construções interpretativas encenadas pelas próprias coisas, ao longo de sua vida comunicativa. É animista. As mercadorias têm corpo e alma. São cheias de fetichismos e animismos. Têm uma idade, biografia, ciclos vitais. Um *sex-appeal*, normas de atração e repulsa não somente para os consumidores culturais, mas também entre si. Certas "coisas" ficam bem juntas, costuma-se dizer: como amantes. Ou então acostumaram-se a ficar juntas: como velhos cônjuges.

Combina com elas o que chamamos de método polifônico, ou seja, a multiplicação dos pontos de observação e dos estilos de representação a respeito do mesmo objeto[8]. Dessa forma, descobre-se que ele não é mais algo estático que permanece imóvel diante do sujeito que observa, mas que se transformou, por sua vez, em sujeito, um sujeito móvel que (co)participa de toda uma série de indicadores normalmente considerados pertencentes à mera esfera orgânica do vivente. Por essa razão, contextualmente deve acontecer a mutação do sujeito observador em coisa-que-vê. Em fazer-se ver.

A tentativa de enfrentar, numa nova perspectiva, a circulação das mercadorias na economia comunicacional contemporânea consiste em observar como as atuais formas de troca criam valor nesse setor. A dimensão visual cria um valor agregado entre o corpo da mercadoria e o corpo do consumidor. Esse valor agregado vivifica-se nas novas formas do fetichismo. O valor não é mais uma metáfora genial que deveria permitir que penetrássemos no arcano dessas

---

8 Cf. M. Canevacci, *A Cidade Polifônica*.

mercadorias. As novas mercadorias-visuais, com seu "espectro", multiplicam o valor das coisas.

As dimensões visuais das mercadorias não se circunscrevem somente na estilização que assumem antes de entrar na corrida do mercado. Esse é um primeiro ponto de crescente importância: as mercadorias estetizadas comunicam significados definidos e múltiplos com sua linguagem ventríloqua. Há tempos que as mercadorias deixaram de ser mudas (e talvez nunca tenham sido totalmente), falam de forma sempre mais loquaz com seu estilo nelas incorporado, que é decodificado[9] no momento do consumo de modo muito polissêmico e ativo, pelo consumidor *glocal*, ou seja, cada comprador-consumidor – que pertence aos diferentes contextos geográficos no cenário mundial do consumo cultural – consegue exprimir um nível crescente de interpretação própria. Ele, por assim dizer, localiza o produto. Plasma seu significado de forma relativa, com base em seu contexto. Essa adaptação local da produção cultural mundializada descentraliza o sentido das coisas. As linguagens ventríloquas incorporadas pelas mercadorias-visuais se exteriorizam, de certa forma, nos vários dialetos. Em vez de uma homologação plana, tudo isso desenvolve e acentua uma tensão irredutível entre mundialização e localização.

Nesse enfoque, baseado na economia comunicacional (que se situa no rastro inaugurado pelas teses sobre a indústria cultural, embora com perspectivas profundamente modificadas) se misturam e entrelaçam produção, comunicação e cultura. A tarefa específica atual é a de assumir a cultura produtivo-comunicativa como espaço central da pesquisa, adotando, para sua decodificação, metodologias, conceitos, paradigmas e formas da representação a ela adequados. Então, uma mercadoria visual é, ao mesmo tempo, publicidade, intermediário cultural, *soap opera*,videoclipe, a torcida, um político.

---

9 É usado exatamente para "fazer-se ver" no sentido aqui proposto.

As dimensões visuais das mercadorias, portanto, são tanto as que emanam de suas formas estetizadas e estilizadas (*design*, embalagem), ou seja, inscritas em seu corpo, da criação à produção, quanto aquelas comunicadas pela circulação (publicidade), pela troca (cartão de crédito)[10] e, obviamente, pelo consumo (a mercadoria em seu reino: os *shoppings*). Todos esses níveis estão inscritos nos fluxos produtivos, simbolicamente e em termos de valor, que apresentam acelerações imprevisíveis com o aperfeiçoamento do novo nível comunicado, imposto pelas tecnologias digitais interativas das novas mídias. O conjunto de todos esses níveis constitui a comunicação visual.

A partir desse contexto, emerge a urgência de elaborar a crítica e a pesquisa *além* do clássico fetichismo, aplicando a sua metodologia em direção do *metafetichismo* emergente – assim como será desenvolvido nos outros capítulos – aliado progressivamente a uma "mutante" *meta-morfose*.

A Biografia Cultural das Mercadorias

Seguindo essa abordagem inovadora de etnografia econômico-comunicacional, a produção de mercadorias desenvolve também um processo perceptivo, pelo qual tais mercadorias deixam de ser compreensíveis apenas como coisas, mas como mudança significativa que penetra sua própria "natureza" simbólica[11]. No pensamento ocidental produziu-se uma polaridade opositiva ideal-típica entre o universo das pessoas (que participam da humanidade de forma singular) e o universo das mercadorias (baseado numa dimensão despersonalizada, homologada graças ao

10 Lembre-se do episódio paradigmático descrito por Bret Ellis, em *American Psycho*, sobre o conflito simbólico por meio dos diversos tipos de cartões de crédito "sacados" como uma arma num restaurante nova-iorquino da moda por um grupo de *yuppies*: um verdadeiro *status-game*.

11 Cf. I. Kopytoff, The Cultural Biography of Things, em A. Appadurai (ed.), *The Social Life of Things*.

poder nivelador do equivalente). Essa dicotomia "humanística" entre pessoa como sujeito e mercadoria como objeto não funciona mais.

Se a heterogeneidade caracteriza as coisas singulares – os indivíduos são todos diferentes entre si: são singulares e insubstituíveis[12] –, pelo contrário, a homogeneidade deveria determinar as mercadorias equivalentes, que são sempre idênticas entre si. As mercadorias, porém, podem não ser mais somente "coisas", quando os termos de avaliação são totalmente heterogêneos.

Por meio de uma operação de constantes classificações e reclassificações, a pesquisa realizada por Kopytoff demonstrou como as diferentes culturas do mundo modificam os termos com os quais o heterogêneo se transforma em homogêneo, para tornar-se objeto de troca das mais diversas maneiras. E vice-versa: assiste-se a uma sacralização das coisas transformadas em sujeitos singulares, aos quais não se podem impor transições econômicas, porque não têm valor (parques naturais, monumentos, obras de arte, símbolos políticos, religiosos etc.).

Dessa premissa infere-se que as histórias de vida pertencem a um tipo de abordagem das ciências sociais que, pelo menos até hoje, tratou somente de indivíduos em sua qualidade de universal singular; e agora essa abordagem biográfica pode ser estendida às mercadorias. Segundo Kopytoff, os mesmos problemas culturais podem ser levantados, concentrando a pesquisa "na biografia das mercadorias".[13]

Para compreender tais biografias deve-se responder a problemas em grande parte semelhantes aos que concernem às pessoas: quais são, sociologicamente, as possibilidades biográficas inerentes a seu *status* – de onde vêm as mercadorias, quem as produziu –, qual poderia ser "uma carreira ideal para essas mercadorias" (quais são as idades reconhecidas para as mercadorias e seu ciclo vital, quais são os sinais

12 Cf. Ibidem, p. 69.
13 Ibidem, p. 66.

culturais nelas inscritos, como muda seu emprego com a mudança de sua idade, o que acontece quando se reconhece nelas uma falta de utilidade final). Assim, com base em sua experiência pessoal no campo, Kopytoff afirma que "a biografia de um carro na África revelaria uma mina de dados culturais"[14]: a forma de sua aquisição; como foi obtido o dinheiro para essa troca; a relação entre o vendedor e o comprador; o emprego cotidiano do carro; a identidade de seus passageiros mais frequentes; as eventuais relações com garagem e mecânicos; o abastecimento; as trocas de propriedade; o preço inicial e os preços do carro usado; o que resta depois, quando, com o passar dos anos, o carro está acabado e seu ciclo vital fecha-se na fase terminal. "Todos esses detalhes revelariam uma biografia totalmente diferente daquela de um carro que pertenceu a um americano de classe média, a um índio *navajo*, ou a um colono francês".[15] Em suma, um carro que supere intacto um ciclo de trinta anos – pelo menos assim foi calculado com base no espaço de uma geração – entra na categoria das "antiguidades", e seu valor começa a subir.

Gostaria de dar o exemplo de um caso biográfico por mim levantado entre os jovens da contracultura de Berlim: a partir do final dos anos de 1980, difundiu-se uma moda que modificou o sentido vital do Ascona. Esse carro da Opel, em seus primeiros anos de vida, era diretamente direcionado a uma clientela de classe média-alta, socialmente bem estruturada, de família sólida, culturalmente conservadora. Quando o Ascona saiu da linha de produção – poderíamos dizer que foi pré-aposentado – e surgiu o mais jovem e belo Vectra, aconteceu um estranho fenômeno de reclassificação. Alguns anos antes, surgira um filme que fez sucesso em meio a certo tipo de jovens alternativos muito presente em Berlim – *The Blues Brothers* (Os Irmãos Cara de Pau) – em que esses irmãos da grande família do *blues* utilizam um

14 Ibidem, p. 67.
15 Ibidem.

velho carro de polícia, com o teto e as extremidades (do tipo "três volumes", com os cantos bem marcados) de cor clara, e no centro a estrela prateada de xerife em fundo preto. Pois bem, o aposentado Ancona foi escolhido por esses jovens para ser reconstruído exatamente de acordo com esse estilo: submetidos a um *lifting* e a um *restyling* – portas pretas com estrela prateada no meio –, não poucos ex-aposentados Ascona se viram transformados (ou seja, reclassificados) em irônicos xerifes-voadores para jovens berlinenses alternativos, começando a viver uma segunda mocidade. Sua *biografia* tinha-se modificado inesperadamente, graças ao encontro fortuito com um filme, uma cidade particular e um certo tipo de sensibilidade juvenil[16].

Isso atesta que as mercadorias são classificadas e reclassificadas culturalmente.

Ao estabelecer essas inquietantes analogias entre indivíduos e mercadorias, Kopytoff conclui:

No mundo homogeneizado das mercadorias, uma biografia nascente das coisas torna-se a história de suas diferentes singularizações, de classificação e reclassificação em um mundo de categorias incertas, cuja importância se altera a cada mínima mudança do contexto. Como para as pessoas, o drama, aqui, está nas incertezas de avaliação e identidade.[17]

As mercadorias, como os homens, têm ciclos de vida, problemas de identidade, modelos classificatórios: a trama que as diferencia dos humanos torna-se cada vez mais fina e mutante.

---

16 Alguma coisa semelhante irá acontecer, após a queda do muro de Berlim, com os míticos *Trabant*, aqueles carros de papelão prensado da República Democrática Alemã (RDA) que, abandonados por todas as *hostes*, foram usados novamente como símbolo de *status* irônico-político pelos *squatters* (pessoas que ocupam edifícios abandonados) berlinenses. Pude fotografar um deles perto de um centro ocupado, estacionado na calçada, sem teto e com toda a parte interna transformada em um vaso cheio de flores: uma extraordinária recuperação pós-terminal e libertadora das mercadorias.

17 L. Kopytoff, op. cit., p. 90.

A Máquina Biológica

E foi justamente às identidades das mercadorias que se voltou a socióloga austríaca Karin Knorr Cetina, ao desenvolver outra pesquisa original sobre as "condições psicológicas e idiossincrasias comportamentais de um detector" – fruto de seis anos de observação participativa (segundo suas palavras) junto ao Cern[18], para captar os modelos epistêmicos incorporados nas mais avançadas instituições científicas. O que surgiu, entre outras coisas, são as metáforas utilizadas pelos físicos nucleares que trabalham em Genebra para reclassificar esses objetos de altíssima tecnologia (trinta milhas de diâmetro para um detector, ao longo de sete andares subterrâneos, com nove quilômetros de cabos etc.).

Pois bem, não somente no plano da linguagem cotidiana, mas nos comportamentos próprios dos cientistas e, pode-se dizer, das máquinas, desenvolveu-se uma linguagem pela qual os contatos com o detector não ocorrem como se fosse uma máquina, mas como se fosse um "organismo biológico com uma vida e um tempo de vida próprios"[19]. As categorias utilizadas são do tipo psicológico e se referem às qualidades de um organismo vivo: "Elas sugerem um ser autônomo que, como agregado, pode ser também um ser social."[20] É interessante observar a forma pela qual a taxonomia utilizada trata esses detectores, como indivíduos reais (portanto não homologáveis nem indiferenciados, com base na lei do equivalente próprio, conforme sustentou Kopytoff, mas singulares e insubstituíveis), com suas idiossincrasias comportamentais e dimensões psicológicas: essas máquinas supercaras e superperfeitas assumem *status* bionatural. No esquema de Knorr Cetina, que aqui resumimos,

---

18 Lembremos que foi no Cern (Conseil Européen pour la Recherche Nucléaire, o maior laboratório de física de partículas do mundo) que Tim Berners Lee criou o primeiro *website*.

19 K. Knorr Cetina, Primitive Classification and Postmodernity, *Theory, Culture & Society*, v. 11, n. 3, p. 1-22.

20 Ibidem.

um detector vive uma condição que pode ser, a cada vez, definida como a de um ser vivo morto (assassinado), cego (confuso) etc. Uma idade caracterizada pelo tempo de vida: quando se torna velho, se é demasiado jovem, ou se é necessário acelerar sua idade, e assim por diante. Possui um corpo com possíveis doenças a serem diagnosticadas e tratadas. Em suma, cada detector é diferente de outro, possui o seu *background*, pode, ou não, ser capaz de simular, é mais ou menos inteligente, sensível, simpático etc.

Diante dessa pesquisa importantíssima, a explicação oferecida pela socióloga parece discutível: nessas classificações plasmar-se-ia a capacidade, por parte dos membros da instituição científica, de produzir interações concretas entre eles, e entre si e as coisas, como alteridade. Talvez, uma orientação mais interessante teria utilizado justamente as categorias do neofetichismo e do neoanimismo. Mas o que importa aqui é outra coisa: é a sensação difundida entre os pesquisadores que exploram os territórios inovadores, de que as mercadorias – um simples automóvel ou um detector complexo – têm uma subjetividade crescente, um corpo que comunica, fala, dialoga com quem as emprega. Algo mais do que simples jogos e metáforas.

O ensaio atesta, entre outras coisas, que uma socióloga renomada pode sustentar com toda a tranquilidade – ou seja, sem precisar motivar o sentido – que é "normal" poder aplicar a clássica metodologia etnográfica da observação participativa, nascida nos contextos bem delimitados das culturas étnicas, às máquinas de valor tecnológico absoluto mais alto, como as do Cern. A aceleração das partículas subnucleares – em busca da nova energia não poluente – é tratada sociologicamente como se fosse um nativo trobriandês antes da Grande Guerra.

Já nas décadas de 1920-1930, a escola de Chicago havia aplicado o método holístico da etnografia aos guetos da metrópole. Hoje, a sociologia "construtivista" dos anos de 1990 orienta-se para o gueto mais complexo e iniciático de uma cidade-sem-lugares: o laboratório do Cern. A relação com essas máquinas desenvolveu, a tal ponto, uma linguagem metafórica, que os físicos nucleares podem comunicar-se (uns com os outros e com as máquinas), simplesmente como se não houvesse uma diferença de natureza subjetiva. As metáforas se transformam de modo animista em metonímias: elas interligam de forma contígua as estratégias comunicativas entre os vários atores "viventes". E o cientista social consegue interpretar essas complexas relações simbólicas pela observação participativa. A máquina "superinteligente" é tratada como o "selvagem" trobriandês.

O Corpo de Tigra

Gostaria agora de demonstrar como uma empresa automotiva constrói essa estratégia comunicativa que animiza e subjetiviza a mercadoria por intermédio do elo publicidade-marketing-venda.

Dentro de um retângulo de forte cor ocre, está o novo carro da Opel, situado numa estrada difícil, cujo fundo parece saído de uma mina de ardósia. Nesse cenário pontiagudo, cheio de pedras verticais, lascas agudas, chapas cortantes e iluminado pela cor ocre computadorizada, destaca-se o azul do carro. Um texto diz: "Quem tem medo de Opel Tigra? Quem nunca ri". É importante sublinhar o "de" e não "da" – para comunicar algo subjetivo, dotado de corpo e alma, de biografia. Opel Tigra é gente, é mercadoria da vida social e comunicacional. Sobrenome: Opel, nome: Tigra. Do outro lado há uma longa, e um tanto chata e tradicional, definição gravada no modelo ideal do comprador que "leva a vida com um sorriso no rosto" (confundindo-o com o riso, muito mais forte e agressivo). E esse "novo cupê esportivo divide o mundo entre quem o entende e quem não o entende".

A coisa mais eloquente, é óbvio, está no desenho do cupê: o valor agregado está, pois, em sua mercadoria-visual, no estilo carregado de estética, forte e inovador.

O para-choque parece um focinho que persegue a presa antes de dar o bote final. A janela desenha dois olhos animalescos, oblíquos, felinos, adequados ao sujeito-mercadoria e ao sujeito-consumidor. É uma janela-quadrinho. Duas janelas-olhos-de-tigre fêmea. O desenho da porta ao redor da janela-olho exalta um olhar de felinidade oblíqua. Embaixo, curva-se uma boca escancarada: as quatro rodas de magnésio (sem as calotas que as cobrem e escondem) acentuam cada uma a potência de cinco garras, mais do que de simples radiais. Elas transfiguram a mediação entre motorista e terreno, numa verdadeira mordida. As rodas são maxilares. O vidro é fumê com as linhas do desembaçador, de modo a acentuar sua "animalização", quase uma crina. O *spoiler* traseiro tem a forma pontiaguda, com dois pontos vermelhos nas extremidades (as setas); o para-choque ondula como "pelos" ouriçados pelo vento. A silhueta como um todo é mais alta na traseira que na frente, acentuando a propensão para o impulso.

Toda essa potência visual da mercadoria-automóvel completa-se com outro reforço linguístico: Tigra, que nomeia a mercadoria-animal, individualizando-a. "Tigra: salto e potência de felino de raça, mas dócil e obediente com o domador", informa o fôlder publicitário.

Já nos anos de 1960, o *slogan* "Ponha um tigre no motor do seu carro!" denotava a irrupção de um ser masculino dentro do corpo do carro e, consequentemente, dentro do "eu" de quem o dirigia. Hoje, a mudança volta-se para o feminino, forçando as barreiras da linguagem: de tigre passa a tigre fêmea. Aliás, desaparece o artigo definido "a" que ainda confere objetividade: Tigra e pronto. Ou melhor, Opel de sobrenome e Tigra de nome. Essa é sua genealogia, sua carteira de identidade.

A visão publicitária "holista" – entre código icônico, código verbal escrito e código mercadoria – produz um isomorfismo compacto tanto quanto seu alvo potencial. A mercadoria-carro comunica com toda a potência visual de suas muitas linguagens: ela estetiza de forma agressiva seu estilo (embora diluído no sorriso). A mercadoria-carro é agora mercadoria-visual, com vida própria, um corpo e uma alma, pronta para o mercado e para sua biografia. Em toda essa narrativa visual, está o valor.

Parece que os publicitários contemporâneos levaram muito a sério a ecologia da mente de Gregory Bateson. Nessa imagem, tirada de um jornal, é fácil observar uma verdadeira trama de códigos conectando o mundo mineral, com seu fundo "selvagem", levemente diluído numa estrada pedregosa; o mundo animal, dos tigres mutantes prontos a dar o bote; o mundo mecânico, feito de uma mercadoria que se apresenta como um grande fetiche; e o mundo humano, segmentado em possíveis compradores que, ao tomar posse das chaves do carro, se transformam animista e fetichisticamente (ou seja, ecologicamente) em rocha pontiaguda, besta feroz, monstro mecânico... e funcionário-modelo. Motorista e domador.

A Fantasmagoria Visual

O problema que se apresenta, então, é como conectar os quatro níveis recém-apresentados: o fetichismo metodológico – que os resume um pouco a todos – se desdobra em seu fazer-se ver, com o qual tenta dissolver as novas e acaloradas fantasmagorias fetichistas ao longo de sua representação. A observação observadora não só obriga o sujeito pesquisador a fazer-se ver, a modificar-se em coisa-que-vê, mas penetra essas mercadorias-visuais que são transfiguradas em biografias individuais definidas, com um sistema de códigos compartilhados que atesta a sua pertinência a um ciclo vital biológico, com uma cultura e um valor que se vitalizam na circulação das próprias mercadorias.

Como se sabe, nas Exposições Universais da metade do século XIX, Walter Benjamin já tinha percebido a transfiguração em fantasmagoria, não apenas da mercadoria única, mas também da mercadoria em geral. Ela captura a consciência operária, não porque se apresente como poder estranho, mas, pelo contrário, porque justamente penetra, seduz e captura a consciência de classe, arrastando-a como cliente para os reinos das fantasmagorias fetichistas. Ou seja, justamente porque a mercadoria universal se apresenta como a coisa mais disponível e mais familiar. Ao reverter o estranhamento em familiarização, ocorre o primeiro verdadeiro revés das mercadorias e sua entronização visual de exposição[21].

Partindo do fato de que o novo fetichismo da mercadoria – interconectada aos canais visuais da economia comunicacional – reside em sua característica de familiaridade, trata-se agora de transformar esse aspecto familiar em estranho. É necessário, pois, executar um trabalho oposto ao dos tempos de Marx: observar as mercadorias-visuais de modo paradoxal como estranhas, justamente por causa de seu excesso de familiaridade. Ao tornar estranhas as mercadorias visuais, é preciso representá-las como se fossem vistas pela primeira vez: com a mesma curiosidade exótica ou ingenuidade infantil. Se o fetichismo da mercadoria é a coisa mais familiar na fase da comunicação visual, deve "fazer-se ver" como a coisa mais estranha. Isso vale tanto para a conhecidíssima publicidade como também para o grande filme autoral, para Pasolini ou Cronenberg, como para o perfume

---

21 No começo do século XX – por exemplo, na Exposição Universal de Saint Louis (EUA) – também os chamados "primitivos" foram expostos como mercadoria exótica, "transformados em coisa, em objeto a ser admirado ou temido".

Égoïste ou para as Levi's 501. No processo dissolvente de transformação das mercadorias visuais, de familiares a estranhas, pode realizar-se a sua (e a nossa) desreificação[22].

O fetichismo compacto, que se coagula dentro da mercadoria visual e que encanta seu consumidor, pode dissolver-se por meio da narrativa maravilhada de sua factualidade. E essa narrativa deve jogar – ou seja, arriscar – no campo das estratégias comunicacionais simbólicas: penetrar nos códigos, desvelar suas carnes e as almas internas, recolher as biografias das mercadorias-visuais. Finalmente, o *fetichismo pode fazer-se ver*.

Com esse objetivo, além dessas estratégias benjaminianas, aplicaremos aquelas perspectivas ecológico-mentais que Bateson tinha aplicado às patologias da comunicação e que, não por acaso, foram influenciadas pelo animismo e pelo totemismo por ele experimentados no campo de pesquisa. Por isso, o primeiro capítulo será dedicado ao mestre da ecologia da mente; para tirá-lo, porém, do emprego hagiográfico dos atuais ambientalistas, e para inseri-lo em suas competências específicas – históricas e etnográficas – de experimentador, rumo a novas formas da representação, sejam escritas, sejam visuais. Animismo, fetichismo, totemismo serão assim retirados de seus contextos etnográficos e inseridos nas novas formas da comunicação visual, cujos retalhos empíricos serão levados muito a sério: da publicidade ao cinema de ficção até a autorrepresentação nativa. Neles é possível entrever toda uma etnografia da contemporaneidade a ser dilacerada.

---

22 Para Walter Benjamin, desreificar significa emancipar as mercadorias de sua obrigação de utilidade. Benjamin foi o primeiro a interpretar a categoria do fetichismo em Marx de forma oposta. Para ele, cada construção interpretativa de um evento comunicacional deve ser, ao mesmo tempo, um ato de destruição. A própria forma da representação (escritura, fotografia, cinema etc.) precisa incorporar a dissolução dos fetiches. Benjamin – praticando sua crítica – coloca-se no fio da navalha do desafio comunicacional de tipo experimental. Em vez de ficar absorvida com o objeto da pesquisa, a sua reconstrução consegue dissolver o poder reificado dos fetiches por meio de uma narrativa explosiva.

2. COMUNICAÇÃO E REPRESENTAÇÃO

AS TRAMAS DA COMUNICAÇÃO

> *Que será!/Este é um mundo abrangente/*
> *Este é um grupo retrançado/ Quem*
> *mais desenvolve mais envolve / Quem mais*
> *desagrega mais congrega./ E nisso a minha*
> *cabeça/Voa, voa, e depois para,/Vou tateando*
> *no ar escuro/E começo a delirar.*
>
> GIOACCHINO ROSSINI, *Cinderela*, Ato II

A Trama Que Conecta

O destino do antropólogo inglês naturalizado estadunidense Gregory Bateson é realmente singular. Filho de William, célebre geneticista, teve a sorte – depois de haver trocado a biologia e a Grã-Bretanha pela antropologia cultural e pela Nova Guiné –, de se casar com Margaret Mead, a mais famosa das antropólogas. Contudo, essas pessoas próximas dele, que poderiam ser vistas como fonte de privilégios sociointelectuais, revelaram-se, com referência a experiências biográficas, causa de desagradáveis discriminações, comparações, assimilações. É suficiente folhear um manual "clássico" da antropologia cultural, como *The Rise of Anthropological Theory*, de Marvin Harris, para verificar a profundidade dessas discriminações assimiladoras; aqui, de fato, num subtítulo já por si só indicativo ("O Emprego da Fotografia Por Parte de Mead), sustenta-se que ela, para superar diversas críticas que lhe foram feitas após seus célebres livros a respeito de Samoa,

procurou aperfeiçoar a capacidade demonstrativa de suas observações, recorrendo a máquinas fotográficas e gravadores, para capturar os eventos significativos de comportamento, do ponto de vista de seu caráter, em seu contexto situacional, e publicando ou exibindo essas gravações juntamente com as descrições verbais [...] O recurso de Mead à máquina fotográfica e à filmadora foi uma consequência direta das críticas levantadas sobre seus primeiros três livros de caráter configuracional.[1]

Nesse contexto portanto, a figura de Bateson é a do acompanhante da "célebre antropóloga": é Mead quem leva consigo "um arsenal sem precedentes de material e filmes", com o qual realiza em torno de 25 mil fotos com a Leica e 22 mil pés de película com a filmadora de 16mm. E conclui Harris: "Pode muito bem ser que essas primeiras experiências no emprego de meios mecânicos, para fornecer a etnografia de bases documentais irrefutáveis, constituam a contribuição mais duradoura de Mead para o desenvolvimento da antropologia como disciplina."[2]

Na verdade, foi somente Bateson quem utilizou de forma original, sistemática e, de certa forma, ainda dificilmente igualável, fotografia e filmagem: "Normalmente,

1 M. Harris, *L' evoluzione del pensiero antropologico*, p. 560.
2 Ibidem, p. 261.

trabalhávamos juntos, Margaret Mead fazendo anotações verbais sobre o comportamento e Gregory Bateson movimentando-se dentro e fora das cenas com duas câmeras"[3]. Mead tinha uma capacidade extraordinária de observar o fato etnográfico e transcrevê-lo em seu caderno, sem precisar olhá-lo. Bateson inventou uma forma inovadora (como veremos a seguir) de reunir, em cada página, um determinado conjunto de fotos com o comentário ao lado. *Balinese Character* permanece como um texto fundamental para compreender como a forma de representar a pesquisa constitui-se no sentido mais profundo do que se chama *método*. Apesar disso, não resta sequer a sombra da lembrança: para Harris, o papel de Bateson é de "acompanhante" genérico. Esse papel subalterno na história da disciplina (exceto para aqueles autores que, a partir dos anos de 1980, estão procurando renová-la) torna-se mais ou menos uma ausência, logo que chegamos à Itália. Alguns antropólogos lembram-se dele por seus trabalhos, nos anos de 1930, com a "esposa": de todo o resto não se fala. Recentemente, foi traduzido para o italiano *With a Daughter's Eye* (Com Olhos de Filha), o belíssimo livro de Mary Catherine, filha dos dois antropólogos, uma extraordinária reconstrução de um relacionamento complexo numa família decididamente fora do comum, num denso enredo entre níveis interpessoais e transcientíficos: pois bem, esse livro também foi ignorado pelos ambientes "acadêmicos".

Pelo contrário, Bateson foi redescoberto, no final da década de 1970, por dois pontos de vista que não encontrarão, apesar de algumas tentativas nessa direção, a possibilidade de intercomunicar-se: por um lado, o movimento ecológico e sua variante epistemológica do chamado "desafio da complexidade", que herda a dimensão oracular de "mestre da ecologia da mente"; por outro, a antropologia crítica que, na relação entre pesquisa empírica de campo e formas de representação, encontra o núcleo experimental de uma metodologia reversiva.

---

3 G. Bateson; M. Mead, *Balinese Character,* p. 49.

O primeiro o canoniza; a segunda o renova como pesquisador.

Preocupados com uma crítica justa contra os vários reducionismos (enxugar uma seção da realidade – desde a patologia médica aos relacionamentos de parentesco – e concentrar um raciocínio adequado somente àquela finalidade específica), ecologistas e epistemologistas se dispersaram numa visão holística sem conceito, de tipo vagamente místico e autorreferencial entre xivaísmos, taoismos e politeísmos. Pelo contrário, a crítica antropológica retomou a instância da pesquisa empírica como elemento caracterizador de toda experimentação batesoniana, relacionando-a à inquietação transdisciplinar que o viu colaborar com a então incipiente cibernética de Norbert Wiener. O emprego experimental das novas tecnologias – não mais vistas apenas como incorporação reducionista de domínio ou estranhamento, mas também como espaço plural de inovações comunicacionais possíveis – cruza-se com a renovação em sentido polifônico e com a aplicação de seus conceitos determinados em âmbitos comunicacionais contemporâneos. Vejamos como estabelecer uma ordem.

Seu conceito de *mente* representa a tentativa mais radical de superação do velho dualismo de matéria e espírito, e de fusão entre natureza e cultura[4]. Para Bateson, com efeito, cada "unidade que apresenta características de funcionamento por tentativas e erros será chamada legitimamente de um sistema mental".[5] Em consequência disso, a "mente" pertence de direito não só ao ser humano, mas também a cada "unidade imanente no grande sistema biológico,

---

4 A respeito dessas questões, ver ensaio de C. Geertz sobre a relação entre mente, cultura e evolução, que possui o mérito de colocar essa conexão em termos mais rigorosos: "A cultura, mais do que agir para integrar, desenvolver e estender capacidades em base orgânica lógica e geneticamente antecedente a ela, pareceria um ingrediente dessa sua capacidade [...]. Como a couve-flor, à qual se assemelha tanto, o cérebro do *Homo sapiens*, tendo surgido no contexto organizado da cultura humana, não seria eficiente fora dela"; cf. *The Interpretation of Cultures*, p. 114.

5 G. Bateson, *Verso un'ecologia della mente*, p. 477.

o ecossistema"[6]. Uma floresta de sequoias ou uma lagosta se comunicam, e ambas agem com esse tipo de "mente", e "no interior da mente, na acepção mais ampla, haverá uma hierarquia de subsistemas, cada um deles podendo ser chamado de mente individual"[7].

Nesse sentido, "a mente individual é imanente, porém não só ao corpo: é imanente também a canais e mensagens externas ao corpo"[8]. Isso significa que, por exemplo, um homem está conectado *no plano mental* com a fonte de suas informações, através do meio específico pelo qual "a estrutura que conecta"[9] expande a mente nos canais externos por onde viaja a informação. "O mundo mental – a mente – o mundo da elaboração da informação – não é delimitado pela epiderme."[10] E ainda: "Obviamente há uma quantidade de canais de informação fora da epiderme, e esses canais, e as mensagens por eles transportadas, devem ser considerados parte do sistema mental toda vez que são pertinentes."[11]

Em sintonia com a *Cinderela* de Rossini, em que se canta a ária da epígrafe deste capítulo, para Bateson,

a mente individual é imanente também a canais e mensagens externos ao corpo; e ali há uma Mente maior da qual a mente individual é somente um subsistema. Essa Mente mais ampla é comparável a Deus, e talvez seja isso o que alguns entendem por 'Deus', mas ela é ainda imanente ao sistema social total interconectado e à ecologia planetária[12].

Disso ele retira uma consequência que não seria exagerado julgar "enorme": "A psicologia freudiana expandiu o

6 Ibidem, p. 478.
7 Ibidem, p. 477.
8 Ibidem, p. 479.
9 A palavra *pattern* foi traduzida por "estrutura", produzindo sérios mal-entendidos sedimentares sobre esse conceito, em vez de "modelo", segundo a tradição antropológica. Às duas, prefiro "trama", por ser evocativa da multiplicidade de fios que compõem ("tecem") o conceito.
10 G. Bateson, *Verso un'ecologia della mente*, p. 471.
11 Ibidem, p. 476.
12 Ibidem, p. 479.

conceito de mente para dentro, até incluir todo o sistema de comunicação no interior do corpo (o componente neurovegetativo, o do hábito e o vasto leque de processos inconscientes). O que estou dizendo expande dilata a mente para fora."[13]

Não se trata mais, portanto, de seguir Freud, em seu célebre princípio de dilatar o *eu* onde antes havia somente o *id*, para iluminar os incômodos da civilização, mas, pelo contrário, trata-se de anular, o mais que se pode, o âmbito de controle do *eu* consciente, e de começar a aprender a pensar de forma profundamente distinta, colocando em discussão a separação entre o *eu* e a natureza; ou então, entre o *eu* e a música, para voltar a Rossini, de modo que o sujeito que percebe e a coisa percebida se fundem "numa unidade só".

Nisso Bateson seguiu coerentemente as "descobertas" feitas durante suas primeiras pesquisas empíricas na Nova Guiné, sobre o ritual naven[14], que o convenceram da importância de uma visão neototêmica e neoanimista, que se enriqueceu mais tarde com as filosofias orientais, particularmente a zen. No totemismo, com efeito, afirmam-se paralelos com a organização do homem, das plantas e dos animais; e no animismo experimenta-se um sistema de comunicação simbólica que atravessa as distinções do ser humano. Ele não é o único a possuir uma alma (ou como se queira chamá-la), mas ela percorre e vitaliza qualquer coisa viva ou não: uma pedra particular é fonte de uma corrente animista e animada, como uma árvore ou um animal. Todo o cosmo é visto sendo movido por um espírito que conecta e mistura aqueles reinos que normalmente estamos acostumados a ver separados em ordens diferentes: mineral, vegetal e animal. Na verdade, tudo é *mentalmente* (diria Bateson) interligado, o que significa dizer que a natureza é holisticamente não separada e que, quando a reduzimos a seções – a "fatias" – realiza-se uma operação *autodestrutiva*.

13 Ibidem, p. 479-480.
14 Idem, *Naven*.

Tudo está em tudo, portanto. Até meu dente cariado, meu sexo entediado, a dificuldade em fazer amizades, em realizar uma pesquisa, em pensar na morte.

Dessas premissas, podemos retirar algumas conclusões decisivas, não tanto por uma ecologia da mente que restaure um holismo pré-individual. Em certo sentido, de fato, Bateson participa de um clima cultural que é ainda o de Nietzsche: um desejo de superação do homem (*super-homem*) enquanto sujeito separado da natureza, como razão que condena e se contrapõe aos instintos e às emoções[15]. Todavia, esse cruzamento singular entre neoanimismo ecológico e empirismo cibernético é aplicável, talvez contra as intenções de seu autor, justamente à comunicação visual, que é compreensível apenas em sua espessura ecológica. *A trama que conecta* já é, paradoxalmente, mas não muito, realizada no mundo contemporâneo, embora às avessas, em relação aos anseios batesonianos, justamente pela *comunicação visual reprodutível,* cujos canais e cujas mensagens tornaram-se imanentes à mente do indivíduo planetário. A mídia, pois, por sua penetração nos canais internos da mente do espectador-plateia, realizou uma verdadeira trama ecológica que conecta as informações no interior desse conceito dilatado de mente.

No sentido batesoniano, as tramas que a mídia combina por interfaces, entre homem e máquina, são ecológicas. Isso significa desenvolver, por um lado, uma crítica da comunicação que nos envolve no signo da dominação; por outro, desenvolver uma prática alternativa irredutível a tais sistemas de comando, historicamente estabelecidos,

---

15 O próprio Nietzsche foi decisivo para Ruth Benedict, em *Pattern of Culture* (de 1934), na qual interpretava as diferenças entre as populações nativas pueblo e da planície, com base em *A Origem da Tragédia*, confundindo "tragicamente" as categorias de apolíneo e dionisíaco retiradas daquele livro extraordinário, isso por dois motivos: o primeiro (eurocêntrico), porque se aplicam *patterns* utilizados pela cultura grega clássica aos nativos pré-colombianos; o segundo (filológico), porque, para Nietzsche, essas categorias estão misturadas dentro do próprio espírito grego e são, portanto, ontologicamente inseparáveis.

e ainda voltados contra eles. As redes alternativas *cyber-punks* são, portanto, as legítimas herdeiras ecológicas de Bateson, com seus espaços temporariamente liberados, suas interzonas autoproduzidas, nômades, desencorpadas e desterritorializadas (e não, certamente, os ambientalistas antitecnológicos, organizadores de mundos perfeitos, estáticos e compatíveis). Consequentemente, aqui se reivindica um direito a descontextualizar a reflexão batesoniana – que gira em torno do conceito de comunicação e suas patologias – direcionada ao âmago da comunicação visual contemporânea.

O segundo aspecto do pensamento de Bateson, que será distorcido em relação ao seu significado originário, relaciona-se a seu conceito de "duplo vínculo", que será aplicado a alguns modelos surgidos da cultura visual. Gostaria de enfatizar o valor metodológico dessa tentativa descontextualizadora, partindo de um aforismo de Nietzsche: "Toda grande verdade deve ser criticada, não adorada". E a de Bateson é realmente uma grande verdade. Por isso, deve ser criticada: interpreto a frase de forma muito simples. Uma grande verdade é tal justamente por estar ligada a um determinado contexto histórico-cultural. Sua própria verdade ilumina, com poder particular, exatamente o ângulo do ser que está situado naquele espaço e naquele tempo. O seu ser "verdadeiro" depende, portanto, de um conjunto de relações históricas que, quando modificadas, obrigam à crítica. Assim, a verdade nunca é estática, e deve ser sempre desafiada.

A verdade não aquieta, pelo contrário, leva à inquietação: a uma ansiedade que perscruta as diferenças entre aquela verdade – que foi tal naquela fase – e aquele sentido de falsidade que emana aqui e agora. Mais ainda: cada verdade pode permanecer tal, justamente porque se modifica. Então o sentido profundo de ser fiel a uma verdade é o de traí-la. Somente traindo a verdade permanece-se fiel a ela. Portanto, somente traindo e revertendo os neoanimismos batesonianos nos circuitos da internet pode-se permanecer fiel à sua mensagem. Ou seja, a verdade está em transformar sua ecologia numa *antiecologia da mente digital*. Ela oscila entre o bom comportamento autoritário do poder comunicacional e a perversão de uma crítica opositiva, incipiente e minoritária.

Por conseguinte, essa antiecologia deve ser verificada de forma empírica nos fluxos comunicacionais contemporâneos, sistematizada criticamente numa teoria inquieta, experimentada praticamente com formas inovadoras e multiplicadoras da representação.

Por isso, é necessário *trair* dois conceitos básicos de Gregory Bateson: em primeiro lugar a trama que conecta e, agora, o duplo vínculo.

Duplo Vínculo

Certa vez contou-me que ela [M. Mead] e Gregory encontravam-se num quarto muito quente, e ela o via suando, sabia que estava morrendo de calor, mas não pretendia tirar o casaco; sabia que se [Margaret] lhe sugerisse tirá-lo, ele se incomodaria com a sua interferência, ficaria irritado porque ela havia compreendido a situação antes dele.[16]

Essa memória de uma dinâmica intrafamiliar é relatada pela filha, para configurar a gênese de um conceito analítico, já adquirido (embora discutido) por parte da psiquiatria contemporânea, que é vivenciado pelo próprio Bateson dentro de seu território psiquiátrico. Uma vez mais, o inventor de um modelo terapêutico coincide, pelo menos em parte, com o experimentador da patologia em sua experiência pessoal. É do pós-guerra, com efeito, sua decisão de fazer análise, no momento em que seu casamento com Margaret Mead estava se tornando cada vez mais crítico. A função da figura feminina da esposa coincidia cada vez mais com a figura da mãe. É a filha quem diz: "A década iniciada com a revolta contra Margaret, uma revolta cheia de ressentimento

16 M.C. Bateson, *Con occhi di figlia.*

contra a própria família, e particularmente contra a mãe, terminou com uma análise dos modelos de comunicação nas famílias dos esquizofrênicos e, principalmente, nesse contexto, do papel da mãe."[17]

As ressonâncias do pessoal e do profissional[18] remontam aos primeiríssimos anos decisivos de Bateson, quando, após a morte do irmão mais velho na Primeira Guerra Mundial e o subsequente suicídio do segundo irmão, justamente no dia do aniversário de morte do primeiro, toda a pressão das expectativas familiares sobre a continuidade científica voltou-se para ele. Por isso, da biologia passou à antropologia, mudando-se da Grã-Bretanha para a Nova Guiné.

Gregory cultivava sentimentos obscuramente complexos em relação às mulheres, a partir de sua própria mãe, da qual ele havia desejado ardentemente afastar-se; porém, algumas elaborações sobre a mãe esquizoide me pareciam uma expressão de antipatia em relação à cultura estadunidense e ao papel da mulher na família naqueles anos: o papel descrito como excesso de maternalismo, uma armadilha para a mãe que, por sua vez, tornava-se uma armadilha envolvente para os filhos[19].

Assim, a contradição dos "tipos lógicos", que Bateson retomou de Bertrand Russel, foi aplicada à família "esquizoide" que produz essa desordem mental. O conceito de "duplo vínculo" deriva dessas pesquisas, que se tornaram possíveis graças a uma bolsa de estudos.

A "função fraca do *ego*" de um esquizofrênico não possui aquele "processo de separação entre formas comunicativas dentro do *eu*, ou seja, entre o *eu* e os outros"[20]; esse "apego ao *ego*" é direcionado contra o emprego daqueles "sinais que identificam as mensagens", "isto é, contra aqueles

17 Ibidem, p. 159.
18 É ainda a filha quem diz: "Quando Gregory respondia às perguntas sobre os conflitos [com Margaret] daquele período, eu pensava com horror que tinha o mesmo tom dos pacientes dos quais eu havia escutado as gravações." Ibidem, p. 55.
19 Cf. M.C. Bateson, op. cit, p. 55.
20 G. Bateson, *Verso un'ecologia della mente.*

sinais sem os quais o *ego* não se arrisca a diferenciar os fatos da fantasia, ou o literal do metafórico"[21]. Ora, é preciso ter em mente que existem níveis "fracos" de esquizofrenia que, pode-se dizer, estão presentes em toda pessoa "normal": quem já não teve um momento de incerteza, ao acordar, acreditando ter vivenciado realmente aquilo que, na verdade, era apenas um sonho? Pois bem, é justamente essa incapacidade discriminatória, sustenta Bateson, que caracteriza a esquizofrenia, não só em relação ao sonho, mas também em relação às metáforas e, em caso extremo, em qualquer tipo de mensagem que não seja definida, razão pela qual se vive num mundo cronicamente desfocado. E também por isso as mensagens de "jogo" e de "agressividade" foram por ele analisadas entre os esquizofrênicos e os golfinhos.

Com frequência, Bateson citava a lembrança do dia em que havia acompanhado para casa um paciente que estivera ausente por cerca de cinco anos: "A casa parece uma daquelas casas 'padrão', decoradas pelos corretores de imóveis para vender ao público outras casas: não uma casa mobiliada para nela viver, mas para parecer uma casa decorada".[22] Sentindo-se desconfortável, depois da chegada da mãe do paciente, Bateson saiu e decidiu comprar alguma coisa que fosse "bonita e desordenada": flores; quando voltou para buscar seu paciente, ofereceu um buquê de gladíolos à mãe, dizendo-lhe que desejava que a casa tivesse alguma coisa "bonita e desordenada"; "Oh!" – ela respondeu – "essas não são flores desordenadas: logo que uma murcha, pode-se cortá-la"[23].

Esse caso, tremendamente exemplificador da difusão de patologias domésticas "normais", nos introduz à temática do *duplo vínculo*. A origem do conceito deve-se a Bateson, graças às suas pesquisas sobre a esquizofrenia: na família esquizoide desenvolve-se uma contradição por meio da qual a "função fraca do ego" de um esquizofrênico não possui

21 Ibidem, p. 242.
22 Ibidem, p. 241.
23 Ibidem.

aquele "processo diferenciador entre formas comunicacionais no interior do *eu*, ou seja, entre o *eu* e os outros"[24] de que já se falou. Isso gera o entrelaçamento de um duplo vínculo entre a "vítima" (ou seja, o filho "fraco") e, pelo menos na maioria dos casos, a mãe, com um dilema insolúvel do tipo: "se quero manter o elo com minha mãe, não devo demonstrar-lhe que a amo, porém, se não demonstro que a amo, acabo perdendo-a"[25].

Deve haver pelo menos dois "atores" presentes: aquele que Bateson chama de vítima – por uma questão de clareza e simplicidade de definição – e a mãe que "inflige" o duplo vínculo, geralmente sozinha, mas, algumas vezes, também com o pai ou os irmãos. Nesse contexto, a mãe do esquizofrênico age *simultaneamente* em duas categorias de mensagens contraditórias, que oscilam entre um comportamento hostil, ou de afastamento, estimulado cada vez que a criança se aproxima dela, e um afeto simulado, ou um comportamento cativante, expresso quando a criança reage ao comportamento materno hostil, e que é uma falsa negação. "Em outras palavras, se a mãe começa a sentir-se afeiçoada e próxima do filho, começa também a sentir-se em perigo e precisa afastar-se dele; mas ela não pode aceitar esse ato de hostilidade e, para negá-lo, deve simular afeto e propensão pela criança."[26]

Por causa dessa simulação, a criança não pode interpretar com clareza a comunicação da mãe e precisa sistematicamente distorcer sua percepção de "sinais metacomunicativos". Por exemplo, uma mãe poderia dizer ao filho uma frase desse tipo: "Vai dormir; você está cansado e quero que descanse"; uma frase que, no entanto, tende a negar um sentimento diferente, do tipo: "Sai daqui, que estou cansada de você."

Se o filho interpretasse corretamente os sinais metacomunicativos, deveria encarar o fato de que que a mãe não deseja tê-lo por perto

24 Ibidem, p. 248.
25 Ibidem, p. 264.
26 Ibidem, p. 258.

e, além disso, o está enganando, ao mostrar-se carinhosa. Ele seria "punido" por ter aprendido a diferenciar com cuidado as ordens das mensagens e, portanto, em vez de reconhecer o logro materno, tenderia a aceitar a ideia de estar cansado. Isso significa que, com o objetivo de apoiar o logro da mãe, a criança precisa enganar a si mesma a respeito de seu estado interior: para continuar a viver com ela, precisa diferenciar de forma errada suas mensagens internas, além de diferenciar de modo errado as mensagens dos outros.[27]

Assim, a criança não desenvolve capacidades de "comunicar sobre a comunicação", e por isso torna-se incapaz de determinar o verdadeiro significado daquilo que os outros dizem e de expressar aquilo que ela mesma entende. Dessa forma, um indivíduo envolvido numa relação intensa, de importância vital, acha-se prisioneiro, "vinculado" a outra pessoa – a mãe – que emite, ao mesmo tempo, mensagens de dois tipos, "uma das quais nega a outra": "a criança é punida se diferenciar corretamente as mensagens da mãe, e é punida se as diferenciar erroneamente: é apanhada num duplo vínculo"[28]. No primeiro caso, compreende que a mãe não a quer, e isso, para a criança-vítima, é insuportável; no segundo caso só pode incorporar um cansaço inexistente e ir para a cama.

Essa conclusão é resultado de uma interação familiar que não se cristaliza em *uma* experiência traumática durante a infância, mas em estruturas sequenciais com determinadas características pelas quais o paciente vai "assumindo" os hábitos mentais exemplificados na comunicação esquizofrênica. A repetição de um tema recorrente com três tipos de ordens contrastantes entre si – cada uma das quais nega a outra – impede a vítima de fugir do conflito. Comportamentos hostis pela aproximação da criança e afeições simuladas para seu afastamento são alternados sem

---

27 Ibidem, p. 259.
28 Ibidem, p. 260. Essa relação é semelhante àquele exemplo do budismo zen, no qual o mestre, procurando induzir o discípulo à iluminação espiritual, levanta o cajado sobre a cabeça dele e diz: "Se disseres que este cajado é real, eu o golpeio. Se disseres que este cajado não é real, eu o golpeio. Se não disseres nada, eu o golpeio" (p. 251).

que a "vítima" possa ou consiga decodificar os sinais meta-comunicativos, ou seja, os que comunicam alguma coisa que vai "além" da simples linguagem verbal de tipo explícito. E por isso é punida.

Esse tema recorrente consiste em três ordens: uma primária, de caráter negativo, do tipo: "não faça assim, senão te castigarei", onde por punição entende-se a negação do afeto, ou uma demonstração de ódio ou cólera, ou ainda, "a forma mais terrível, aquela espécie de abandono que deriva da manifestação de absoluta impotência por parte do genitor"[29] Uma ordem secundária, "em conflito com a primeira em um nível mais abstrato e, como a primeira, sustentada por castigos ou sinais que ameaçam a sobrevivência"[30].

Muitas vezes, esse tipo de comunicação é não verbal e se transmite com a atitude, o gesto, o tom de voz etc. Por exemplo, "Não considere isso um castigo", "Não duvide do meu amor", "Não pense que sou um carrasco" etc. Uma ordem negativa terciária, que impede a vítima de fugir do conflito. Em suma, quando o duplo vínculo foi "apreendido" pela vítima, pode ocorrer uma única sequência parcial desse processo para "desencadear pânico e raiva".

Comunicação Visual

É possível extrair o modelo do "duplo vínculo" de Bateson da dinâmica familiar, em que, como grade metodológica para a compreensão de um certo tipo de desconforto psíquico, pode favorecer determinadas terapias. Já em diversos pontos, o próprio Bateson sustenta que o duplo vínculo pode ser aplicado a fenômenos diferentes, como o humor, que contém sempre o salto entre diferentes tipos lógicos (por exemplo: o sentido metafórico torna-se literal e vice--versa); o jogo, que confunde, une e publiciza módulos

29 Ibidem, p. 250.
30 Ibidem.

agressivos e módulos lúdicos, que somente o contexto – em seus comportamentos implícitos, como gestos, tom de voz, expressão facial etc. – pode selecionar como pertencente ao primeiro ou ao segundo gênero (uma metamensagem mal interpretada[31] pode desencadear a luta tanto entre animais como entre os homens); o rito, que afeta de forma extraordinariamente real determinados tipos lógicos, defendidos "com o mesmo vigor com o qual o esquizofrênico defende a 'realidade' de suas ilusões"[32]; a poesia, cujas metáforas, às vezes "bastante insólitas", têm uma capacidade de comunicação muito forte, em contraste com "as metáforas não qualificadas" dos esquizofrênicos.

Em geral, Bateson está interessado também em todo o campo da "comunicação fantástica", não tanto no plano de análise do conteúdo, quanto no dos "problemas formais implícitos na existência simultânea de níveis múltiplos de mensagens, na apresentação fantástica da 'realidade'"[33]. Com esse objetivo ele cita o teatro, que produz uma interação entre a realidade da dramaturgia e a realidade efetiva, e uma transmissão radiofônica de sucesso na época, como *Big Sister*, em que essa personagem imaginária, quando fica resfriada na ficção, recebe um tubo de aspirina, ou conselhos de tratamento dos ouvintes. "Esses ouvintes evidentemente estão sem rumo, na identificação do tipo de comunicação que seu aparelho está transmitindo."[34]

---

31 Por metamensagem entende-se aquela comunicação geralmente não verbal (por exemplo, um piscar de olhos) que comunica um sentido diferente e adjuntivo à linguagem verbal. Ele comunica sobre a comunicação. Se um pai diz ao filho "agora vou devorá-lo", o filho percebe muito bem, por um conjunto de códigos corporais, que o pai está brincando. Pelo contrário, se ele levar ao pé da letra a brincadeira, significa que o filho não consegue decodificar os sinais lúdicos expressos de forma metafórica e desatará em choro. Ou então, que o pai exagerou. Toda comunicação visual baseia-se na relação extremamente sutil entre metáfora e verdade, cujo limite deve ser desafiado a cada vez e superado pela mídia, para que obtenha sucesso.

32 G. Bateson, *Verso un'ecologia della mente, p. 268.*

33 Ibidem, p. 269.

34 Ibidem, p. 239.

Na verdade, é impreciso afirmar que os espectadores estão "sem rumo", pois todo o sistema da mídia – a partir justamente do rádio, basta pensar na transmissão de Orson Welles sobre a invasão dos marcianos – é levado a buscar aquelas linguagens inovadoras que têm que fazer parecer sempre mais "real" o que é metáfora. No entanto, e mesmo nessa afirmação, permanece uma certa inadequação: cada mensagem da mídia, no momento em que é captada pelo cérebro, não é mais apenas metáfora, justamente porque viaja dentro de uma sistemática (anti)ecológica da mente. Uma imagem visual ou uma voz radiofônica são tão "reais" quanto uma cadeira.

A expansão planetária da comunicação visual, antes com o cinema, e depois com a TV e agora com a internet – cujas mensagens são sempre mais apreendidas numa contiguidade literal, em vez de como discurso metafórico – e a mudança da estrutura-família, particularmente na sociedade ocidental, geraram a possibilidade e também a necessidade de aplicar o modelo do duplo vínculo à comunicação visual, que pode assumir a função de um paradigma psicocultural mais amplo. Alguns autores assinalaram com grande antecipação a crise da ideologia, por ser ela incapaz de configurar um projeto unitário e universal, "escondendo" em seu interior interesses definidos de partes e de classe, de sexo e de etnia[35]. Diante e contra essa dissolvência, foi-se afirmando outra tendência mais descentralizada e micrológica que difunde conjuntos de ideias e minivisões do mundo espontaneamente do lado de dentro daquelas "coisas" que se caracterizam como pós-industriais. Entre essas, as mercadorias-visuais parecem falar diretamente por si – graças à sua "natureza" transcultural, polissêmica e ventríloqua – e assim, rompem-se os limites de gerações, as identidades nacionais, as solidariedades de classe, os vínculos étnicos. Por tudo isso, a comunicação visual marca o tempo da mudança ideológica, de acordo com módulos perceptivos novos e vinculantes, cujos canais e cujas mensagens

35 Cf. T.W. Adorno; M. Horkheimer, *Dialettica dell'illuminismo*.

conectam o indivíduo particular, o ambiente cultural e simbólico, os meios reprodutíveis numa estrutura comunicacional mental unitária e imanente. Dessarte, a cultura visual mais geral caracteriza-se ecologicamente por uma circularidade contínua entre o nível tecnológico e o nível aural.

A estrutura-família. Já faz tempo que as ciências sociais descobriram uma profunda mudança na estrutura-família da sociedade ocidental (e não só), que agora vamos resumir de forma esquemática. Como se sabe, a decadência da figura paterna (particularmente nas classes médias e no operariado) produziu, entre as décadas de 1930-1940, a difusão da chamada personalidade autoritária. A impotência do papel social do pai repercutia no seio da família, fazendo surgir a demanda de "substituto", de configuração sadomasoquista, que será projetado na figura social do "chefe" ou *duce*.

As pesquisas do grupo de Bateson enfatizaram o aspecto "patológico" individual que essa dinâmica desenvolveu ao redor do sujeito fraco, dentro da família. Não é por acaso que o duplo vínculo nasce nos anos de 1950 e se baseia na ausência da figura paterna e na "perversa" função da excessiva e distorcida presença da mãe (o maternalismo). A partir da década de 1960, porém, esse processo mudou de direção. A figura da mãe, que trabalha cada vez mais e dá à luz cada vez menos, quebra grande parte dos liames primários com o filho (único) que, acostumado a conviver com babás, creches e televisores, vivencia o bloqueio da relação afetiva. Esse processo, amplamente analisado, produz a ausência da figura materna e difunde a chamada personalidade narcisista[36]. Por isso, de acordo com nossa hipótese, o modelo de Bateson sobre o novo vínculo deve "emancipar-se" – por assim dizer – da presença-ausência da mãe ou do pai, para ser aplicado às relações objetuais (no sentido

---

36 Sobre a personalidade autoritária, confiram-se os célebres estudos coordenados por Adorno em *A Personalidade Autoritária*; sobre a personalidade narcisista, ver K. Strzyz, *Narcisismo e socializzazione* (Sozialisation und NarziBmus) e C. Lasch, *A Cultura do Narcisismo* (The Culture of Narcissism).

psicanalítico) com as "coisas" que emanam da cultura visual. Como conclusão, é possível afirmar que o modelo comunicacional das mensagens visuais herda e difunde a "normalidade patológica" do duplo vínculo, em toda uma série de manifestações, mesmo dramatizadas, emancipadas das dinâmicas intrafamiliares originárias.

Serão agora analisados em detalhes alguns desses âmbitos que envolvem os espectadores ou os atores sociais num verdadeiro *crescendo* rossiniano – "enfaixado e retrançado" – partindo do conceito antropológico de aculturação, que oferece o cenário-mundo conceitual da mudança cultural[37]. "Quando certas sociedades, outrora relativamente isoladas, entram em contato direto e intenso com sociedades maiores, mais poderosas, com maior progresso tecnológico, ambos os grupos passam por um processo de adaptação, chamado *aculturação*."[38]

Também resulta claro que as mudanças por aculturação são fundadas num desnível que envolve sobremaneira os grupos mais fracos e periféricos. Assim, um indivíduo, um grupo ou uma etnia – obrigados a conectar-se com um mundo *glocal* que se irradia do Ocidente – precisam praticar a mudança e recusar o isolamento que, no mundo cambiante, os tornaria escórias marginais: mas se o movimento for praticado (*diacronia*), eles perdem o elo com os modelos tradicionais, e o fato de abandoná-los é vivenciado como culpa e fracasso; o mesmo ocorre se permanecerem estáticos (*sincronia*), pois o elo inverso, de modelos inovadores, é sedutor, e a renúncia é vivenciada como ressentimento marginalizado. Ou seja, o modelo aculturante que se difunde irresistivelmente nas "periferias" pode produzir um *duplo vínculo antropológico*, pois envolve todo o leque das expressões culturais, explícitas e implícitas.

---

37 Entre o neoanimismo batesoniano (as coisas da natureza são animadas por forças internas) e o fetichismo marxista (as mercadorias da produção são animadas como forças estranhas) configura-se, dessa forma, uma afinidade singular, simétrica e oposta.

38 P.K. Bock, *Antropologia culturale moderna*.

A transição para a "modernidade" é obrigatória e julgada como perda da identidade. O consumidor periférico de *avatar* ou do *clone* é punido, se diferenciar corretamente as mensagens visuais do tipo aculturante, indissoluvelmente ligadas a um mundo "outro", e é punido se as diferenciar erroneamente como passíveis de serem vivenciadas logo em seu próprio mundo: ele é, então, apanhado por um duplo vínculo visual.

A aculturação se apresenta como uma espécie de antiecologia da mente. Partes da humanidade cada vez mais numerosas encontram-se envolvidas por laços contraditórios, segundo os quais ou é preciso revitalizar-se para morrer culturalmente, ou então, para não mudar, é preciso refugiar-se em atitudes de tipo passivo, de anomia folclórica: o velho modelo de vida não serve mais, e o novo é inutilizável.

Dessa forma, a mudança cultural que acontece ao longo desse processo aculturante, sempre mais fragmentário e incessante, pode constituir um *frame* antiecológico para interpretar uma série de estilos de vida relacionados a códigos comportamentais particulares:

O controle remoto. É, provavelmente, o instrumento que mais herdou – juntamente com a publicidade televisiva – as funções "maternas" do duplo vínculo. Ele, de fato, permite a busca constante e inexaurível de trechos de programas, em geral curtíssimos, particularmente quando os programas "completos" são vistos como inaceitáveis. Paradoxalmente, a possibilidade de restrição do consumo por fração de canal prolonga o consumo total do sistema televisivo. O controle remoto não é só conectado ao corpo, *é corpo*, remete e renova, graças à multiplicidade dos canais e da oferta, a disponibilidade à felicidade, à diversão, à distração, que invariavelmente é negada e reproposta – numa espécie de paródia da "negação da negação" hegeliana – ao infinito. Se cada programa é inadequado em relação às suas promessas, a soma de fragmentos mínimos dos programas completos não é apenas tolerável, mas é uma "brincadeira" agradável e infinita de conjunções casuais; o sentido de onipotência renovável e inexaurível do controle remoto "fica esmagado" diante da paralisia de experiência, dos recortes de uma comunicação já indiferenciada.

A função hipnótica e "vinculante" do controle remoto é evidente. A possibilidade ansiosa de chegar ao programa certo e definitivo acelera os ritmos. Ameaças e promessas lúdicas seguem-se umas às outras nas passagens entre tipos lógicos diferentes. A cartomante que realiza gestos cúmplices, o padre inspirado, a publicidade implacável, a cena mais ousada se colocam no mesmo plano horizontal e puntiforme; e a discriminação entre mensagens diferentes não se torna mais difícil, porém inútil. Cada *frame* é como uma peça de um novo jogo, no qual a sorte dos dados lançados com as mãos é substituída pela pressão dos dedos nas teclas do próprio controle remoto.

A revitalização do vídeo passa pelo vazio das histórias. Por outro lado, quem escolhe de modo um tanto patético a linha de resistência (ou da firmeza) manual, é obrigado a levantar-se continuamente para mudar os programas e assim só poderá ver – talvez fingindo adormecer – sempre o mesmo canal soporífero, ou então terá que se agarrar simbioticamente à TV e, mudando e verificando os canais, acabará por envolver-se com o meio, numa estimulação sensual e ensurdecedora que embota. O controle remoto (que é, contudo, um grande instrumento de "democracia visual", pois permite fazer com que os programas que não agradam desapareçam rapidamente) tanto pode desacostumar o usuário à decodificação de longas mensagens metafóricas quanto incrementar as capacidades perceptivas, posto que o espectador consegue decifrar, em fração de segundos, uma série crescente de códigos (número do canal, seu logotipo, gênero do filme, tipo de ator, cantor, comerciais etc.). O consumo de fragmentos de programa aumenta somente quando aparece um sinal visual que pode impressionar pelo alto teor da imagem, então sobrevive por mais alguns segundos, ou é imediatamente substituído pelos seguintes. O controle remoto-TV foi somente o início "arqueológico".

Hoje em dia, uma multidão de controles remotos ou similares é difundida em cada lar. Cada vez mais complexo e cheio de botões coloridos, o controle aproxima a penetração das coisas inteligentes (*smart cities ou internet of things*) na cotidianidade de cada pessoa, fora ou dentro dos espaços domésticos. Talvez o grande desafio que a comunicação digital coloca na frente de cada sujeito, numa maneira política totalmente diversificada da tradicional, é o seguinte: a dicotomia público-privado foi uma grande revolução que a era burguesa afirmou contra a totalidade aristocrática. A dimensão subjetiva foi um espaço precioso que se definiu no interior da casa burguesa, onde a individualidade tinha a sua área privativa para dedicar à cultura ou aos aspectos masculinos mais secretos O palácio aristocrático não possuía privacidade e ainda menos o tinham as casas pobres dos proletários. A invenção do corredor foi uma profunda revolução urbanística e política – e burguesa. Depois, essa dicotomia público-privado expandiu-se nos outros segmentos sociais e virou "natural". A revolução digital imprime uma mudança radical na comunicação política e declara que essa dicotomia é obsoleta: a prática cotidiana e ubíqua de cada pessoa manifesta com extrema clareza a tendência de quebrar essa dicotomia e navegar onde tudo se mistura num amálgama ambíguo, onde o início do público e o final do privado é sempre mais inexistente ou problemático. Na proliferação do controle remoto experimenta-se o fim da democracia representativa ou o nascimento de uma política desconhecida. Agora, todo aquele que ainda-não-é (mas que está se apresentando com a força imaterial do digital corporalizado) estende a subjetividade nas coisas pulsantes, ex-objetos agora cada vez mais com *direitos antropomórficos*.

A publicidade. A mensagem da publicidade televisiva parece mais propensa a disseminar confusão e falta de distinção entre os sinais de amizade e de punição. São muitos os tipos de comercial que começam ou com a comunicação de um afeto simulado ou com a ameaça que deriva de não seguir determinado conselho. Sedução e desprezo estão copresentes nas metalinguagens publicitárias (a roupa suja e o sabão que resolve): isso implica uma confusão que, em alguns casos, é resolvida, não por acaso, pelo humor. A frase inteligente e o achado cômico permitem a passagem de um tipo lógico a outro com facilidade. Essa confusão entre promessa e ameaça, instalada na mensagem publicitária, desenvolve relações contraditórias que parecem envolver o esquema de Bateson. A mensagem se inicia dizendo: "Cuidado com seus dentes, seus cabelos, seus cheiros, com a celulite, a garganta, o nariz, os olhos, veja como anda, como respira, como dorme…" E logo após, conclui: "Mas eu amo você e lhe ofereço esse produto." Uma vez mais, comportamentos hostis e afetos simulados.

Foi calculado que um espectador "normal" assiste, em média, a 120 horas de publicidade por ano: pois bem, essa quantidade de comunicação visual produz um duplo vínculo: com efeito, a mesma fonte de comunicação emite determinados tipos de mensagem que, para o receptor, não podem deixar de parecer contraditórias. Já a mesma "natureza" publicitária apresenta-se como um sujeito materno, que toma conta do usuário-filho 24 horas por dia, para informá-lo, cuidar dele, diverti-lo, distraí-lo. O tipo de mensagem "primária", emitida de modo explícito, entra abertamente em contradição com a mensagem "secundária", implícita, que, em analogia com o que diz Bateson acerca do duplo vínculo "clássico", é percebida pelo espectador – o filho "fraco" – não tanto em sua linguagem verbal, mas na gestual e comportamental. Ao final de toda a cota de publicidade absorvida diariamente pelo indivíduo, e ainda mais anualmente, esse puro "destinatário" achar-se-á vinculado por uma série infinita de produtos em contraposição ou justaposição entre si, introduzidos em sua "mente" sem que seu "corpo" jamais tenha a possibilidade de realizar, certamente não a totalidade, mas tampouco uma discreta parcela de todo esse investimento visual. Então, ansiedade e rancor são gerados nesse conflito implícito que vincula e, ao mesmo tempo, não resolve a relação visual.

O esporte. Ainda mais evidente, e também sempre mais socialmente trágico, é o duplo vínculo que existe no esporte, particularmente do tipo competitivo e coletivo. Por exemplo, no futebol, é claro o paradoxo de uma extrema difusão, entre os torcedores de times, inclusive os mais antagônicos, dos módulos expressivos de tipo verbal, gestual, escrito (faixas, bandeiras "esvoaçantes", coros triunfais, códigos neonazistas, a "ola" humana); mas essa imitação recíproca precisa ser acompanhada simultaneamente por uma diferenciação do adversário que, para tornar-se visível, deve ser cada vez mais acentuada. Esses códigos extremos de mimese e de negação entram em sintonia perfeita com a simples constatação de que esse esporte só pode se realizar em dupla e, por isso, embora sempre em competição, com pelo menos um reconhecimento mínimo e obrigatório de solidariedade ou de complementaridade. Pelo contrário, ao time adversário cabem as ameaças de morte mais explícitas, num clima de guerra civil, mas com uma metalinguagem implícita que vale para as duas metades em competição; cada torcida "redescobre", em cada tempo do jogo, a perversidade da reciprocidade imposta (entre os dois times) e, ao mesmo tempo, da almejada anulação (de uma das duas). Na incapacidade de escolher entre esses dois polos extremos que são, infelizmente, os verdadeiros "extremismos" estruturais e vinculantes – surge a necessidade de elevar o nível da diferenciação, para controlar a confusão com o outro, aumentando as cotas de violência "audiovisual" em público.

Essa desordem da identidade ignora as puras condenações verbais, pois a comunicação caminha em outro código linguístico (corporal, gestual e visual). O paradoxo, no entanto, é que a cada semana verifica-se uma espécie de homeostase geral, um equilíbrio autorregulador restabelecido entre as diversas torcidas, e que a mídia, prescindindo de sua mais ou menos declarada boa-vontade, contribui para difundir exatamente sob forma de visibilidade autoevidente. As "leis" antropológicas da reciprocidade e do etnocentrismo se cruzam, no fenômeno esportivo contemporâneo, numa espiral de duplo vínculo na qual é difícil ver uma tendência contrária. Uma vez mais, as ideologias que se difundem não residem nas palavras plenas de bons sentimentos e, com mais frequência, de hipocrisia, mas direta e "ventriloquisticamente" nos sinais que os vários grupos manifestam de forma eloquente em público: fogos de artifício, moedinhas, bombinhas de papel, minissímbolos de morte, preferivelmente em língua saxônica (a língua dominante no plano da mídia), não precisam de outras palavras para difundir-se espontânea e irresistivelmente. O mais extremista dos torcedores está tão carregado de instâncias de morte em relação ao parceiro quanto está a ele vinculado, sem poder desistir dele nem mesmo por um segundo (veja-se o sentido espectral e cadavérico difundido durante um jogo de futebol realizado sem público, por uma punição).

Em conclusão, os exemplos descritos no processo de aculturação – o controle remoto, a publicidade televisiva, o esporte – são um campo possível de aplicação dos conceitos batesonianos de "duplo vínculo" e "trama que conecta". Tendem a demonstrar quão frágeis são os limites entre "normalidade" e "desvio", sobretudo na comunicação visual que difunde, por assim dizer, espontaneamente, metalinguagens contraditórias entre si, de modo que o público tem dificuldade objetiva em decodificá-las de forma não conflitante. A esquizofrenia é um patologia indefesa contra um mecanismo totalizante que se coaliza dentro da particularidade familiar e que agora transborda sempre mais na cultura visual em geral; também por isso o salto para a transformação da "normalidade" – em nível individual, de grupo e ainda mais de massa – para comportamentos "patológicos", é um mecanismo que envolverá cada vez mais os países chamados "avançados". No grande esporte ou no filme espetacular, a passagem entre os dois códigos diferentes, porém contíguos, o amistoso e o agressivo, será sempre mais uma prática "normal", pois se torna cada vez mais indiferenciada a linha metafórica que separa as mensagens de "jogo" das de "guerra", especialmente por grupos socialmente fracos de pessoas, organizados por um nível tão externamente excessivo, quanto internamente fraco, demasiado semelhantes àqueles contra os quais pretenderiam contrapor-se. O torcedor da Juventus ou do Corinthians está de fato duplamente vinculado ao seu sósia da Roma ou do Vasco. Mas reconhecer essa simples verdade seria realmente demais para eles.

Emoçoes Fusionais

Talvez seja aconselhável lembrar aqui que, dentro da mesma pessoa – Gregory Bateson – conviveram configurações diferentes entre si. O próprio antropólogo, durante a Segunda Guerra Mundial, na qualidade de membro do Office of Strategic Service, excogitou o estratagema de lançar sobre o Japão, por avião, as cinzas dos soldados nipônicos mortos e cremados, para derrubar o moral dos inimigos.

"A aviação dos Estados Unidos se recusou firmemente a envolver-se naquela que parecia uma operação macabra", recorda a filha[39]. E foi justamente Bateson, que arrastou consigo até o fim da guerra as cinzas do pobre soldado japonês, quem levantou esta objeção: "Por que dizer ao piloto o que havia no pacote?" É esse o mesmo Bateson de quem a filha diria: "Sua ternura, seja em relação às crianças, seja para com os animais, continha sempre um elemento da solicitude do naturalista, tolerante e cheio de admiração pela graça do ser vivo."[40] Aquele que recolocava cuidadosamente as pedras em seu lugar, ao longo da praia californiana, depois de tê-las levantado para descobrir eventuais caranguejos. Sobre sua visão de mundo é possível fundamentar uma estética em que simetria e equilíbrio fornecem as bases de uma paz ecológica. A trama que conecta é o conceito antropológico que pode abrir as portas à ecologia da mente e à sua moral. Mas também, como veremos, ao seu

39 M.C. Bateson, op. cit..
40 Ibidem, p. 30.

75

oposto: a mídia como *videodrome*, que penetra, conecta e modifica as mentes que se tornaram espectadores na busca desesperada de novos videotextos; ou então, como sincretismos infinitos pós-mídia que podem multiplicar as formas de percepção e as expressões retóricas, os modelos de valor e os esquemas teóricos.

A mais bela citação que se pode extrair de seus escritos talvez seja justamente essa: "Qual é a estrutura que relaciona o caranguejo à lagosta, a orquídea à prímula, os quatro a mim e eu a vocês?" A contiguidade e a profunda identidade entre "mente" humana e "mente" natural emerge com a descoberta mais viva e sugestiva de um discurso em forma de corrente significante (caranguejo-orquídea-eu-vocês) que é, ao mesmo tempo, poética e autopoética.

Assim disse Mary Catherine a respeito do pai: "Para ele era fundamental ver a floresta, não as árvores em si."[41] Esse juízo nos introduz em alguns nós problemáticos da ecologia da mente, aos quais não podemos deixar de voltar constantemente. De acordo com Bateson, por intermédio de níveis sucessivos de abstração, é possível estabelecer conexões com todos os campos do conhecimento; em suma: "o invólucro de pele ao redor de um organismo nada mais é que uma variação de consistência nas estruturas de transferência de informações e de controle cibernético"[42]. A mesma separação entre pensamento e sentimento deve ser rejeitada: "uma lágrima é um fator intelectual". É nesse ponto que se pode ouvir o som extremo: "o som de uma só mão que aplaude pode conduzir [os discípulos] à iluminação"[43].

Em sentido oposto a esse processo "ecológico", os perigos reais provêm, sempre, segundo Bateson, das *ideias*. Não somente delas. Ele acreditava que "a tentativa de corrigir aumentava o erro, num processo que, em cibernética, chama-se *feedback* regenerativo"[44]. Contra esse modelo lógico,

41 Ibidem, p. 91.
42 G. Bateson, *Verso un'ecologia della mente*, p. 229.
43 Ibidem, p. 95.
44 Ibidem, p. 93

organizou, junto com a filha, um seminário interdisciplinar em Burg Wartenstein (Áustria) – financiado pela Wenner-Gren Foundation for Anthropological Research – que tinha por tema a discussão dessa proposição: "A natureza cibernética do *eu* e do mundo tende a fugir da consciência na medida em que os conteúdos do 'reparo' da consciência são determinados por considerações de finalidade."[45]

A distorção psíquica produzida pelas finalidades (o *a priori* de toda hipótese de pesquisa que vê, seleciona e interpreta os "próprios" fatos) seria a causa principal de uma crise que envolve e arrasta a cultura ocidental. É essa a parte mais delicada e "trêmula" de Bateson: a fusão com a natureza ou, melhor dizendo, a natureza fundida no homem. Para resolver o movimento dos finalismos catastróficos, a ecologia da mente se realiza pensando como pensa a natureza, "vivendo", mais do que afirmando, nos comportamentos quotidianos, a "trama que conecta" caranguejos, orquídeas e homens.

O itinerário iniciado com a definição das emoções como espaço inevitável da pesquisa de campo, que se volta tanto para os "observados" quanto para os "observadores", conclui-se paradoxalmente com a tradicional mutilação do sujeito individual, que precisa retroflexionar-se numa trama indiferenciada. Mas é justamente essa nebulosa do indiferenciado que é indiferente às emoções, cujo sentido é perceptível justamente porque podemos também observá-las. Em vez de regressões mutiladoras em direção a um zero indiferenciado, um nirvana onde tudo é – ou seria – cheio de sentido, a crítica comunicacional escolhe a multiplicação dos pontos de vista e afirma: somente observando-nos enquanto nos emocionamos, aprendendo a perder-nos enquanto nos fundimos, somente colocando o próprio *eu* emocionado e trêmulo num *frame* que é, ao mesmo tempo, observado por um outro *eu* exterior à moldura, somente aprendendo a saborear as nossas emoções como componentes inevitáveis do ato cognitivo – ao lado, acima e abaixo da

45 Ibidem, p. 180.

atividade racional – e, portanto, também separado dele, é possível explorar novas fronteiras do conhecimento. Fechar-se à atividade consciente, não ver suas possibilidades produtivas, estéticas, emotivas, irracionais, significa render-se à centralidade comunitária tradicional do século XIX, de carnes e solos, que tudo funde num único bloco de aço contra uma alteridade cada vez mais passível de construção. Ao contrário, razão, consciência, conhecimento podem ser multiplicados em suas atividades específicas, graças a misturas descentralizadas com tudo aquilo que é visto tradicionalmente como inimigo deles.

É na quebra do caráter monológico das finalizações e das emoções, das racionalizações e das comunicações, que se produz uma mutação progressiva. Apenas a certeza de um retorno das emoções e da possibilidade de fusão com a natureza me permite não só gozar o abandonar-se, mas *pensá-lo*. O modelo de uma antropologia alternativa deve ser multiplicador e não se deixar envolver pelo fascínio do ato de zerar – a regressão ao zero absoluto pré-individual.

Ademais, todo esse discurso é mutilado por uma tradicionalíssima aporia do pensamento ocidental, que deseja anular o pensamento racional por meio de um discurso igualmente racional: desse ponto de vista, a finalização racional é idêntica à finalização ecológica: é sempre finalização. Esse é um problema relacionado com os tipos lógicos: não se pode argumentar que pensamos como pensa a natureza e, ao mesmo tempo, expressar esse pensamento por um tipo lógico diferente que se relaciona com a cultura.

Mas é justamente a natureza que pode ser pensada somente por meio de um ato que pressupõe uma tensão com o polo separado da cultura. Uma cultura que, coevolutivamente, contém a natureza em seu interior, que, por sua vez, é por ela contida. Como naquele quadro de Escher (1898-1972) que mostra o anel de Moebius (Jean Giraud, 1938-2012), no qual, através de uma perspectiva "falsa" (e, justamente por isso, corretíssima!), os monges que sobem e descem as escadas são os mesmos. Por isso, não pode haver outra solução a não ser aquela prevista por uma abordagem fragmentada, descentralizada e plural: feita de corridas fusionais e conscientes (e vice-versa).

É a alteridade: são as muitas alteridades possíveis – polifônicas, sincréticas, dialógicas – que deslocam a ecologia da mente de uma fusão indistinta para fragmentos plurais, tanto mais radicais, porque gozados ao longo de justaposições instáveis e irrequietas.

O desejo de fusão com a natureza é ainda mais realizável concretamente, na medida em que é possível manter como irrenunciável e irredutível a declaração de alteridade da própria natureza. Se eu soubesse, ou ainda mais, se declarasse que não quero voltar atrás nessa fusão, veria minha profissão de identidade como regressão irreversível. A unidade com a natureza é a premissa para a afirmação da identidade e, ao mesmo tempo, da não identidade com ela, por parte de uma antropologia sincrética, polifônica e dialógica. Essa última proposição, de fato, derruba os princípios lógicos da nossa civilização:de identidade, de não contradição e do terceiro excluído. Uma identidade sem distinções com a natureza é somente um anseio do homem urbano: é uma legítima invenção da metrópole. É a angústia do trabalho assalariado.

A perspectiva que se abre talvez possa ser resumida dessa forma: no cruzamento da complexidade dissolvente, da qual parte, em forma de raios, a comunicação visual, Gregory Bateson precisa encontrar Walter Benjamin, solitário exilado na Bibliotheque Nationale, que entrevê as experimentações libertadoras da reprodutibilidade técnica. Aquele Benjamin que viaja nas múltiplas alegorias das identidades plurais.

É hora de subverter a ecologia da mente.

Mas, ainda antes de começar a viagem experimental no próximo capítulo, é preciso apresentar criticamente, e em detalhes, o outro lado do pensamento batesoniano – aquele ligado à pesquisa de campo e à experimentação das linguagens – que nos empurra para dentro do nexo entre método compositivo descentralizado e formas plurais da representação.

AS TRAMAS DA REPRESENTAÇÃO

*Juntar os dados
é o que eu entendo por explicação.*

GREGORY BATESON[46]

O Caráter e o Corpo Balinês

Quero agora analisar criticamente o mais importante texto antropológico que utilizou, (como já mencionado) de forma sistemática, a filmadora e a fotografia na pesquisa de campo: *Balinese Character*, de Margaret Mead e Gregory Bateson. Este último elabora alguns traços distintivos da antropologia visual de forma tão paradigmática que permanece exemplar até hoje – após mais de sessenta anos de sua publicação – para a pesquisa etnográfica. Todavia, esses resultados deverão ser reconsiderados com o olhar "indisciplinado", iluminando alguns aspectos por vezes criticáveis. Por outro lado, como já dito, a verdade de um texto nunca permanece "fixa", mas modifica suas sugestões em relação à mudança das sensibilidades dos diferentes observadores e das condições histórico-culturais. Entre texto original, contexto histórico e leitor, estabelece-se uma tensão insolúvel e definitiva.

É possível sustentar, de fato, que, com esse texto, firma-se a passagem da antropologia visual, no entido técnico, à antropologia da comunicação, no sentido metodológico. Bateson constrói um paradigma da representação etnográfica que a perspectiva ecológico-mental seguinte (anteriormente discutida e, em qualquer caso, já presente desde seu primeiro ensaio, *Naven*), infelizmente abandonará, pois se dedicará somente à pesquisa, à exposição oral, a conferências, e não mais ao aspecto decisivo – em conjunção inquieta com as perspectivas críticas dos paradigmas científicos, das formas inovadoras e experimentais da representação. A seguir,

46 *Naven*, p. 234.

queremos afirmar que os resultados da pesquisa de campo não se diferenciam mais da forma de sua exposição. Ou seja, que, entre formas (ou melhor, as diferentes *tramas* da representação, um conjunto não redutível a unidades de linguagem, mas multiplicador dos pontos de vista do sujeito pesquisador) e perspectiva crítica, estende-se uma linha cognitiva complexa e intricada que não é mais passível de resumo do ponto de vista ético do sujeito pesquisador, mas sim das inovações experimentais e multiplicadoras (polifônicas e dialógicas) da própria representação.

Por conseguinte, a nova crítica da comunicação não é mais colocada em lugar seguro na opção de campo presumida (ideológica) do pesquisador – reduzida a uma espécie de salvo-conduto por bons sentimentos e adequações analíticas –, mas na capacidade de saber atravessar, decompor, multiplicar e fazer dialogar as linhas da narração. As tramas da representação devem conter em seu interior a capacidade de saber dissolver – por meio do fetichismo metodológico – os aspectos reificados visuais da "coisa".

Procuraremos analisar *Balinese Character* por esses pontos de vista instáveis, a fim de que as observações críticas sobre alguns de seus conteúdos (aqueles em grande parte datados) estejam em tensão com o valor paradigmático ainda não esgotado do método.

Essa premissa serve para esclarecer que a oportunidade de refletir sobre um livro como *Balinese Character* deriva do fato de que o casal mais célebre da antropologia foi rediscutido, especialmente nos Estados Unidos, com resultados opostos acerca do debate sobre as novas tendências das ciências antropológicas[47].

---

47 Ver o debate entre *Current Anthropology* e *Dialectical Anthropology*: S. Webster, Dialogue and Fiction in Ethnography, *Dialectical Anthropology*, v. 7, n. 2, p. 91-114; Ethnography as Storytelling, *Dialectical Anthropology*, v. 8, n. 3, p. 185-205; P.S. Sangren, Rethoric and the Authority of Ethnography, *Current Anthropology*, v. 29, n. 3, p. 405-435 (com as intervenções de Clifford, Fisher, Marcus, Rabinow, Tyler); R.M. Keesing, Exotic Readings of Cultural Texts, *Current Anthropology*, v. 40, n. 4, p. 459-479; e G. Crane, Composing Culture, *Current Anthropology*, v. 32, n. 3, p. 293-311.

Na mesma medida em que Mead foi criticada[48], tornou-se crescente o interesse de alguns antropólogos inovadores – fora dos fluxos ecológico-ambientalistas ou dos epistemológicos da complexidade – a respeito de um autor singular como Bateson, "um pensador isolado que trabalha nos interstícios das disciplinas"[49].

Note-se que as análises das formas retóricas da escrita etnográfica desvincularam-se das semiologias ascéticas ou neutras que confundem – para usar a terminologia de Bateson – os códigos (o mapa) com o universo (o território): aliás, nelas está novamente presente o conflito contemporâneo, reconstruído através da *poética e da política da etnografia*. Esse é também o subtítulo do livro organizado pelo próprio George Marcus e por James Clifford (em 1986), que, com as forças mais inovadoras da antropologia dos Estados Unidos, repensaram o estatuto epistemológico da disciplina e a experimentação de novas formas de escrita, de acordo com aquele extraordinário modelo que foi a dupla troca entre vanguarda artística e pesquisa etnográfica das décadas de 1920-1930 na Europa, particularmente, o surrealismo etnográfico de Leiris, Bataille, Metraux e, inclusive, de Mauss[50].

Não é por acaso, pois, que o próprio Marcus – reintérprete de Bateson – seja também promotor do seminário sobre as formas da escrita. Um é a premissa do outro. O Bateson que interessa a esse grupo, e particularmente a Marcus, é o primeiro Bateson, aquele mais especificamente etnográfico. Não tanto porque ali está contido o desenvolvimento posterior da ecologia mental, mas porque em seus dois primeiros textos – para ele *Naven* e, para mim, também *Balinese Character* – ele experimenta novos modelos

48 Cf. D. Freeman, *Margaret Mead and Samoa* e sua intervenção posterior em *Current Anthropology*.

49 G.E. Marcus; M. Fischer, *Anthropology as Cultural Critique*.

50 Cf. J. Clifford; G. Marcus, *Writing Culture*; J. Clifford, *The Predicament of Culture*; V. Crapanzano, *Tuhami*; D. Tedlock, *The Spoken Word and the Work of Interpretation*; R. Rosaldo, *Culture & Truth*; J.A. Boon, *Other Tribes, Other Scribes*; G.E. Marcus; M. Fischer, *Anthropology as Cultural Critique*; P. Rabinow, *Reflections on Fieldwork in Morocco*.

de representação da pesquisa de campo, novas formas da linguagem: no primeiro caso, com a escrita dos iatmul e, no segundo, com a fotografia e o cinema entre os balineses[51].

Concluindo, o Bateson que interessa aqui não é aquele cuja biografia pessoal representa "a transmissão das ideias do século XIX ao XX, através da tradição familiar"[52]; nem o pensador socrático que influenciará os ambientalistas. Mas aquele em cujas formas da representação – escrita, fotografia, cinema – "está inserida uma crítica precoce e profunda do paradigma etnográfico, que a torna uma inspiração para as tendências contemporâneas da escrita etnográfica experimental"[53].

O Caderno e a Leica

Entre 1936 e 1938, com breves intervalos, Mead e Bateson estiveram em Bali para desenvolver sua pesquisa conjunta. Seu verdadeiro problema, contudo, começara antes. Na introdução da obra, eles afirmam explicitamente que o estímulo para essa nova pesquisa situa-se entre o ano de 1929 e 1936, quando, separadamente, escrevem alguns livros que serão duramente criticados. Por um lado, *Coming of Age in Samoa* (Adolescência, Sexo e Cultura em Samoa), *Growing Up in New Guinea* (Crescendo na Nova Guiné), *Sex and Temperament* (Sexo e Temperamento) são acusados de terem "transgredido os cânones de uma exposição científica precisa e operacional característica da ciência"[54], pelo fato de escorregar para o terreno "idiossincrático" da literatura, embora não exatamente do jornalismo mais impressionista. Por outro lado, *Naven* busca representar um ritual

---

51 É óbvio que os funcionalistas da época (Malinowski) não compreenderam e criticaram aquelas obras.

52 G.E. Marcus, Una opportuna rilettura di "Naven", em G. Bateson, *Naven,* p. 427.

53 Ibidem, p. 428.

54 *Balinese Character*, p. XI.

83

de travestimento na Nova Guiné, segundo um método julgado demasiado analítico e demasiado interessado nas emoções, cujas soluções, mesmo que formais, ultrapassam os truísmos do funcionalismo. O que interessa a Bateson é o *ethos* dos iatmul, por ele definido como "um sistema culturalmente padronizado para a organização dos instintos e das emoções dos indivíduos"[55]. São as emoções do observado e do observador, removidas por Malinowski e desviadas na escrita "noturna" de seu diário redigido em polonês e não destinado à publicação, que se tornam, pela primeira vez, objeto específico da pesquisa etnográfica.

O encontro dos dois no campo – fatal também para o seu casamento chamado etnológico[56] – favorece um projeto ambicioso. Para superar as críticas sobre "seleção arbitrária de casos muito coloridos" ou sobre os excessos analíticos ausentes de "ordem" intelectual, Mead e Bateson decidem seguir estratégias narrativas diferentes. "Nesta monografia, estamos experimentando um novo método de enunciar as relações intangíveis entre tipos diferentes de comportamentos culturalmente padronizados, colocando lado a lado fotografias reciprocamente relevantes."[57]

Com esse objetivo, Mead arma-se de seu eterno caderno, e Bateson, da Leica (com a qual realiza as 25 mil fotos mal conservadas e ainda não catalogadas na Academia de Ciências de Nova York). Dessa forma, Margaret observa as cenas, faz apontamentos e dá indicações (também anotadas), e Gregory, sempre armado de pelo menos duas Leicas, registra tudo. O que segue são algumas reflexões sobre as notas de Bateson, acerca dos métodos e das técnicas utilizadas para fotografar.

---

55 Ibidem.

56 O casamento deles, escreveu ele à mãe, tinha sido o resultado de motivos antropológicos e não românticos. Já que precisavam desenvolver uma pesquisa comum, que duraria pelo menos quatro anos de trabalho conjunto, casar-se pareceu a coisa mais simples a ser feita. Cf. D. Lipset, *Bateson: The Legacy of a Scientist*, p. 149-150.

57 *Balinese Character*, p. XII.

O fato de estar sempre andando com as Leicas, sem precisar pedir permissão para fotografar, torna-se um assunto de tal rotina que, tanto o fotógrafo como os balineses, deixam de estar "conscientes da presença da máquina fotográfica". Esse resultado é favorecido pelo fato de que os fotografados são geralmente crianças pequenas, e por isso os pais sentem-se – erroneamente – excluídos do interesse dos pesquisadores. Às vezes, ele usa um espelho particular – um "visor angular" –, mas somente nos casos em que os balineses não esperavam, nem teriam gostado de ser fotografados, como, por exemplo, enquanto comiam. Noutros casos, especialmente os de caráter espetacular – como para as danças – "nós criamos o contexto", no sentido de que os dois antropólogos pagavam pelas representações, fato em parte normal, pois cada rito inclui oferendas. A grande-angular é raramente utilizada e somente desde 1937 será possível usar a teleobjetiva. Na sucessiva escolha das imagens, o conflito "entre a relevância científica e o valor fotográfico" sempre foi a favor da primeira: em dois casos, as fotografias foram retocadas por um gráfico.

Mas o aspecto mais importante, de um ponto de vista metodológico, é a seleção das fotos e a escolha para sua exposição. No primeiro caso, "fomos guiados por certas hipóteses prioritárias, por exemplo, que as relações pais-filhos e as relações entre irmãos eram mais significativas do que as técnicas agrícolas"[58]. Disso infere-se que a maior parte das fotos está relacionada com esse tipo de sequências tomadas de acordo com uma perspectiva metodológica, a qual retomaremos:

Descobrimos que cada tentativa de selecionar detalhes particulares era fatal, e que o melhor resultado era conseguido quando a foto era muito rápida e quase casual. O fotógrafo considerava que o contexto era interessante e fotografava sempre que possível qualquer movimento que o sujeito fazia, sem se perguntar qual dos movimentos poderia ser mais significativo.[59]

58 Ibidem, p. 50.
59 Ibidem.

Após voltar para a América, portanto "à mesa de trabalho", Mead e Bateson elaboram uma lista de categorias que pretendem ilustrar, e inserem as várias fotos (escolhidas somente da parte inicial do trabalho de campo, por causa de sua enorme quantidade) nessa grade, a não ser que fosse verificada a importância de novas categorias. O resultado final – totalmente original – é o seguinte: o livro, de formato grande, é subdividido em cem figuras, uma por página, que compreende um número variável de seis, mais frequentemente sete a oito e, no máximo, onze fotos. No começo, há primeiro um comentário geral também sobre o contexto, onde as fotos foram feitas, e depois uma análise detalhada de cada foto.

No texto, após o prefácio conjunto, há um ensaio introdutório de Mead sobre o "caráter balinês", com referências genéricas às fotos. Finalmente, há uma conclusão de caráter histórico, com dados etnográficos sobre Bali, os nomes das pessoas fotografadas e os das localidades, além de um glossário.

Dessa forma, o que os dois autores querem demonstrar é que as críticas de exotismo jornalístico ou de esquematização analítica, movidas a seus trabalhos anteriores, estão superadas, graças a uma suposta "objetividade das fotografias": "Presumimos que a objetividade das próprias fotos justifica alguma liberdade na escrita das legendas."[60]

Essa escolha parte da constatação de que a crise epistemológica se inicia com a contradição entre diferenças culturais e conceitos verbais: o *ethos* de um determinado povo é etnograficamente descritível apenas empregando uma estrutura linguística diferente que, justamente por essa irredutível alteridade, só pode *alterar* profundamente o sentido da operação (assim, cada tradução é sempre uma traição). Para eles essa contradição pode ser resolvida (algo que hoje parece bastante ingênuo), inserindo um novo tipo de linguagem, dessa vez técnica e, portanto, para os autores, "objetiva", que é justamente a fotografia.

60 Ibidem, p. 52.

86

Balinese Character é um texto inovador – além do seu valor científico que, como veremos, apresenta não poucos aspectos datados – na exigência de multiplicar as linguagens para a representação de uma determinada realidade que, dessa forma, é tão mais compreensível, por estar já superada a forma tradicional do ensaio. O acréscimo de fotos, comentários, notas e, sobretudo, da própria trama da exposição (uma página de fotos em sequência, com uma foto ao lado para comentário) configura um modo original de comunicar. Não é por acaso que, seguindo somente *Naven*, Marcus não consiga entender a importância da comunicação visual.

Dez Categorias Para Cem Figuras

Vimos que as figuras em que se organizam as fotos são cem, num total de 759 imagens. Por sua vez, essas figuras estão agrupadas em dez capítulos para outras tantas categorias, pelas quais se pode ler o caráter balinês. Deve-se sublinhar que essa grade interpretativa – que analisaremos em detalhes – foi elaborada posteriormente, "na mesa de trabalho", não sendo predeterminada.

a. O primeiro capítulo é uma introdução *geográfica*, *socioeconômica* e *psicocultural* ao vilarejo de montanha analisado (Bajoeng Gede): a agricultura com o tipo de irrigação particular a que chamamos "industrialização" (que teria sido melhor definir como artesanato) e, envolvidos nesses temas "estruturais", para enfatizar sua falta de centralidade, dois argumentos complementares (se não opostos) sobre o *ethos*: aquela sensação de prazer ao estar imerso na multidão, e aquele comportamento individual singular, definido como *awayness*, ou seja, ausência, afastamento da contingência, o estar longe, o isolar-se em público. Por fim, introduz-se o conceito de transe como outro aspecto do caráter balinês. *Crowd*, *awayness* e *transe* são assim elevados a comportamentos de base que devem ser explicados não pela consequência das formas da produção, mas pelo *ethos*.

b. O segundo capítulo aborda a *organização social* relacionada às oferendas, que possuem um valor econômico e religioso, psicológico e hierárquico, encontrada por meio da orientação do corpo.

c. O terceiro capítulo é dedicado à *aprendizagem* (talvez "o" tema constante de Bateson), de tipo sinestésico e visual, raramente dependente do ensino verbal, porém muito mais do corporal. Desse ponto de vista, a dança é um exemplo rico de sugestões acerca de como o mestre, somente ao mover as mãos, as suas ou as do discípulo, ensina a gramática do corpo sem nunca empregar a palavra. O capítulo conclui introduzindo o conceito, para mim central, de *beroek*, que expressa uma fantasia presente nas ações dramatizadas e nas artísticas (estátuas, desenhos): o corpo é construído de partes separadas e pode sempre desfazer-se em pedaços. Essas fraturas constantemente possíveis assumem um valor decisivo para a construção do caráter balinês: "o corpo é uma unidade individual tão perfeitamente integrada quanto qualquer órgão individual, com indicações constrastantes de que o corpo é constituído de partes separadas e pode desfazer-se em pedaços: *beroek*"[61].

d. No capítulo seguinte – dedicado à *integração e desintegração do corpo* – faz-se necessária atenção especial para comentar uma figura que interpreta o *transe* e o *beroek*. Os papéis presentes em cena são os seguintes: o marioneteiro, a marionete, a atriz possuída, a espectadora-ajudante.

A palavra *beroek* é usada pelos balineses para descrever um cadáver caindo aos pedaços pela putrefação. Aqui é empregada para resumir a fantasia de um corpo feito de partes separadas e independentes. Essa fantasia assume muitas formas, entre as quais a noção de que o corpo seja como uma marionete presa nas juntas, e a mesma fantasia é estreitamente relacionada aos fenômenos do êxtase e do transe.[62]

61 Ibidem, p. 88.
62 Ibidem, p. 91.

Na primeira foto, as marionetes estão amarradas numa corda estendida entre duas varas seguradas por dois homens. Elas são divindades sob forma de bonecas. Os homens contraem os braços e fazem as marionetes-divindades dançar, olhando para outro lugar, como se quisessem aludir que não são responsáveis por esse movimento: "O relato introspectivo nativo é que não são os homens que fazem as bonecas dançar – elas dançam sozinhas e os homens não podem fazê-las parar."[63]

63 Ibidem.

Bateson fotografou, assim, a parte posterior da boneca, identificando a forma pela qual a corda a sustenta, e como um pequeno sino pendurado nos pés tem a dupla função de tocar e mantê-la estendida, segurando-a em posição ereta. Na terceira fotografia, duas mocinhas agarram as varas agitadas com indiferença pelos homens e logo caem em *transe*. Atrás delas, sentam-se duas moças mais velhas que – na quarta foto – sustentam as meninas-marionetes, segurando-as com as mãos por baixo das axilas.

Nessa sequência, antecipa-se o que se tornará o paradigma posterior de Bateson: a ecologia da mente por meio da trama (*pattern*) que conecta. O contexto comunicativo dessa experiência ritual performativa estabelece uma contiguidade metonímica entre as várias partes, em vez de um salto metafórico. Entre homem, vara, fio, marionete, atriz-em-*transe,* moça-ajudante, há uma longa cadeia sintagmática (que Arthur Lovejoy denominará "a longa cadeia do ser"), toda ela percorrida pelo tremor divino que, quanto mais se movimenta, tanto mais imobiliza. Isso reduz todos à máscara, a uma forma que comunica, permanecendo sempre rígida. Máscara dos deuses, imóvel e imutável. Afinal, as performances balinesas funcionam, porque o ritual coloca em comunicação o exterior transindividual com o interior intra-individual.

Entre a fonte do agir teatral[64], por meio da qual viaja a informação ritual, e a decodificação dos espectadores, há uma rede de significados e de símbolos que conecta (e não separa) os três níveis. O *eu* não está "incluído" em cada personagem ou sujeito, mas se desloca simultaneamente ao longo de toda a cadeia que, tomada no seu conjunto de cordas e varas, bonecas e meninas, constitui uma *mente* unitária. Uma *mente ecológica*.

O *eu* não é mais limitado pela epiderme individual, como na psicologia freudiana, mas prossegue ao longo de

---

64 O termo "teatral" é totalmente impreciso para sublinhar as dificuldades de nomear aspectos de outra cultura.

90

canais onde viaja a informação – nesse caso, a performance. Pode-se dizer que a mente ecológica de Bateson possui a mesma função do *transe* balinês: eliminar o *beroek*, ou seja, uma condição humana reduzida a um cadáver em pedaços. E esse resultado é obtido através da performance ritual, que recompõe ecologicamente o caráter unitário do cadáver e o faz reviver: os fios, as varas, os braços são as muitas partes de um único corpo que o *transe* tem o poder de reconectar.

e. O quinto capítulo analisa os *orifícios do corpo*, relacionando a boca e o ânus – ou seja, os comportamentos ligados ao comer e ao defecar –, ambos revestidos da vergonha (*shame*), em contraposição ao beber e ao urinar que, pelo contrário, são ações realizadas normalmente também em público (é preciso dizer que os exemplos referem-se somente ao homem). Os balineses, quando comem juntos, dão as costas uns aos outros, porque percebem o ato como vergonhoso e, justamente para não ofender a sensibilidade deles, Bateson escolhe o emprego do espelho angular. A partir daí, há algumas notas interessantes sobre como a boca lida com o tabaco, o bétele, a ponta dos dedos, o alimento, a amamentação etc. "O corpo é um tubo", um tubo que de fato vai da boca ao ânus, expresso também em jogos infantis. O mesmo alimento pode ser identificado com as fezes, quando é colocado no terreno para ser oferecido a demônios ou espíritos; essas oferendas são normalmente comidas pelos cachorros que, numa foto excepcional, comem também as fezes de uma criança no ato da expulsão. Amplo espaço é obviamente dedicado ao ato de sugar o seio materno: o caráter do balinês adulto é julgado como sendo formado pela primeira infância e, em particular, pela amamentação. Algumas fotos enquadram a atitude de *awayness*, já definida, que a mãe exibe durante a amamentação e que deveria, segundo os autores, plasmar um tipo de caráter sem clímax, desligado, ausente. O caráter balinês está "num estado de dissociação relaxada, como no sonho".[65]

65 *Balinese Character*, p. 47.

f. Passa-se então aos *símbolos autocósmicos*, ou seja, à construção do mundo por meio da manipulação dos órgãos genitais ou de brinquedos utilizados como próteses fálicas. Dentro dessa verdadeira cosmologia corporal, insere-se a célebre briga de galos, talvez por causa da estreita correlação galo-pênis[66].

g. Esse é o capítulo mais extenso e é dedicado, obviamente, ao relacionamento *pais-filhos*. Inicia-se com sugestivas imagens nas quais a criança é mostrada antes como um deus e depois, em contraste, como um ser cheio de "medo", medo causado pelo comportamento materno, que transmite esse sentimento diretamente à criança. Esse medo, para os autores, está relacionado com a *awayness* no jogo balinês das emoções. É importante ficarmos na parte de *stimulation and frustration*, pois, aqui também, antecipa-se aquilo que se tornará o já descrito modelo interpretativo de Bateson e da escola de Palo Alto: o duplo vínculo, como dificuldades metacomunicativas na relação mãe-filho. Aqui a mãe primeiro estimula o filho com várias carícias, inclusive no pênis e, quando a criança busca o bico do seio com ambas as mãos e com a boca, a mãe fica distraída, torna-se ausente, como se pensasse noutra coisa. Isso produz frustração na criança, que percebe o afastamento materno e intensifica, sem sucesso, a manipulação dos seios. Afinal, mãe e filho mostram-se insatisfeitos (*bored*). A sequência antecipa o paradigma do duplo vínculo, pois a mãe antes expressa seu amor pelo filho, e depois – quando ele reage com uma demanda acentuada de envolvimento emotivo – parece ter medo de mostrar seu afeto de forma explícita e

---

66 "Cock", "galo" em inglês, é também uma gíria para pênis. Acerca desse jogo de palavras, V. Crapanzano, Hermes' Dilemma, em J. Clifford; G. Marcus, *Writing Culture*, intervém para criticar a famosa briga de galos em Bali, de C. Geertz, que lhe responderá com a mesma dureza (em *Interpretazione di culture*). Devo dizer que muitas observações de Crapanzano me parecem mais do que justas, porém para abordar o conflito entre a antropologia interpretativa e as novas tendências (definidas por alguns como "pós-modernas") seria necessário outro ensaio.

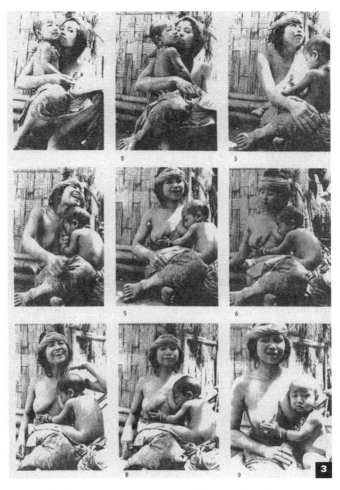

se retrai. Consequentemente, o filho recebe duas mensagens contraditórias: de amor, quando está longe, e de afastamento, quando está perto. Tudo isso é representado numa série magistral de fotos que demonstram a centralidade das experiências etnográficas para os desenvolvimentos epistemológicos posteriores de Bateson.

O capítulo continua analisando o narcisismo materno, o seu fazer-se ver, preservar-se e isolar-se diante dos filhos que, novamente, ficam frustrados. Outra atitude que produz frustração e enfado é um jogo particular da mãe que, ao pegar no colo, ou amamentar os filhos de outras mulheres (em geral parentes), procura provocar a resposta agressiva e enciumada de seu próprio filho, diluída por um contexto metacomunicativo carinhoso. No entanto, diante da reação filial – uma mescla de impotência e raiva por ela solicitada – a mãe parece distante. Mais uma vez, a *awayness*. Por fim, esse comportamento entediado transmite-se da mãe ao filho, e o jogo inicial fecha-se em seu oposto.

Dentro da mesma seção está o *transe, a mixture of agony and ecstasy*. Isso pode parecer estranho, pois não é reconhecida uma autonomia relativa a esse aspecto tão famoso da cultura balinesa. Essa escolha, porém, é totalmente coerente com o enfoque da pesquisa e, ao mesmo tempo, manifesta seus limites. Se a hipótese inicial é que a vida adulta é determinada pela infância, só pode ser a relação mãe-filho que explica também o *transe*. Toda a performance é compreendida pelas formas nas quais são culturalmente satisfeitos os impulsos primários: "Este drama é examinado aqui, ao final da série de figuras que tratam da relação mãe/filho, pois a relação entre a bruxa e o homem que a ataca lembra muitos aspectos da relação entre a mãe e a criança."[67] Sobre o *transe* há também outro aspecto aporético. Se, de fato, toda a cultura balinesa é definida como ausente de clímax (*a state of dreamy-relaxed dissociation*), ou seja, se a relação mãe-filho constitui um modelo que tende a eliminar a ênfase das emoções, torna-se difícil enquadrar essas performances tão dramáticas e de grande ressonância pública. A solução dos autores para essa aporia do paradigma é singular: aqueles comportamentos que se manifestam por uma série de autênticos *orgasmic climaxes* são explicados como "um retomo de modelos comportamentais extintos ou inibidos"[68]. A crítica mais radical às suas hipóteses é assim "resolvida" com essa explicação simplista e, na verdade, também grosseira.

67 *Balinese Character*, p. 164.
68 Ibidem, p. 168.

A natureza "ideológica" da afirmativa é evidente, não só pela impossibilidade de verificar o assunto. Com efeito, mesmo que por pura hipótese fosse verdadeira a afirmação do "retorno do que foi removido", sob forma parateatral, seria preciso explicar precisamente esse retorno. O processo lógico é aqui invertido. Justamente o que contesta a hipótese é "removido pela remoção" dos autores.

Isso abre duas considerações críticas: a primeira a respeito da citada "finalidade consciente" e a segunda sobre a relação subjetividade-comportamento. A escolha deles, de focalizar somente o comportamento e a comunicação das emoções, faz surgir outro problema metodológico no tocante à validade dos relatos, baseados somente sobre interpretações do comportamento assumidas como "objetivas", sem procurar uma subjetividade balinesa, entrando com eles numa relação dialógica. Falta esse aspecto. Os autores parecem convencidos de que seu tipo de observação objetiva (anotações e fotos) seja suficiente para determinar esse *ethos*, sem fazer com que surja aquela que é a eventual explicação consciente de determinado comportamento, do ponto de vista nativo.

Por um lado, a hipótese inicial organiza e distorce os materiais empíricos, de acordo com uma finalidade consciente; por outro, a esse excesso de subjetividade do observador corresponde uma ausência simétrica de subjetividade do observado. O todo serve para fundamentar uma objetividade naturalistica do quadro de referência.

h. Os capítulos seguintes versam sobre o mesmo argumento, focalizando as relações entre irmãos (alteradas pela rivalidade dos jogos maternos), o modelo anterior e os estágios de desenvolvimento da infância à adolescência.

i. O último capítulo conclui com os *ritos de passagem*: o nascimento, o casamento, a morte. Em particular, o funeral é analisado em suas diversas fases: primeiro o enterro, depois a exumação do cadáver (incluindo o ato ritual de rir), a limpeza dos ossos, a reconstituição do corpo ao lado do qual é colocada uma boneca representando a alma, a exposição dos ossos e da boneca, cobertos por um pano sobre o qual é pintado um corpo inteiro, até a cremação. O parágrafo final – o centésimo – é dedicado à continuidade da vida e explica outro aspecto fundamental da cultura balinesa que teria sido útil relacionar ao sentido de *awayness* muitas vezes citado: as almas dos mortos reencarnam nas crianças, de acordo com o seguinte esquema: o bisavô transmite o nome ao bisneto, construindo um cosmo estático, dividido em três estágios, um para cada geração: "cada indivíduo está, de alguma forma, dentro desse ciclo de três gerações, nas quais sua posição é determinada pelos tecnônimos". Se uma criança se chama "fulano", o genitor se chamará "pai de fulano", e o avô, "avô de fulano". Somente a eventual sobrevivência do bisavô pode produzir uma sobreposição com o nome do bisneto, que é superada por uma série de recursos terminológicos. Isso significa que cada indivíduo está dentro desse grande círculo holístico da vida balinesa, na qual se alternam os nascimentos e as mortes, o natural e o sobrenatural, por meio da classificação de "nomes cíclicos".

O Comitente Esquizoide

Nos agradecimentos iniciais, Mead e Bateson incluem os financiadores do empreendimento etnográfico, entre os quais, além do American Museum of Natural History e o Social Sciences Research Council, também o Committee for Research in Dementia Precox. No final da introdução metodológica, eles querem enfatizar a relevância da pesquisa para o período histórico que os dois antropólogos estão vivendo. A frase seguinte é surpreendente: "a cultura balinesa é, sob muitos aspectos, muito menos semelhante à nossa do que qualquer outra cultura atualmente registrada"[69].

69 Ibidem, p. XVI.

Essa afirmação parece incompreensível e totalmente incongruente para uma pesquisa etnográfica que, naqueles anos, não poderia deixar de ser desenvolvida precisamente em culturas "outras". O motivo dessa ênfase sobre as diferenças é revelado logo adiante, o que, lamentavelmente, aumenta mais o desconforto do leitor: "é também uma cultura na qual a adaptação ordinária do indivíduo se aproxima da forma de uma espécie de inadequação que, em nossa cultura, denominamos esquizoide"[70].

A cultura que eles entendem no significado tayloriano de tipo unificado, desenvolve, pois, um *pattern* partilhado até tornar-se um autêntico *ethos* balinês, um "caráter nacional" que, para eles, seria globalmente esquizoide. Essa é uma conclusão desconcertante sob muitos pontos de vista. Como é possível que dois antropólogos tão atentos aos riscos dos etnocentrismos, dos lugares-comuns, das generalizações simplistas, concluam uma pesquisa plurianual, que constitui, por muitas razões, uma etapa fundamental na pesquisa de campo, reconfirmando ao extremo a viscosidade do centrismo que reconduz o todo a supostos modelos de "normalidade" que coincidem com seus valores? Eles acabam por reforçar exatamente o que os antropólogos deveriam verificar, se não contestar de forma detalhada e motivada.

No entanto, além desse vício etnocêntrico, existe algo, se possível, mais obscuro. Assim, prosseguem os dois autores, iluminando o sentido mais profundo do trabalho:

Posto que a *dementia praecox* em nossa população continua crescendo, torna-se cada vez mais importante para nós conhecermos as bases na experiência infantil que predispõem à essa condição, e precisamos saber como tais predisposições podem ser tratadas culturalmente, de forma a não se tornar um desajustamento.[71]

Tudo isso serve para reconduzir a aparente estranheza balinesa ao interior de uma inadequação que é cada vez mais

70 Ibidem.
71 Ibidem, p. XII.

também americana. A ênfase sobre tal inadequação é determinada pelo comportamento do comitente. Aumentá-lo até o nível de *ethos* testemunha que a "finalidade consciente" concreta pode penetrar até numa das mais importantes pesquisas e, consequentemente, na história da antropologia. *Balinese Character* é também um testemunho, infeliz, de como os financiamentos podem distorcer as conclusões.

Essas considerações impõem a focalização de outro problema: o quadro teórico de referência, que permitiu a difusão dessa perigosa "finalidade etnocêntrica", é o conceito de caráter nacional, que se projeta até no título da obra.

Este não é um livro sobre os costumes dos balineses, mas sobre os balineses – sobre a maneira pela qual eles, enquanto seres vivos que se movimentam, ficam parados, comem, dormem, dançam e entram em *transe*, incorporam aquela abstração que (depois de a tornarmos abstrata) definimos tecnicamente como cultura.[72]

Não obstante o conhecimento das diferenças entre indivíduos, grupos, áreas geográficas, a globalidade da cultura é confirmada pelo pressuposto de que os "elementos intrusivos" seriam uma sedimentação ocorrida ao longo dos séculos e, portanto, não determinante (veja-se o caso já citado do *transe*). A necessidade de sublinhar o caráter disseminatório do conceito de cultura deriva da afirmação, de acordo com Bateson e Mead, das características do naturalismo científico[73] da antropologia. Globalidade e cientificismo aparecem, assim, como derivações da perspectiva holística. Contudo, não se pode ignorar essas diferenças, o que leva os próprios antropólogos a afirmar: "É verdade que em Bali cada vilarejo se diferencia de todos os demais, sob muitos aspectos, que existem diferenças ainda maiores entre os distritos, de modo que nenhuma afirmativa única e concreta sobre Bali é verdadeira para Bali como um todo."[74]

72 Ibidem.

73 Cf. supra, n. 52, a observação citada por Marcus sobre Bateson como herdeiro – também "familiar" – do pensamento do século XIX.

74 *Balinese Character*, p. XIV.

Mesmo assim, eles insistem que através dessas diversidades existe um *ethos* comum.

Na verdade, são precisamente essas as diferenças merecedoras de interesse, conforme a sensibilidade antropológica atual, mais do que o esforço (muito ideológico) de encontrar uma base científico-natural para a própria disciplina. O enfoque dos supostos holismos da cultura – além de produzir um erro epistemológico e político-cultural que continua até os nossos dias – é sinal de uma escola e de uma época. Atualmente, o caráter nacional foi criticado também pelas novas orientações da antropologia psicológica, que enfatizam justamente o risco de transformar as generalizações em estereótipos[75].

Parece, pois, singular que a conclusão dessa pesquisa pioneira afirme não haver: "nenhuma diferença aparente na estrutura do caráter entre pessoas de vilarejos nos quais o *transe* é partilhado por todos e aquela de vilarejos em que ninguém entra em *transe*; pessoas em vilarejos onde qualquer mulher é considerada bruxa e as dos vilarejos onde nenhuma é considerada bruxa"[76], posto que as aparentes diferenças culturais são fios inextricáveis de um uma tessitura unitário sobre o qual está tecida a personalidade de cada membro daquela cultura. Quando muito, admite-se que as diferenças são apenas "de grau".

O Corpo e as Emoções

Essas observações finais retomam a indagação se a simples análise do comportamento pode fazer emergir o caráter de um único indivíduo, de um grupo ou de toda uma etnia. As principais correntes antropológicas atuais negam esse aspecto, tanto porque ele resulta ausente de relação dialógica com a subjetividade do observado, quanto pela crise do conceito global de cultura (além do "caráter nacional"). Mas,

---

75 Cf. E. Bourguignon, *Antropologia psicologica*.
76 *Balinese Character*, p. xv.

embora a equação *comportamento* = *caráter* seja simplifica-dora, esse texto permanece a pedra de toque, por se tratar da primeira pesquisa sistemática sobre o corpo que utiliza cinema e fotografia como instrumentos tão decisivos quanto inconclusivos. Não é verdade, pois, que as fotografias "falam por si", por serem "objetivas": ao lado das fotos – que são sempre uma leitura subjetiva da realidade –, permanece fundamental a escritura como outro elemento cognitivo somado ao icônico. Na pesquisa etnográfica, a linguagem icônica, a linguagem verbal e a linguagem escrita se fortalecem reciprocamente, de acordo com modalidades polifônicas. Contudo, a linguagem do corpo e as formas da representação são dois aspectos, estritamente relacionados, que tornam *Balinese Character* um texto de extraordinária atualidade. Basta pensar que, talvez por causa de uma longa hegemonia do estruturalismo francês, geralmente são citadas as célebres "técnicas do corpo" de Mauss (e a introdução de Lévi-Strauss) como uma espécie de declaração de intenções da antropologia às quais não se deu continuidade. Como procuramos demonstrar, isso é completamente falso. Talvez a persistência dessa impressão dependa do fato de que *Balinese Character* é, como já foi dito, difícil de encontrar. Ou talvez porque em certas escolas antropológicas o valor experimental das primeiras obras etnográficas de Bateson foi censurado.

O livro é uma pesquisa pioneira sobre a comunicação corporal, embora distorcida pela hipótese primeira de encontrar um nexo rígido entre a personalidade do adulto e o processo cultural. Por isso, é correto afirmar que – apesar de suas intenções – aquilo que Mead e Bateson consideram "caráter" balinês poderia ser traduzido por corpo. *O caráter balinês é o corpo balinês.*

A análise "objetiva" do comportamento dos balineses focaliza o corpo deles como um ator comportamental que expõe em público um determinado *ethos* plasmado por emoções dramatizadas. Mas, se o caráter balinês é o corpo, o texto é o testemunho de como o corpo pode ser analisado infinitamente nas mais minuciosas particularidades, mais do que recomposto numa globalidade homogênea. Paradoxalmente, é a imagem do *beroek* do corpo esmigalhado, que volta com toda a sua atualidade, mais do que os esforços "ecológicos" aqui antecipados. O que emerge desse corpo anatomizado é a centralidade das emoções. Pela primeira vez na história da antropologia[77], as emoções corporais são alçadas ao nível de pesquisa científica sistemática.

Mas, para chegar completamente do corpo ao caráter (individual ou grupal mais do que "nacional"), teria sido necessário estabelecer uma relação dialógica com a subjetividade dos muitos balineses. Pois bem, Bateson não está interessado no discurso do sujeito etnográfico, mas no comportamento do homem natural. Portanto, apesar de seu amor pelo metálogo[78] e pelo socratismo, não é o dialogismo que se afirma com ele. E, embora a dele seja uma "epistemologia do observador muito mais do que a do observado"[79], uma abordagem antropólogica da comunicação corporal e de suas emoções só pode recomeçar por *Balinese Character*.

Montagem

O itinerário da representação etnográfica de Bateson vai de *Naven* – um "ensaio enlouquecido" totalmente mal compreendido, além de arrasado por Malinowski – até *Balinese Character*. No primeiro, ele procura fazer surgir, do mesmo tipo de explicação, a organização do discurso. O que ele chamará de deuteroaprendizagem – ou seja, a capacidade de aprender a aprender – é aqui experimentada de forma ainda imprecisa, porém decidida e decisiva. Com efeito, "*Naven* era um estudo sobre a natureza da explicação"[80]. Não se trata apenas de um relato etnográfico, mas de "um estudo das formas

---

77 Confirmando a nota anterior, gostaria de lembrar como as emoções foram estudadas também por Darwin.

78 Ou metadiálogo.

79 G.E. Marcus, op. cit.

80 G. Bateson, *Naven*.

pelo qual os dados podem ser reunidos; *e reunir os dados é aquilo que eu entendo por 'explicação'"*[81].

No segundo, ele desiste de outros experimentos sob forma da escritura e escolhe a fotografia com notas escritas – segundo as modalidades já citadas –, a fim de criar novas soluções para sua inquietação expressiva. E, depois disso, a escolha se desloca para a oralidade (conferências, diálogos, metadiálogos). *Naven* e *Balinese Character* tornam-se então a descoberta dos limites da escritura etnográfica. De modo paradoxal, esses dois ensaios são hoje importantes justamente por seu fracasso, e podemos utilizá-los de forma diferente graças ao avanço recente no sentido dialógico, epistemológico, experimental. Isso foi possível porque, para Marcus, a ênfase agora se deslocou dos conteúdos ao "produto escrito da prática etnográfica, ao texto etnográfico"[82]. De certa forma, esses dois primeiros e únicos textos etnográficos têm uma importância crescente justamente porque colocam em discussão "as convenções da escritura etnográfica"[83]. Alguma coisa a mais do método funcionalista é submetida à crítica: é a mesma base epistemológica da antropologia cultural.

Por outro lado, é possível argumentar que seus trabalhos posteriores, que atravessaram e interligaram diversas disciplinas, caracterizam-se pela tentativa de definir, demonstrar e colocar em prática o que foi afirmado nesses dois primeiros trabalhos, como procurei evidenciar em pelo menos dois casos: o duplo vínculo e a trama que conecta. Não é por acaso que, depois deles, Bateson não escreveu mais nada, ou quase nada. Mais do que a escritura, a escolha de Bateson será dirigida ao diálogo[84].

81 Ibidem, grifo nosso.
82 G.E. Marcus, op. cit.
83 Ibidem.
84 Marcus afirma que, depois disso, "o que Bateson dizia tornou-se enormemente mais importante do que aquilo que escrevia" (Book Review of David Lipset's "Gregory Bateson: The Legacy of a Scientist", *American Anthropologist*, v. 86, n. 2, p. 292). "A conversação, o ensino socrático e as conferências ocasionais tornaram-se os canais principais para transmitir seu pensamento" (ibidem, p. 294).

A ecologia da mente é o resultado de transcrições de conferências, e os próprios metadiálogos, ali incluídos, buscam novas soluções teóricas, utilizando a forma oral por excelência: o diálogo, mais do que o dialogismo no sentido restrito. A definição de *metálogo*, por parte de Bateson, gira em torno dos mesmos problemas de *Naven*: é um trabalhar sobre a montagem da fala (ou seja, os "dados" sob forma de conversação), com o objetivo de "tornar relevantes não somente as intervenções dos participantes, mas a própria estrutura (*pattern*) de todo o debate"[85]. Substancialmente, também o metálogo está "emoldurado" em sua constante tensão epistemológica de tipo ecológico-mental.

O metálogo é *naven* sob forma de conversação. Ambos procuram resolver não tanto os problemas de inversão sexual ou os problemas do "por que as coisas acabam desorganizadas", mas a natureza da explicação como trama da comunicação. Para voltarmos ao exemplo citado no início, sobre a casualidade das fotografias, após definir o interesse por um determinado fenômeno (embora no contexto balinês cada contexto seja mais ou menos de interesse fotográfico), Bateson fotografa tudo sem um direcionamento definido. No sentido de que não estabeleceu *a priori* o que merecia ser fotografado. O método se desloca do campo para a mesa de trabalho. Por isso, as fotografias publicadas são apenas uma pequena seleção das primeiríssimas fotografias tiradas: todas as demais talvez não tenham sequer sido reexaminadas com um mínimo de sistematicidade. Provavelmente, porque analisar de novo todas as vinte mil fotografias significaria recomeçar a pesquisa desde o início: como se tantas imagens não fossem um *mapa*, mas a paradoxal duplicação "objetiva" do *território* da pesquisa. Daqui, emerge uma verdade que antropólogos e cientistas sociais, em geral, parecem esconder.

"Para Bateson, o método não se expressava tanto naquilo que se faz no campo, mas naquilo que se faz com

---

85 G. Bateson, *Verso un'ecologia della mente*, p. 33.

os dados, na mesa de trabalho."[86] Ou seja, é na organização e interpretação dos dados, e não na coleta, que se produz o método. Essa mudança radical de perspectiva permite o encontro com quem trabalha com as formas retóricas da representação, não mais como puro jogo semiótico, mas como um terreno decisivo que une o caráter epistêmico ao caráter mais propriamente interpretativo. Assim, partindo de outro ponto de vista, o poético e o político da etnografia concentram-se na forma pela qual se escreve a respeito de uma determinada cultura, ou como essa cultura representa-se a si mesma dialogicamente. Assim, para James Clifford, o texto de uma pesquisa de campo torna-se uma alegoria da autoridade que a antropologia contemporânea precisa assumir como campo de pesquisa (*fieldwork* no sentido mais abrangente do termo), a fim de desmantelá-lo retoricamente.

O emprego de metáforas e a presença dialógica do sujeito etnográfico – não mais reduzido a um conjunto de informações sem a presença de um *eu*, e submisso ao da escritura antropológica – tornam-se o centro de uma reflexão que repensa o estatuto da disciplina: a problematicidade de suas categorias. Tudo isso é definido por Clifford no próprio título de sua importante obra, *The Predicament of Culture*, em busca de novas alianças entre vanguardas artístico-literárias e vanguardas político-culturais.

Daqui, surge uma perspectiva teórica (para mim) extraordinária: a coligação possível entre duas pessoas que nunca se encontraram antes, que viveram de forma diametralmente oposta, da política à profissão, que trabalharam em contextos muito diferentes: Gregory Bateson e Walter Benjamin. Entre o antropólogo que viajou por mundos exóticos e o filósofo (mas talvez as duas etiquetas acadêmicas sejam totalmente inadequadas) que ficou preso, até ser tarde demais, no "círculo mágico" da Biblioteca Nacional de Paris, é possível ver uma relação justamente nas formas

---

86 G.E. Marcus, op. cit.

da escritura e do visual, por serem determinantes na escolha do método[87].

Walter Benjamin, numa nota sobre as passagens da Paris do século XIX, diz: "método deste trabalho: montagem literária"[88]. Em meados da década de 1930, ele está trabalhando tanto nos aspectos progressivos da reprodutibilidade técnica quanto na montagem como forma expositiva adequada ao objeto (a metrópole), e é bom lembrar que já havia escrito seu célebre texto para a livre-docência sobre a alegoria, nunca aprovado, porque "incompreensível" para o pensamento acadêmico da época.

Sua sensibilidade em relação à "montagem de fragmentos", numa forma-mosaico que não possui um final definido, movimenta-se experimentando novas formas retóricas da representação que, justamente nessa base e nos mesmos anos, o relacionam a Bateson e a suas novas linguagens antropológicas. O próprio Benjamin afirma em *A Origem do Drama Trágico Alemão*:

A representação é a quintessência do método. Método é caminho não direto [...] Constantemente, o pensamento recomeça, regressa circunstancialmente à própria coisa, com renovados começos e rítmicas intermitentes, como nos mosaicos, nos quais a fragmentação em partículas caprichosas não ofende a majestade, a consideração filosófica não sofre a perda de impulso [...]. O valor dos fragmentos de pensamento é tão mais decisivo quanto menos imediata é a sua relação com a concepção de fundo.[89]

A atitude micrológica encontra aqui sua apresentação. E por isso o "conteúdo de verdade pode ser captado somente penetrando-se com extrema precisão nos detalhes de um certo estado de coisas"[90].

---

87 Cf. M. Canevacci, *A Cidade Polifônica*.
88 *Parigi, capitale del XIX secolo*, p. 595.
89 *Il dramma barocco tedesco*, p. 8-9. Gostaria de sublinhar a palavra *menos*, por ser a afirmação filosófica central que, contra a "finalidade consciente", concentra-se no fragmento.
90 Ibidem.

E também *Naven* é justamente essa "sequência de começos sempre novos que se enredam no próprio objeto". Mas *Naven* e *Balinese Character* tornam-se textos experimentais, tanto mais inovadores por serem textos-mosaico (como *Passagen-Werk*). "Duas, três, quatro descrições estratificadas e sobrepostas são melhores do que uma."[91]

Por isso, conclui Marcus em outro ensaio, "uma ideia comum sobre a construção do texto consiste em amarrar um grupo de ensaios separados, abordando, com temas ou interpretações diferentes, o mesmo assunto"[92].

Se o objeto antropológico não é mais algo global e unitário, ao qual corresponda um conceito isomorfo de cultura, mas um objeto fragmentário e híbrido, a composição entre escritura e visual só pode ser uma montagem-mosaico que, em sua própria forma expositiva, "fala" e "vê" – metacomunica – sobre a complexidade da representação etnográfica. A nova antropologia é sincrética e polifônica no objeto e no método.

91 G.E. Marcus, op. cit.
92 Book Review of David Lipset's "Gregory Bateson: The Legacy of a Scientist", *American Anthropologist*, v. 86, n. 2, p. 428.

3. A ESCRITURA EM MONTAGEM

Partindo das conclusões desenvolvidas acima sobre Gregory Bateson, procurarei pôr em prática uma trama experimental para a representação da comunicação visual. Essa trama contém em si o método, ou seja, o método é diluído na própria forma da exposição.

No tocante à exigência de explorar novos modelos textuais da composição, pois os tradicionais parecem inadequados em termos de conferir sentido à pesquisa contemporânea, procurar-se-á construir um modelo incomum que seja adequado, em seus mesmos módulos narrativos, aos níveis da comunicação que vão se difundindo. O esquema aqui elaborado possui a forma de novelo, nele seria possível percorrer as espirais dos diferentes fios sem possibilidade de defini-lo ou desemaranha-lo. As espirais da comunicação visual imporem um trabalho interpretativo à maneira de Sisifo: o novelo empurrado de cima rola para baixo enquanto tudo muda na comunicação visual. Como no mito...

Em primeiro lugar, como desafio inicial, assumimos um célebre paradoxo que será resolvido somente no final. Na etapa intermediária, desenvolve-se a montagem de sete textos, selecionados por seu valor qualitativo, aplicados em diferentes gêneros: um filme, um desenho animado, três comerciais de perfumes, uma transfiguração do *logos* pelo *logo* e outra do *eros* pelo jeans. O filme, por sua vez, mostra uma caixa que contém o segredo de muitos comerciais. Esse segredo também será "revelado" no "final" parcial. Desse modo, a mesma forma da representação sugere a montagem para conectar as infinitas tramas comunicacionais que o visual vem amarrando cada vez mais nos "corpos-mente" ecológicos: os paradoxos da comunicação produzem armadilhas que inflacionam duplos vínculos visuais.

O estilo escolhido é o micrológico, que penetra nos detalhes mínimos de cada imagem para individuar os significados explícitos, visíveis todos, para ver e fazer-se ver: porque na publicidade, no cinema ou no *design* cada detalhe nunca é casual nem ingênuo, mas é semioticamente elaborado. Enquanto os generos visuais são misturados, o leitor ativo é constrangido a "saltar" entres os "fios" de imagens e historias: isto é, entre os tipos lógicos. O motivo é que a decifração da comunicação visual é inquieta e desordenada, não linear ou homogênea, e menos ainda disciplinada. Enfim, tentarei praticar isomorfismos entre o objeto visual da pesquisa e o sujeito da escritura. De qualquer maneira, a escritura tende a fazer-se visual, a fazer-se olho, fazer--se copo cheio-de-olhos, colocando em crise a dicotomia sujeito/objeto.

As metodologias aplicadas na comunicação visual são múltiplas. Por isso, o método etnográfico é sempre menos ligado a uma disciplina (antropologia cultural) e sempre mais "indisciplinado", indo além das paredes acadêmicas ou domesticas. Uma etnografia experimental para conectar abstração teórica, praticas empíricas, invenções compositivas. Os métodos pluralizados e indisciplinados desenham uma constelação epistemológica baseada em:

- ETNOGRAFIA REFLEXIVA. Em primeiro lugar, o pesquisador que quer enfrentar esse âmbito pelos métodos etnográficos precisa se colocar numa dimensão reflexiva. Isso significa que não pode ficar neutro ou distante em relação ao "objeto" de pesquisa, que cada vez mais se apresenta como sujeito. Sua emotividade e sua sensibilidade estão envolvidas no olhar. O pesquisador reflete sobre si mesmo na medida em que analisa o objeto-sujeito; precisa saber-se escutar e dialogar consigo mesmo. As metodologias antropológicas desafiam as dicotomias espaço-tempo, natureza-cultura, publico-privado; e por isso a ubiquidade é parte constitutiva da experiência conetiva do pesquisador com os sujeitos-objeto.

- ESTUPOR METODOLÓGICO: o estupor como método precisa treinar a porosidade corporal em relação ao encontro com pessoas/culturas/obras desconhecidas ou estranhas e que – justamente por isso – são desejadas. Os pesquisadores precisam colocar a própria inteligência corporal no limiar do estupor: assim é possível penetrar e ser penetrado pelo que é estranho, sem se fechar na própria familiaridade. Praticar o estupor significa aprender a misturar o familiar e o estrangeiro. As culturas visuais são sempre um misto mutante e polifônico de familiar/estrangeiro, sem exoticizar a si mesmo ou aos outros. Estupor é a abertura porosa da sensibilidade intelectiva em direção à descobrimentos não procurados.

- COMPOSIÇÃO POLIFÔNICA: Walter Benjamin aplica a montagem na composição em "Paris, Capital do Século XIX", texto fundamental para se entender as transformações que naquele século anunciavam o nascimento da comunicação tecnicamente reprodutível (fotografia, publicidade, cinema). A composição textual dele era movimentada pelos fragmentos selecionados a partir de uma hipótese histórica. Agora a montagem digital poderia desenvolver a conectividade ubíqua e assim afirmar as lógicas plurais sobre a lógica sintética. O conceito de composição se transfere da sua origem musical em narrativa poético–política que mistura formas diferenciadas no processo da pesquisa por meio de escrituras (ensaios, etnopoética, contos), visual (foto, vídeo, blogue), artes (música, *design*, performance).

Seu Método É a Montagem

Já há tempos, afirmou-se uma nova mercadoria-visual não quantificável (como o era a mercadoria clássica do tipo industrial) com o trabalho abstrato socialmente necessário nela incorporado, mas qualificável devido ao poder comunicacional por ela emitido, que se emoldura em *frames* definidos, todos a serem classificados de acordo com novas tipologias. A seguir identificaremos duas, que coincidem somente em parte: o *visus*, no qual o *visual* coincide com o *rosto* e seus novos intermediários culturais. Uma crítica da economia político-comunicacional deve recomeçar a partir daqui.

Essa mercadoria-visual é, ao mesmo tempo, resultado e consequência de uma rede de valores econômicos, culturais, comunicacionais, comportamentais, psicológicos, simbólicos, semióticos, políticos etc. É, de fato, o objeto que contém e entrelaça todos esses retalhos num *patch-work*, por isso a seleção que se pode fazer ao longo de uma pesquisa pertence ao campo das escolhas humanas. É, pois, o pesquisador quem abstrai do corpo da mercadoria-visual aqueles aspectos parciais aos quais atribui convencionalmente o nome de "econômico", "simbólico" etc.; porque esse corpo os contém a todos simultaneamente, de acordo com graus de relevância valorativa cada vez mais sensíveis à mudança cultural-comunicacional. É a decodificação como práxis que decompõe um todo articulado em segmentos parciais. No passado industrial desejou-se dar preeminência à dimensão socioeconômica; atualmente seria loucura continuar por esse caminho, justamente pelo caráter sempre mais cultural-comunicacional e "imaterial" da mercadoria--visual sob condições pós-industriais. Pensar que somente a chave social irá abrir os segredos das novas mercadorias--visuais é um claro erro epistemológico, antes que político. *A comunicação visual dissolve o social através da valorização da informação.*

O mesmo materialismo histórico-dialético encontrado em Marx não consiste, certamente, como em geral se continua a pensar, na apologia da rude materialidade das condições sociais que, pelo contrário, era relegada a uma condição de pura aparência. Gostaria de salientar que, para Marx, o salário não se identifica com o concretíssimo dinheiro, mas com uma relação de poder imaterial, tanto mais invisível quanto complexa e substancial: somente nesse contexto, o dinheiro se apresenta como equivalente geral com o qual todas as mercadorias podem ser trocadas entre si.

Mas qual é o equivalente geral da sociedade da comunicação visual, ou então, continua existindo a possibilidade de um equivalente geral? Certamente sempre e, de qualquer forma, o dinheiro. Todavia, parece-me que alguma outra coisa – impalpável e imaterial – vem sendo difundida pela mídia, embora ela mantenha uma concretíssima determinação "visível". Talvez os conceitos tradicionais de matéria e de espírito estejam resumidos ou sintetizados na mídia. As capacidades fantasmáticas do espírito e aquelas perceptivas da matéria estão copresentes e são coproduzidas pela mídia numa aliança ecológica com seus consumidores. Daí surge seu poder, que é algo muito diferente do caráter sagrado que, muitas vezes, e erroneamente, é atribuído a esses meios de comunicação: seu superpoder vencedor, em minha opinião, é mais bem compreensível na ótica de seu poder ecológico material-espiritual ou espiritual-material. O terreno da comunicação – para o qual se deveria inventar um conceito ainda inexistente – é espiritualmente material e vice-versa. Talvez seja o metafetichismo digital que se manifesta em formas materiais/imateriais…

É possível tentar definir o equivalente geral na época dos *videoscapes* e da *sign-flation* como aquelas cotas de olhares públicos que os diferentes sujeitos sociais – estratificados por classes de idade, grupos sociais, diferenças sexuais ou étnicas – conseguem atrair para o seu terreno, por meio de circuitos de reprodutibilidade. O equivalente geral comunicacional é, pois, a metaestrutura da atenção, mensurável pelas cotas de atenção que os sujeitos que competem entre si conseguem concentrar sobre sua imagem, que constitui o terreno, ou panorama meta-político, em que a *comunicação comunica* o sentido do poder e de sua centralidade.

Esse equivalente pode ser mensurável por meio de um indicador qualitativo ao qual daremos o nome de *visus*. Com esse único termo latino, com efeito, o "rosto" coincide com "o que se vê"; a proliferação de *TV-closes* poderia ser a unidade de medida na época da comunicação, que obviamente não substitui a moeda, mas cresce e prolifica sobre, ao redor e dentro dela. O *visus* – como coincidência máxima entre o visível e o rosto que o *videoscape* dilata no tamanho do vídeo e sobre o qual se constrói o valor agregado alcançado pela "mercadoria-visual" – resume e enfatiza as cotas de olhares acumulados por unidades de exposição em público, por meio de técnicas reprodutíveis.

Nesse *visus*, é possível concentrar a crítica da economia político-comunicacional. Esta, por um lado, quantifica o tempo-imagem de sua videopresença diante da respectiva plateia; por outro, qualifica um fetichismo visual como método pelo qual se desconstroem os códigos comunicativos postos-em-vídeo pelos novos e agressivos *TV closes*. O *visus*, com efeito, é um grande fetiche visual, e os novos intermediários culturais são sua videocarne. Sua transubstanciação política é a síndrome específica que atacou primeiro a Itália[1].

---

1 Na Itália, a primeira videocarne feita presidente foi Silvio Berlusconi: extraordinária videoencarnação de Barry Convex mixada com O'Blivion; nos EUA, seu seguidor em potencial é Donald Trump; na Rússia, sem dúvida, Vladimir Putin encarna essa síndrome; no Brasil, um *morphing* entre Silvio Santos, Edir Macedo e Michel Temer seria perfeito.

A cadeia ecológica conecta mercadoria-visual, *videoscape*, TV *closes*, *visus*, comunicação política. Ela visualiza como traço emergente da contemporaneidade esses novos intermediários culturais através de seu meio específico (os *visus*). Ensurdecedoras, prepotentes e egoístas como muitos tios Oswald, Levi's 501, belas-da-tarde ou torcedores-de-estádio, essas novas figuras procuram destruir o velho *establishment* – a mídia-elite tradicional – para substituí-lo, indo inclusive além, até o coração do poder político-comunicacional.

O PARADOXO DO PRISIONEIRO

Gostaria de começar lembrando o paradoxo do prisioneiro: havia um rei que se encontrou diante de um dilema insolúvel, tendo decretado uma lei pela qual cada estrangeiro que chegasse ao reino teria que declarar, sob ameaça de pena capital, o verdadeiro motivo de sua viagem. O rei, porém, não havia previsto a chegada de um sofista que explicou candidamente ter ido ao reino para ser justiçado com base nessa mesma lei.

Ao comentar esse dilema, Paul Watzlawick se pergunta: "Que regras terá o rei que estabelecer para escapar da desagradável situação em que o deixou prisioneiro? – Que problema é esse?"[2] O dilema pode ser inserido na citada teoria de Bateson sobre o duplo vínculo. E, de acordo com esse enfoque, o rei não pode escolher, porque está preso por um laço contraditório do qual nunca poderá se livrar: de fato, não pode condenar o prisioneiro à morte porque ele disse a verdade; ao mesmo tempo não pode salvá-lo, porque iria de encontro à sua própria lei e ao pedido daquele prisioneiro.

Em suma, o rei seria obrigado a aceitar em seu reino um estrangeiro que, ou queria outra coisa, ou então, ainda mais sutilmente, só procurava demonstrar que o rei não

---

2 P. Watzlawick et al., *Pragmatica della comunicazione umana*, p. 234.

tinha mais a capacidade de governar e de fazer respeitar as leis por ele mesmo ditadas. Pareceria, pois, que o rei não poderia sair dessa situação de nenhuma maneira e, pelo que se sabe, essas são também as conclusões de Wittgenstein e de Watzlawick.

O rei foi encurralado: não pode prosseguir nem voltar. Está imobilizado pelos laços do duplo vínculo. No entanto, em minha opinião, existe uma saída, que é justamente uma abordagem compositiva que sugere a possível solução. Para sairmos do jogo – ou da metáfora – penso que a chave para resolver esse paradoxo do prisioneiro que aprisiona pode ajudar-nos a compreender se a comunicação visual aprisiona seu consumidor, numa condição de imobilidade estacionária, sob o signo implacável da homologação, ou se ativa seu leitor numa práxis decodificadora.

O dilema citado, com efeito, em sua pureza lógico-formal, parece bloquear toda possibilidade de mudança. No entanto, o que eu gostaria de demonstrar (e não somente para resolver o paradoxo) é justamente a impossibilidade de suprimir a mudança, nos vários níveis sociais, psíquicos e culturais, relacionada à renovação necessária do método interpretativo, pois a mudança só pode arrastar consigo os parâmetros da visão de seu objeto, pelo menos em parte, novos.

INTERLÚDIO ETNOGRÁFICO

A Caixa de "A Bela da Tarde"

Em 1966, um grande diretor espanhol, Luis Buñuel, dirigiu o filme A Bela da Tarde, no qual, numa das cenas mais famosas, um homem asiático mostra a uma prostituta – na imaginária casa de prostituição onde "trabalha" a "bela da tarde" – uma caixa preta, abrindo-a vagarosamente: dela sai um som entre o metálico e o animalesco que deixa a mulher apavorada, mas também excita a "bela da tarde", que logo aceita seguir o oriental. Quando, depois da saída do homem, a faxineira entra no quarto onde Catherine Deneuve jaz de bruços, fica preocupada e diz: "Pobre moça, sabe lá o que teve de aguentar!" A "bela da tarde", porém, levanta o rosto radioso e responde: "Mas o que você sabe disso?"

Como se sabe, a atração fascinante ou a repulsa horripilante exercida pela caixa preta, reside, para o diretor, no fato de que ela se abre para o inconsciente dos desejos mais secretos da alma humana; por isso, se o leitor se perguntar o  que havia naquela caixa portátil e falante, provavelmente cada um poderia abrir-se às suas próprias fantasias eróticas ou censurá-las. Mas então: o que essa caixa esconde do espectador e o que ela revela à imaginação de tão sedutor e audaz, a ponto de ser possível, e até desejável, perder-se por ela?[3]

Superman e a Metacomunicação

Gostaria de comentar um quadrinho tão simples quanto "genial", extraído da história *Solo quando rido* (Somente Quando Dou Risada, de 1990). Oswald, um cômico de televisão em crise, com índice de audiência muito baixo, mostra a Lane, apresentadora de sucesso por ele mantida prisioneira, as "*estúpidas bobagens* que os programadores televisivos preparam para as crianças" – e em diversos programas aparecem as conhecidas figuras de Popeye, Mazinger, He-Man, os Smurfs e... o Superman. E ainda continua: "desenhos animados que não passam de comerciais para

---

3 Gostaria de acrescentar que *Pulp Fiction*, de Tarantino, cita o filme de Buñuel: uma bolsa preta que irradia uma luz sedutora, carregada por gângsteres exaltados entre citações bíblicas e quadrinhos pop. David Lynch usa uma enigmática caixa azul em *Mulholland Drive* (Cidade dos Sonhos; ver infra capítulo 7).

brinquedos!". E por fim, num crescendo: "espetáculos 'culturais' cheios de *sermões*! – Não há nada como o show do *tio Oswald*!".

A genialidade da tira está justamente nisso: o "vilão" assume para si o ponto de vista analítico sobre o enredo, a relação reciprocamente vantajosa entre desenho animado - produção de brinquedos e comunica à leva escolarizada dos leitores uma crítica "sociológica" sobre a estupidez da mídia, para atrair e reverter o conceito de sermão – que Oswald projeta sobre os quadrinhos – sobre si mesmo, enquanto ele é o representante do "mal". Consequentemente, a "crítica" é neutralizada e, ao mesmo tempo, salvam-se Superman e todos os outros desenhos animados que são amostras do "bem".

A história em quadrinhos afirma, pois, uma "primeira verdade" transparente sobre a trama que conecta quadrinhos-brinquedos-comerciais, mas, ao mesmo tempo, faz passar essa verdade como uma "falsidade" – ou "ideologia do mal" – porque quem fala é Oswald, o feio-e-mau, um apresentador fracassado que emprega técnicas visuais superadas e, por isso, tem que se aposentar, derrotado pelo novo ciclo integrado da comunicação midiática. Tudo isso obriga a leitura a passar para uma segunda verdade mais complexa. O público jovem do atual Superman desenvolveu instâncias interpretativas, em virtude de ter sido inserido, desde a infância, na alfabetização dos códigos visuais; portanto, para atrair sua atenção e suas capacidades decodificadoras já treinadas, esse meio – a história em quadrinhos – precisa passar para um tipo lógico superior. Nesse plano meta-

comunicativo, o verdadeiro sermão, em vez de ser do tio Oswald, é dos autores: ou melhor, o deles é um metassermão cuja habilidade consiste em obrigar os leitores a superar o nível lógico, ou seja, passar ao metacomunicativo,

116

que "vê" o enredo texto-quadrinho/contexto-publicidade dos brinquedos.

A história em quadrinhos, portanto, aprendeu a desenvolver em seu interior formas metacomunicativas, com juízos e mensagens que comunicam sobre a comunicação de modo cada vez mais irregular e complexo, pois tudo está centrado num único *frame* da história (um simples quadradinho), que se apresenta, afinal, como um extraordinário exemplo de didática aplicada de forma polissêmica à comunicação visual, por meio da própria comunicação visual.

Nesse nível, porém, que podemos chamar de "secundário", a interpretação visual não só não está terminada, mas precisa recomeçar, e a pergunta que devemos fazer é a seguinte: isso favorece o desenvolvimento de instâncias críticas e de capacidades semânticas do leitor, ou é um mecanismo cada vez mais refinado para, explicitando o problema, ir ao encalço das habilidades críticas e neutralizá-las? Minha resposta é a seguinte: a comunicação concentrada no quadrinho significa que também o contexto, sobre o qual se desenvolve a crítica ou a análise decodificadora, passou de nível: agora se encontra num segundo nível, ou então como diria Bateson – na metacomunicação. É o contexto dos contextos com os quais agora a mídia trabalha, e o desvio lógico torna a comunicação cada vez mais complexa, deixando-a mais sedutora: esse é o território pelo qual o que passa como vencedor não é o sermão "maligno" do tio Oswald (de natureza, poderíamos dizer, apotropaica, porquanto chama o mal sobre si como as estátuas horripilantes presentes no lado externo de tantas igrejas, templos ou palácios), mas o metassermão dos autores de Superman contra uma hermenêutica que acaba simplificando a mídia e lançando novamente o desafio sobre a comunicação.

Logo Versus Logos

Esta tendência de metacomunicar tornou-se mais icônica e desprovida de palavras escritas: a era de *"wordless logo"* – ou a difusão da identidade de um produto sem palavras, somente com a força historicamente construída da imagem – é a tendência mais contemporânea. A tática comunicacional de um *branding* mais "evoluído" é chamada *debranding or decorporatizing*, para escolher uma visibilidade menos ligada à indústria e mais ao sujeito ("less corporate and more personal"). A estratégia *friendly* implica que o consumidor fique mais atento aos códigos sem palavras, tornados familiares: a comunicação oral ou escrita é muda, por dizer assim, enquanto é o código que fala e, por isso, esse código se transforma em símbolo globalmente reconhecido

6   7   8

A ubiquidade de um produto *des*corporalizado é determinada pela capacidade de eliminar o *logos* do *logo*: parece um jogo de palavras, mas significa que a marca de um produto que pretende assumir liderança precisa eliminar cada palavra, ou seja, a necessidade de dialogar com conceitos que vinculam produto e consumidor. Pois é a imagem que comunica com mais força semiótica: ou melhor, uma imagem que transforma o signo em símbolo. Essa capacidade muda, sem *logos*, aplica uma metacomunicação ainda mais poderosa que a do exemplo do Superman. É claro que esse processo metacomunicacional é baseado na capacidade de fazer entender uma ideia além de cada palavra. Se um gesto, por exemplo, contradiz um discurso, (como em *Mulholland Drive*, Cidade dos Sonhos), a metacomunicação é mais poderosa que a a simples e linear comunicação e, assim, o sujeito fica apaixonado por essa deslocante lógica sem *logos*. A lógica icônica é o logo. A capacidade discursiva (*logos*) se torna supérflua.

Utilizei o conceito de *atrator* em outro livro, *Fetichismos Visuais*, como a capacidade de atrair um olho distraído apenas por meio da força fetichista incorporada nas coisas-objetos que, por isso, se transformam ou metamorfizam em seres-sujeitos. A ubiquidade é outro conceito determinante da cultura digital e, se conectarmos *atrator* com ubiquidade, descobrimos que o processo imaterial da mercadoria atual se cruza sempre mais com a teologia clássica. Como o olho-triangulo divino, *ela* (a mercadoria) fica em cada lugar na "ovunquidade" dos espaços e é utilizável em cada momento: por isso as categorias de espaço-tempo são radicalmente transformadas e o *logo less-corporate* vira ubíquo. Graças a esta *imaterialidade metacomunicacional*, o objeto-coisa-mercadoria se torna material, que é mais consumível em todos os lugares e sempre.

Jeans Liminoides

Um casal, num carro da década de 1960, acompanhado por um rock que enfatiza a época, encontra-se em dificuldade numa estrada do faroeste; o homem, tipo classe média, tenta abrir a tampa do radiador, mas se queima. Surge um jovem solitário e de boa aparência, vestindo jeans: retira o lenço do pescoço; abre a tampa e percebe que a gasolina acabou. Então, o jovem tira as calças, e a moça, bonitinha mas não vistosa, demonstra uma visível curiosidade de olhar o rapaz de cuecas. Ele amarra a parte de baixo de uma das pernas das calças ao para-choque do seu carro, e a outra ao carro sem gasolina do casal. É um trecho de estrada em aclive, e por isso a moça sobe no primeiro carro, dirigido pelo jovem de cuecas, e no outro fica seu companheiro "com cara de bobo". Os jeans se

119

esticam e, enquadrados num primeiro plano, conseguem evidentemente suportar o esforço de arrastar o outro carro. O jovem inventor do sucesso, porém, não se conforma com esse primeiro resultado "material" e acelera subitamente: o carro dele dá um salto para a frente, os jeans amarrados ao para-choque resistem, ao passo que o outro para-choque vai cedendo, separando-se do carro, onde permanece nosso cidadão médio, praguejando e impotente. O segundo resultado dos jeans é de tipo qualitativo: a garota está bem satisfeita por ficar em poder do jovem de cuecas. Esse comercial *made in* USA consegue condensar em pouquíssimas imagens, e sem nenhum comentário externo (sinal de uma escolha para mim "avançada" no emprego da publicidade), uma história exemplar que dura sessenta segundos, com 38 cortes de montagem.

Nesse texto, a presença dos jeans funciona como *zona liminoide*, para utilizar uma célebre definição de Victor Turner, em *From Ritual to Theatre* (1982), ou seja, que é afim à zona liminar dos ritos de passagem, mas difere dela por ser interna às mudanças próprias da civilização contemporânea. Nesse contexto liminoide, os jeans fixam uma área de passagem, um trânsito, depois do qual a relação das personagens não será mais a mesma. Como ocorre após cada rito que se respeite, ultrapassada a entrada, o grupo pode reencontrar uma nova integração superior, ou então se afasta no reconhecimento da necessidade de uma separação. O comercial deixa prever justamente isto: quem usa um certo tipo de jeans não só consegue amarrar carros com problemas, mas sua força e resistência são tantas – como sua "dureza": durante o esforço máximo os jeans são enquadrados como se estivessem de pernas abertas, separadas, com uma clara referência sexual – que arrastam atrás de si até garotas como prêmio. Esse objetivo é alcançado, em nível formal, com altíssimas possibilidades de decodificação transcultural, adequado a um mercado de amplo alcance, que não tem necessidade de nenhum comentário externo (voz em *off*): são os jeans que "jogam" ironicamente no reino da aventura, da sedução, da "ilegalidade".

Assassina de Rua

A comunicação visual se estende pelas cidades, se poderia dizer que elas só se tornam metrópoles quando exprimem a mudança perturbativa nos seus territórios. Bruno Giovannetti tem a obsessão de fotografar tudo na metrópole paulistana, sempre com a câmera e o olhar a postos para colher o imprevisível.

Sobre esta foto seria possível escrever um conto inteiro sem conseguir um final compartilhado. Talvez esse seja o sentido de uma obra de arte. Uma arte múltipla, extremamente polifônica, onde um grafite é já obra autônoma e móvel que vivifica os encontros casuais na rua.

A primeira voz vem do horror dos olhos escuros e vazios que identificam uma mulher com cabelos verdes a agarrar uma faca ensanguinhada. A segunda voz pertence à uma artista espontânea, uma mulher sem casa, sem família, amor ou sapatos. Ela possui só um cartão abandonado como ela e um chapeuzinho vermelho como o sangue grudado na faca. O motivo pelo qual ela está deitada embaixo parece incompreensível. Talvez ela tenha visto o grafite assassino e decidiu se deitar a fim de alcançar uma doce morte. As duas mulheres se atraem enigmaticamente. Ambas são artistas de rua que precisavam se encontrar. Tudo mundo gostaria de morrer dormindo.  Imagino uma terceira voz, a do grafiteiro que coloca todos os dias o cartão sob sua obra esperando uma vítima que aceite deixar-se matar pela arte.

Tudo mundo sabe que a arte pode matar. Os sem-teto também. Assim, como num filme de terror, o visual se transfigura em assassino. O grafite se anima, sai do muro e vira uma boneca sanguinária.

Enfim, a última possibilidade está nele, no meu amigo Giovannetti, que caminha lentamente como um *flaneur* para surpreender o estranho de uma imagem e colocá-la na sua coleção infinita. O clique da câmera é uma faca afim aquela da mulher-grafite com cabelos verdes; por isso, no momento fatal do clique, aquela mulher inocente morre perfurada. Os artistas também podem assassinar. O inconsciente óptico é mais veloz e amoral que a razão astuta.

A metrópole em montagem mata.

"Selfie" de Arte

Antes em Instagram e depois no Facebook, Cindy Sherman postou as fotos dela. Por isso, nasceram nas redes sociais perguntas sobre que tipo de arte seria, que valor poderia ter e quanto controle a artista terá sobre as suas obras. Caroline Elbaor afirma:

antes da era das mídias sociais, a artista Cindy Sherman já era a rainha da arte mundial baseada em autorreinvençao, usando a câmera para se transformar em uma personagem após outra. [...] Os *selfies* encenados se tornaram tão ubíquos que agora são criados para exposições e muitas vezes citados como uma forma de arte em si.[4]

4 C. Elbaor, Art World: Cindy Sherman Just Made Her Instagram Account Public and It's Amazing, Artnet.Com, 2 Aug. 2017.

Uma serie de *selfies* nas mídias sociais experimenta a imaterialidade não controlável pelo mercado das artes, sendo autogeradora de uma escala de valores distinta. Os comentários ao lado são entusiastas, sintoma de que o experimento está funcionando. Por meio da mídia social, Cindy Sherman está rompendo o confinamento das artes, assim como Andy Warhol fez com os *mass media*. O fetichismo visual de Warhol filtrava os objetos do consumo assimilando Campbell e Mao; o fetichismo metodológico de Sherman transforma-se em coisa metamórfica pra dissolver o poder do estereótipo. Poder absolutamente indiferente para Warhol.

Cindy Sherman é a artista contemporânea que mais jogou com as identidades sincréticas. Na era da tv e da mídia de massas, ela desloca o sentido comum da influência da indústria cultural. As manipulações da TV se transformam em seu contrário e favorecem as muitas manipulações possíveis que cada utente pode produzir multiplicando os próprios *selfies*. Assim, o fetichismo metodológico é o método aplicado espontaneamente por Sherman. Ela cria a representação atônita do estereotipo para dissolver o poder reificado, constrangendo cada observador a perguntar-se acerca do sentido da obra e da cultura estereotípica e a refletir sobre os próprios valores. O cenário emergente entrelaça arte e digital com perspectivas inéditas. Então, em vez de reproduzir oposições dialéticas entre aura e reprodutibilidade, a produtividade digital pode alterar ambas as perspectivas que – dicotômicas – viram sincréticas, polifônicas, ubíquas. Emerge uma comunicação aurática reproduzível para além do dualismo das tecnologias (e filosofias) analógicas. Em vez de arte coletiva, se afirmam artistas conectivos.

O digital é auraticamente reprodutível.

INTERLÚDIO PARADOXAL

Talvez seja útil empregar a figura retórica do oximoro, para compreender a cultura da mídia e as novas fronteiras da comunicação digital. A filologia dessa palavra encerra um tipo de "loucura" (*oxy*) da linguagem que afirma duas coisas ao mesmo tempo contraditórias entre si: ela serve, às vezes, para explicar o inexplicável e tornar compreensível o incompreensível. A presença simultânea de dois termos opostos, que é uma aporia no que concerne à lógica da identidade ou da não contradição, funciona perfeitamente de acordo com uma lógica sincrética que comunica polissemias híbridas. Por isso, não é possível deixar de responder "sim" ou "não" à tradicional pergunta se as mídias de massa tradicionais ou as novas mídias (rede social) desenvolvem a comunicação liberada da forma homologada do passado: é a própria natureza da mídia que permite – ao mesmo tempo – a aceleração e a paralisia da comunicação. *A mídia perfumada é um oximoro.*

Ao mesmo tempo – mas, de outro ponto de vista, o da divisão social, do olhar –, a máxima objetividade é nula, se o sujeito está imóvel. O espectador não pode ser condenado a ser o receptor de uma experiência ocorrida sempre em outro lugar, no mundo do álibi. Do contrário, as fronteiras da comunicação visual se abrem e se fecham como as janelas da publicidade, de onde aquelas mulheres "supremas" gritam sua injúria fascinada contra o egoísmo. Por isso, do ponto de vista etnográfico, o desafio visual torna-se decisivo seja na metrópole, seja em qualquer aldeia (tradicionalmente considerada sem escrita ou até "primitiva"). A trama que conecta aldeia e metrópole é a comunicação digital. Tudo isso, no sentido comum ou no âmbito acadêmico, é percebido como absurdo ou paradoxal. O lugar do nativo é o museu ou o passado.

Desenvolvendo uma abordagem fundada na "lógica dos paradoxos", cada pessoa comunicacional arrisca-se sempre a ser apanhada pelo duplo vínculo. Em particular, as mudanças comunicacionais fundam-se num desnível que envolve em maior medida os grupos culturalmente mais periféricos. Assim, um único indivíduo, uma classe social ou uma etnia – por ser obrigado a coligar-se com um mundo caracterizado por um índice de conexões crescentes – sofre fluxos contraditórios que se podem "polarizar" desta forma:

- por um lado, esse indivíduo, essa classe social ou essa etnia é estimulado a demonstrar o seu ser sensível à mudança dos costumes e, portanto, a aceitar as dinâmicas transformadoras;

- por outro, esse indivíduo, essa classe social ou essa etnia susta o fluxo, a fim de não perder sua identidade e, portanto, está interessado em restaurar a fixidez de suas cosmogonias rituais.

leva o estímulo a viver simultaneamente tanto a negação da imobilidade cultural, que, na hipervelocidade de um mundo em mudança, tornaria tais indivíduos resíduos marginais, escórias subculturais, sobrevivências folclorísticas, quanto a negação da mobilidade comunicacional que, num cosmos estático, os privaria de sua identidade tradicional, tornando-os apenas grosseiros imitadores. E, de qualquer forma, as consequências são ainda mais paradoxais:

- por um lado, se a mudança comunicacional é vivida e praticada, os "periféricos" saem perdendo, pois os elos com os respectivos modelos tradicionais são muito fortes e, por isso, o abandono da tradição é vivenciado como culpa, ansiedade, derrota;

- por outro, se os próprios sujeitos (indivíduo, grupo, etnia etc.) se recusam a homologar ou a intercambiar modelos culturais com o exterior – em nosso caso, a poderosa mídia – eles perdem da mesma forma, pois sua renúncia é vivenciada como desgosto, marginalização, ressentimento.

Esse modelo se difunde irresistivelmente nas "periferias", mas é preciso acrescentar que também na Europa muitas regiões são, simultaneamente, centro e periferia. Assim, se produz um *duplo vínculo antropológico* que envolve expressões explícitas e implícitas, valores instrumentais e expressivos, comportamentos racionais e emotivos, linguagens corporais e verbais de cada indivíduo nos diversos circuitos subculturais a que pertence[5].

A transição para a contemporaneidade é percebida como compulsória – produzindo ambíguas hibridações dos comportamentos – e julgada como perda de identidade, contra a qual dever-se-ia favorecer o renascimento das particularidades regionais ou étnicas (invenção da tradição). O mecanismo simultâneo do duplo vínculo, caracterizado por aproximações sedutoras e afastamentos definidos, envolve o sujeito-mídia ou pós-mídia numa intriga de relações ambivalentes das quais não sabe mais como se livrar, a não ser acentuando sua própria apassivação ou ativação ao receber e criar mensagens cada vez mais metacomunicativas.

A mensagem da publicidade parece a mais adequada para semear confusão entre sinais de amizade e de punição que caracterizam o duplo vínculo de Bateson: são numerosos os comerciais que se iniciam ou com a comunicação de um afeto simulado ou com alusão a uma ameaça, caso não seja aceito determinado conselho. Também para a mídia, o duplo vínculo visual une, mescla e confunde comportamentos hostis e afeições simuladas. A conclusão hipotética é que os comportamentos mais reacionários e populistas difundidos globalmente na política dependem, em grande parte, da dificuldade de desenredar os fios paradoxais que envolvem os sujeitos ativos-passivos.

5 Sobre o duplo vínculo antropológico nas culturas indígenas brasileiras, ver M. Canevacci, *A Linha de Pó*.

PARADOXOS OLFATIVOS

Atrações Égoïste

Observemos agora o comercial do perfume Égoïste, filmado pelo diretor francês Jean Paul Goude, com duração de trinta segundos, dezoito cortes (1996). Talvez seja o mais sublime exemplo de *plot* polissêmico encenado pela TV. O vídeo começa em preto e branco, com enquadramentos nervosos sobre mulheres que parecem modelos de alta-costura, que gritam injúrias das janelas de um grande hotel do final do século passado: "Egoísta! Onde você está? Vai me pagar! Serei implacável! Se eu não me vingar, não me conheço mais! Mostre-se!" Finalmente, todas juntas, convergindo para a única janela fechada, gritam: "Egoísta!" A focalização da câmera é oblíqua, oscila como se estivesse zangada, depois, quando "vê" a janela fechada, endireita-se e converge num *close*. Então a janela apenas se entreabre, e sai um braço nu, cuja mão aperta o vidro de perfume e o coloca no parapeito, para logo fechar-se. A cor invade o perfume em *close*, enquanto uma voz fora do campo diz: "Pour l'Homme".

A seguir, uma das mulheres, com expressão furiosa, escancara a janela, grita "Égoïste!" e fecha vigorosamente as venezianas. Após o começo em preto e branco, a cena torna-se coloridíssima e brevíssima. Em seguida, outra mulher, em atitudes idênticas, realiza os mesmos gestos, concluindo com o grito final e o fechamento da janela. E, por fim, uma terceira. Com montagem rápida e rítmica, o campo visual se amplia cinco vezes, enquadrando quatro mulheres que fazem, simultaneamente, o mesmo gesto e dão o mesmo grito. Em seguida, após nova ampliação do campo, nove mulheres executam a mesma ação. Ritmicamente, durante brevíssimos enquadramentos, a cena se amplia ainda mais: são dezesseis mulheres, depois, vinte; por fim, a filmadora enquadra todo o edifício, muito aristocrático e isolado, imerso no verde (reconstruído pelo diretor no Brasil) e de cada janela se debruça uma mulher e todas gritam "Égoïste!" em uníssono, para logo depois fechar definitivamente a janela.

Além dos ritmos de execução e do relevante rendimento formal, o que impressiona nesse comercial é a ambivalência polissêmica da mensagem sedutora concentrada em apenas trinta segundos: é a mulher quem acusa agressivamente o macho "invisível", por sua natureza egoísta, razão pela qual lhe fecha a janela na cara, para não vê-lo nunca mais; ou o grito externo seria uma invocação, uma reivindicação da natureza profundamente sedutora do egoísmo, como valor qualificativo da cultura hegemônica videonarcisista? Enfim, o panorama final pode ser entendido, por um lado, como uma rendição satisfeita no interior de um espaço vital onde reina a confusão da metáfora e da metonímia, ou seja, o quarto dos perfumes masculinos egoístas; por outro, como clausura autossuficiente dentro do próprio edifício-gineceu, habitado somente por belíssimas e altivas mulheres-fatais, orgulhosamente decididas a recusar o prazer do egoísmo masculino. A mensagem final é, pois, uma incitação genial e ambivalente para alternar entre atração e repulsa, para misturar um "egoísmo dialético" ao qual, definitivamente, não resta opção a não ser render-se, para receber seus presentes.

É preciso sublinhar, finalmente, que uma característica geralmente considerada negativa, como o egoísmo, pode tornar-se sedutora pela sua explicitação e reivindicação. Trata-se de um mecanismo linguístico e retórico semelhante ao da vinheta do Superman: por meio da explicitação do "mal", passa-se a mensagem. Uma vez mais, a comunicação visual, nesse caso publicitária, comunica pela comunicação e, consequentemente, para uma oportuna decifração do texto, é necessário passar para um nível metacomunicativo mais elevado. Ou seja, chegar ao contexto dos contextos. A ambivalência da metacomunicação enfatiza seu possível sucesso, pois permite tanto a decodificação da mulher que acusa implacavelmente, quanto daquela que orgulhosamente reivindica. Ou seja, libera uma extrema mobilidade digital: tanto a hostilidade quanto a afetividade, tanto a aproximação como o distanciamento. Em suma, o perfume Égoïste intriga, envolve e insere num duplo vínculo publicitário. É uma variação genial do paradoxo do prisioneiro.

Liberações Fragrance

Depois de quase vinte anos, o comercial de Kenzo para Fragrance parece responder ao duplo vínculo do egoísmo (2016). Uma mulher sentada em uma sala de conferências ouve um discurso profundamente chato, de uma voz sem rosto e por isso muito autoritária, as únicas palavras do clipe inteiro. Depois de alguns segundos, pede desculpa e se levanta: o vestido dela é verde, feio, daquele tipo de estilo que se usa apenas nas piores festas institucionais. Depois de exatamente um minuto e do segundo corte de montagem, ela está sozinha fora da sala, olha para a câmera, ou seja, para nós, e o rosto começa a dançar. Os olhos se movem tortos, oblíquos, alucinados; depois é a língua que sai da boca sem controle; o pescoço se inverte e o corpo todo parece em transe, um corpo possuído por uma força irresistível e estranha. Uma música ritmada acompanha a corrida da mulher, as pernas levadas pelo ar, como se fosse um animal sem guia ou direção; diante de um grande espelho, ela começa a se mover como um macaco, os joelhos dobrados, os braços alongados, o corpo girando. Ela não tem mais regras, nem comportamentos habituais e, finalmente sozinha, espelha-se como seria a sua natureza profunda e não mais reprimida pela cultura. Em frente de uma estátua, de um *visus* sério, talvez de um grande compositor, o corpo dela fica ainda mais agitado, a língua saindo para lamber aquele cara fixo e burguês. O representante da cultura oficial é ridicularizado na sua imobilidade pensativa. A corrida continua: agora ela sobe, correndo, uma escadaria, sempre desarrumando o vestido pelos movimentos das pernas. Em cima, encontra um homem falando ao celular; aproxima-se lentamente e, quando ele a nota, ela o golpeia e o atira no chão. Caminha como uma super-heroína, disparando com as pontas dos dedos contra as paredes, destruindo-as. Sobe num divã, e uma certa mão parece autônoma do corpo, vibrando desconectada como um ser vivente e separado; depois é a perna assimétrica que imita essa crescente autonomização corporal: cada parte (membro) é outra. A câmera a ilumina de longe enquanto ela dança no cenário vazio. Parece o mesmo teatro de *Cidade dos Sonhos*, trinta anos antes, ainda novo, poltronas vermelhas e solitárias. Correndo para fora do teatro, ela dá um salto mortal torto, e – após um momento de suspense –, salta com ímpeto no ar: a câmera enquadra um grande olho colorido, o olho-Kenzo, e ela penetra, voando, na pupila, cai do outro lado, levanta-se livre, recoberta por uma chuva de pétalas – pétalas pupilas – olha de novo para a câmera e bate no peito como a mulher-macaco. Título: *The New Fragrance: Kenzo World*.

Tudo isso em 25 cortes, que têm a duração de 3,48 minutos. O diretor é Spike Jonze (de *Ela*); a música, de Sam

Spiegel (irmão dele), intitula-se obviamente *Ape Drums*; a dançarina é Margaret Qualley. O comercial viralizou nas redes sociais. A mulher desse comercial vive no duplo vínculo familiar-social, e a publicidade quebra esse esquema, aprisionando-a. Na minha fantasia, ela é a filha da mulher de verde de *Égoïste*: aquela que grita contra o insolente que deseja; liberta-se do palácio-prisão e afirma a irregular liberdade da sua individualidade. O poder animalesco dela – primata – faz com que ela mergulhe no corpo perfumado, atravessando os grandes olhos, suspensos como os de um deus-pagão – fura a pupila e se encontra livre e coberta de pétalas-pupila. O duplo vínculo da propaganda é quebrado. A mulher está livre. O corpo está fora da cápsula que o encerra. Bateson (e eu com ele) pode somente esperar o terceiro e definitivo comercial sobre o perfume, para saber se, uma vez na rua ou na vida, a mulher ou a publicidade pratica o caminho dançante e indisciplinado rumo à sua liberdade.

Perversões Vice-Versa

Os paradoxos são insolúveis. Logo que for dada uma solução, eles conduzem para outras direções. Por isso, assim que um problema é resolvido, ele se reapresenta sob outras formas. Se escolhemos como metáfora inicial a ampulheta, já que os diversos códigos são reversíveis uns nos outros com o correr do tempo, agora acentuamos esse jogo comunicativo, focalizando uma simples fotografia que anuncia um produto em nome do "vice-versa", o que signica que tudo é revertido em seu contrário. Justamente como para um perfume.

A linguagem visual da publicidade assumiu um estilo que multiplica os planos narrativos praticamente ao infinito. Isso significa dizer que é possível escolher algumas dessas imagens – eu escolhi o comercial "Vice-Versa", onde o advérbio se transforma em substantivo – desenvolvendo uma interpretação virtualmente interminável. Quanto mais buscamos o detalhe anatômico da publicidade corporal, mais ficamos enredados numa série de nós que a imagem coloca em cena. O desafio passa, pois, do visual ao escrito: para continuar a desenvolver o texto narrativo de uma linguagem a outra. Tornar-se-á clara a multiplicidade polissêmica que uma simples, porém muitíssimo complexa, imagem publicitária coloca em cena. E como outros olhares poderiam acrescentar, uma série infinita de leituras. Todos nós, *consumidores-voyeurs*, estamos dentro da imagem. Não é possível ficar de fora. Somos capturados, de qualquer forma, por esses poderes visíveis, por essas forças animistas. Essa imagem me foi realmente apresentada como um grande fetiche. Como uma espécie de fetiche superior que permite um jogo ininterrupto de narrativas. Essa é a comunicação visual atual. Logo que entramos nela não podemos mais sair: a não ser executando o último ato que, num certo sentido, nos transforma em finíssimos apêndices daquilo que teríamos gostado de iluminar e dissolver justamente enquanto fetiche. Esse é um ato da escrita segundo o fetichismo metodológico: a transcrição de todas aquelas histórias possíveis que já haviam sido inscritas pelo jogo dos corpos e pelo jogo do publicitário, e que podem dissolver seu caráter fetichista pela forma a elas adequada: narrando-o.

Existem algumas publicidades fotográficas que se destacam pela presença excessiva e irregular de um jogo-dos--corpos, que constrói ideogramas sincréticos direcionados para novos símbolos sexuais inimagináveis, por seu atrevimento, apenas alguns anos atrás. Elas se configuram como uma apologia realizada por movimentos surpreendentes e, ao mesmo tempo, como uma elegia corporal, comunicando um sentido de ambivalência tão intricado quanto intrigante em relação aos papéis tradicionais de homens e mulheres. Sobre essas ambivalências corporais, essas imagens constroem e aglutinam seu alvo definido, já treinado para decodificar ideogramas corporais inovadores. Para tais produtos, parece ainda mais legítimo pensar que são eles que "olham" os possíveis leitores-compradores, selecionando-os de uma elite privilegiada que sabe "jogar" com a inversão dos papéis e, justamente dentro dessas sedutoras inversões, desencadeia-se o fascínio do excesso.

Esses produtos observam e escolhem seus fruidores num jogo sutil de cumplicidade e protecionismo, legitimado, por exemplo, pela revista "séria" que – ao publicar a foto – tranquiliza e, ao mesmo tempo, instiga a entrada no mundo desregrado da inovação dos códigos. Esses envolvem o possível cliente não pelos benefícios derivados do uso eventual do produto, mas pelas possibilidades polimórficas que se abrem ao ingressar no reino (*frame*) das inversões e contorções corporais, fonte de inusitadas e inesperadas excitações.

Tal jogo, no sentido de perversões legitimadas, parece ter tido um efeito de atração também sobre mim, que me senti logo estimulado (ou "escolhido") a interpretar o perfume Fragrance Pour Homme, de Ferrè, tão logo vi sua primeira imagem fotográfica: um emaranhado corporal, feito de intricadas androginias neoplatônicas, que, para mim, anunciou-se como a alegoria triunfante de novos e inexplorados "jogos-dos-corpos" de significado "plurissexual" ambivalente e obscuro.

Corpos Emaranhados

A foto é cortada na altura dos lábios e dos quadris. Os dois corpos – o masculino e o feminino – estão invertidos em relação às suas possíveis posições de ortodoxia e heterodoxia sexual. É em virtude dessa inversão inovadora e inesperada – fonte perversa de obscuras atrações – que a imagem realiza seu objetivo. A "fantasia" excitada pela imagem parece estimular decodificações múltiplas. Inicialmente parece sugerir uma relação sexual impossível, em que uma mulher "agarra" um homem por trás, como num jogo de homossexualidade cruzada: uma mulher-macho possui um homem-fêmea. A mulher, de fato, está "colada" às costas do homem que, a fim de aderir melhor à sua metade, curva as costas e as nádegas. O todo difunde uma inesperada e incerta variação do mito do andrógino platônico, exatamente porque o casal parece composto por um homossexual masculino possuído por uma homossexual feminina (no mito platônico o casal perfeito – em vez de heterossexual – é composto por dois homens, antes da separação divina que conduz à busca da reunificação amorosa).

O jogo das inversões sexuais (homem passivo e mulher ativa) e das interconexões corporais é exaltado geometricamente pelo cruzamento em duplo ângulo reto (quase uma suástica) dos respectivos braços esquerdos. O braço viril, como para reverter ou equilibrar o excesso de feminilidade provocado pelo primeiro olhar de conjunto, é musculoso, potente, atravessado por veias subcutâneas grossas e emergentes: um eflúvio dos muitos canais que confluem no grande rio arterial, que enfatiza e acompanha a linha do bíceps ao antebraço. Em sentido inverso, seu ombro, saliente, parece temperar o excesso de força com o segundo olhar mais atento: é um movimento quase dengoso, que serve para construir uma série de fragmentos corporais em que cada um nega o outro. Efetivamente, na extremidade oposta, amplia-se a presa, virilmente predatória, da mão que circunda e agarra o quadril feminino, talvez para apossar-se dele ou para afastá-lo, mas talvez também para empurrá-lo com força em direção ao próprio corpo, acentuando a pressão dominante da mulher. Trata-se de um gesto de fantasiosa ambivalência: ele parece sugerir tanto a submissão ao poder dela, quanto sublinhar a dominância dele. O conjunto está fixado no arco do polegar que triunfa bem aberto sobre o quadril feminino. Por causa desse movimento do braço para trás, a axila se abre, mostrando um tufo de penugem castanha, que insere um sentido cromático de outra ambivalência (nem demasiado viril, nem demasiado feminina) em oposição óbvia aos cabelos dela, orgulhosamente pretos e cortados em forma de capacete: é uma cavidade cheirosa e sexuada, mas também uma zona obscura e contaminada pelo possível resíduo dos eflúvios corporais.

Trata-se de um braço ambivalente e contraditório. Demasiado musculoso para ser "feminino" e demasiado virado para trás para exercer o poder masculino. Ele vai em busca de uma posse que, mantendo-se naquela posição, jamais poderá alcançar. Trata-se de uma *posse subordinada*:

quanto mais firme for, tanto mais contribui para o enrijeci-mento da inversão dos papéis.

O Poder do Nariz

O poder do nariz é arcaico – lembra Freud em seu célebre *O Mal-Estar na Civilização* – e os odores corporais na natu-reza devem ser "civilizados" pela supremacia perfumada da cultura. Os odores puros são perigosos: eles poderiam nos fazer regredir à condição de animais, quando o único ato sexual conhecido era – como diziam os romanos – *more ferarum.* O homem primitivo, atraído pelos fortes odores emanados das partes baixas das mulheres que atingem seu enorme e sensível nariz, agarra sua parceira somente por trás. É uma fase na qual a ativação do prazer concentra-se mais no nariz, enquanto ao olhar ainda é negado poder "ver" o prazer nos olhos do outro e, dessa forma, desen-volver o que agora chamamos erotismo. Por isso, a cabeça ainda não se ergueu completamente para coroar a supre-macia do olhar sobre o olfato. E como para os companhei-ros de Odisseu, "filtrados" pela Circe homérica, o homem contemporâneo arrisca-se a regredir novamente à condição de porco, onde reinam os odores não civilizados, submetido por uma mulher-bruxa decidida que o animaliza, se ele não aceitar a supremacia dos odores artificiais.

Em sentido inverso, movimenta-se o braço feminino: é firme, estendido para a frente, também em ângulo reto, mas para cima, bem torneado, porém não musculoso. Não pertence nem a uma "mulherzinha" nem a uma praticante do fisioculturismo ou do Pilates. Após ter passado por baixo do poderoso bíceps viril, quase encaixado e subme-tido, o antebraço ergue-se firme e decidido, para terminar na mão que desenha ("maravilha"!) um movimento simé-trico na mão masculina: todos os dedos se concentram e se comprimem contra o maxilar capturado do macho, que faz quase uma tentativa extrema de virar-se, para retomar o controle mental – feito de olhos, nariz e boca – sobre a mulher. Procurando não ser mais um objeto-submetido, mas novamente sujeito-predador. Somente o dedo mínimo, o último e o mais frágil dos dedos, contradiz todos os demais e, ao invés de força, parece querer chamar doçura e insinuar-se apenas com a ponta entre os lábios semifechados do homem. Mas a penetração mansa da cavidade oral é apenas alusiva e também dúbia, assinalada por uma extrema delicadeza da mulher, cujo gesto, de outra forma, ter-se-ia invertido numa explícita metáfora de outras sodomias do homem (especialmente se tivesse sido o outro dedo, mais "rígido", como o indicador ou o médio).

A ambivalência da mensagem é enfatizada pela censura realizada pelo "corte" fotográfico. O que se mostra é somente uma parte do lábio inferior: o que sugere de modo duplo tanto a inserção do dedo quanto o posicionar-se do dedo mínimo sobre os lábios, quase a solicitar o silêncio, a submissão, o sigilo. Os cinco dedos, portanto, cumprem globalmente uma ameaça carinhosa: agressividade e doçura são alternadas e confundidas entre si.

O mindinho feminino exerce a mesma função do polegar masculino: ambos se apoderam de uma parte estratégica na relação amorosa – lábios e quadris –, mas para obrigá-los a ficar bloqueados de modo "não natural", invertido, a fim de impedir a consumação sexual e, consequentemente, aumentar o desejo.

Promessas de fusões e impossibilidades de posse se entrecruzam como os respectivos braços, que se atraem na medida em que (ou justamente quando) se afastam. Eles contribuem decididamente para manter – ligar e coligar – uma posição "impossível" que exigiria – sempre como no mito platônico da androginia primigênia – a intervenção de um novo Zeus separador, que já uma vez desviou a direção dos órgãos genitais.

A fêmea "é" o macho, justamente porque seu mindinho e seu indicador reafirmam uma ausência de limites nos atributos masculinos, mas no interior de uma constelação sempre feminina. Simetricamente, o macho "é" a fêmea, mas justamente enquanto reafirma com segurança a virilidade de seu bíceps e de suas artérias. O macho pode voltar a ser a besta, curva e submissa, mas somente porque se ergue para o alto.

Os papéis de macho e fêmea são tão trocados quanto reconfirmados: ou seja, são reconfirmados somente depois de terem sido invertidas suas tradicionais configurações e são invertidos apenas enquanto o todo volta a legitimar suas identidades. Somente um homem domado poderá ser novamente macho, e somente uma mulher indômita poderá ser novamente fêmea. Uma é a vice-versa do outro.

A Civilização do Olfato

De encontro ao pescoço masculino aparece uma parte do nariz feminino, em áreas de sombra, embora muito próximo dele, quase "obscuramente" pronto a colher os odores que exalam de um corpo por ela possuído e con-trolado: todos os odores possíveis, do perfume renovado e aculturado às gotas estagnantes e putrescentes. Por baixo dele, quase subordinados e em plena luz, entreabrem-se os lábios, duplamente prontos, seja para experimentar e saborear – para "morder" os sabores –, seja para beijar e premiar. Isso exalta o ângulo pronunciado e bem lumi-noso do maxilar, capaz de abrir-se e fechar-se sobre as carnes disponíveis, das quais o separa um espaço micros-cópico, vazio e branco – o único entre os dois corpos – como para conferir ainda uma extrema possibilidade de afastamento ao homem virilmente feminilizado, por parte de uma mulher que, de forma simétrica, apresenta--se como femininamente masculinizada. Os cabelos curtos e escuros acentuam essa ambivalência e descobrem uma garganta e um pescoço estendidos para a possível incor-poração. Mesmo a linha do seio é salientada apenas por estar este pressionado contra o dorso curvo do homem, onde a parte cava do tronco masculino ergue-se sobre o contíguo umbigo feminino. Seio pequeno, mas não inexistente, quase isomorfo em relação ao braço, torneado, mas não cheio.

Em sentido longitudinal aparece a mão direita da mulher, enquanto a do homem está ausente, talvez virada como a esquerda, bem grudada aos quadris dela: agora é o indicador pouco feminino que, curvado e ameaçador, separa-se dos demais dedos fechados e segura o perfume virado, com a tampa para baixo. Ao mínimo sinal está pronto para abrir-se e deixar escorrer o rio de seus renovados odores, verdadeira *fragrance pour homme*, conforme a escrita em impressão superposta abaixo da marca Ferrè que, juntamente com o nome Gianfranco, ilumina de ouro o vidro escuro dos desejos perfumados. Todavia, justamente a ponta está virada para baixo, quase para significar a urgência de uma aspersão que não deixe de envolver as partes mais "baixas" do homem, essas também censuradas pela montagem, e que parecem necessitar de uma urgente intervenção purificadora *ou*, por assim dizer, "perfumificadora". Talvez o inclinar do vidro perfumado signifique que somente seu uso permitirá que apareça a parte censurada, para realizar, assim, a satisfação de uma relação corporal, após ter-se restabelecido o exato sentido entre os corpos.

Tudo está pronto e também disponível para esse jogo de versões e ereções: virar o vidro e verter o líquido que a partir daí vai na mesma direção da grande veia, também ela inchada e pulsante como a do braço que abre caminho para o baixo-ventre, indo confluir nas mesmas áreas censuradas e baixas do homem. É evidente que o objeto principal a ser perfumado é o sexo masculino, e que somente essa aspersão (além de espiritualização e elevação para o reino da cultura) poderá permitir o restabelecimento da posição paritária. O sexo precisa suavizar-se, domesticar-se, para desfazer-se de sua origem natural e recusar o chamamento animal irritantemente olfativo: precisa dobrar-se aos reinos dos perfumes civilizados antes de poder se reerguer.

Monólogo Sussurrado

"Você é poderoso", sussurra-lhe a mulher no ouvido, "mas para continuar a exercer os direitos do seu corpo e adquirir a minha disponibilidade de voltar-me para você, disponibilidade que agora eu lhe nego decididamente, você deve mudar de sinal, deve eliminar os odores não cultivados, somente naturais e sem cultura, deve incorporar o jogo civilizado dos perfumes, os únicos que eu estou disposta a sentir. Somente passando da supremacia da natureza e de seus incontroláveis odores à da cultura, com seus sutis perfumes artificiais, você poderá restabelecer o nexo funcional e produtivo dos corpos e, assim, o meu corpo feminino poderá tornar-se novamente mulher e o seu corpo masculino tornar-se novamente homem."

Essas palavras virtuais, sussurradas pela mulher sob forma de monólogo, podem esclarecer melhor o sentido do gesto de sua mão esquerda: nele coexistem tanto uma ameaça, sob forma de pressão para fazê-lo curvar-se e tornar-se primitivo, para fazê-lo voltar ao reino arcaico do olfato, onde as poções de Circe (essa é, então, a diferença entre as poções e os perfumes: as primeiras rebaixam e os últimos elevam?) permitiam viajar entre as espécies de homens e animais; seja a promessa de fazer tratar sua mão direita (a dele, de fato, está ausente). *Ameaça de regressão* para a condição de porco, com a magia dos filtros, e *promessa de elevação* do reino animal com a lógica dos perfumes são contemporaneamente desenhadas pelas duas mãos. Como no "dilema do prisioneiro" de Watzlawick ou no "duplo vínculo" de Bateson, o homem é duplamente seduzido pelos braços femininos: numa primeira instância, porque o envolvem por trás; numa segunda, e mais detalhada, porque uma das mãos nega aquilo que a outra oferece. O prazer e a punição são muito próximos, como seus corpos de andróginos às avessas. São sincrônicos. O homem perfumado está aprisionado pelo duplo vínculo do mal-estar da civilização, segundo o qual sua evolução depende da sua renúncia à instintividade, porém essa civilização é paga com o preço de ser presa das forças arcaicas do mito.

A repulsa diante dos odores arcaicos e a atração pelos perfumes civilizados acabam por legitimar somente o homem que não é mais macho, que aceita a renúncia como modelo da cultura: se ele seguir a estagnação malcheirosa, regride ao estágio do porco, apassivado e desvirilizado; se, ao contrário, escolher a inovação perfumada, perde sua força sexual material e adquire a "espiritual". Em ambos os casos, ele precisa correr o risco, para poder revoltar-se.

A lógica "perversa" da contiguidade metonímica dos corpos enfileirados só pode ser quebrada pela afirmação da lógica normativa da diversidade metafórica, que conecta a dinastia dos perfumes aculturados com a nova virilidade civilizada. Mas, para consegui-lo, essa metáfora terá, por sua vez, que se reverter sob o domínio mítico da metonímia e, por intermédio do fluir purificador dos líquidos cultivados e culturais, destruir a supremacia malvada e inaceitável dos perfumes naturais do corpo, restabelecer uma nova contiguidade amorosa "fragrante", não mais tanto para o homem, mas para a mulher que está atrás dele, a qual, somente graças a essa reversão lógica, óptica e antropológica poderá retornar, por sua vez, a ser disponível para a reversão dos "sentidos" de seu corpo.

O código publicitário é, finalmente, claro: a inversão dos corpos que, mesmo excitando e atraindo – efeminam o homem e masculinizam a mulher –, pode ser endireitada apenas pelo eflúvio de perfumes "bem-comportados", dos odores "bem cultivados", que civilizam a natureza bruta, eliminam o coito de costas, essa forma extremamente inatural, e a transformam em cheirosa cultura, somente assim disposta a se erotizar.

Na mão masculina – e em seu polegar susceptível de oposição – permanece o sinal do comando de uma potência sexual que, porém, está impedida e aprisionada pelos desenhos contrastantes dos braços femininos que se insinuam em seu corpo para o alto, com a mão esquerda, ao mesmo tempo ameaçadora e delicada; e para baixo, com a poderosa mão direita que, com o indicador bem arqueado, assinala a passagem dos filtros aos perfumes. Ou talvez os mantêm a ambos. Magia e razão coexistem dentro do vidrinho que, sozinho, pode *salvar o homem, perdendo-o*, ou seja, dissolvendo seus odores naturais.

Agora, podemos finalmente decifrar também as últimas palavras sussurradas pela mulher no ouvido do homem:

"Se você não perfumar sua incontinente sexualidade genital, para transformá-la em Eros civilizado, eu virarei a minha cara para trás, para sempre, afastarei até o último e mais tenro dedo – o mindinho – que ainda paira sobre seus lábios: e você não me verá nunca mais. Obrigarei você a ficar bloqueado, submetido e feminilizado de encontro a mim, nova Circe, especialista em filtros de amor. Você será o meu Narciso e, 'vice-versa', minha Eco: como ocorre com o belíssimo jovem, será obrigado a espelhar-se e não se reconhecer e, portanto, a perecer de fraqueza, demasiado sedutor e 'aprisionado' por seu ego para entregar-se a outro; e, como a ninfa medonha, será obrigado a ouvir sempre e somente o eco de minha voz, demasiado assimétrico e grosseiro para ser visto e… cheirado. Assim, a vista do primeiro e a audição da segunda aparecerão como os sentidos mais desenvolvidos – 'evoluídos', ou 'civilizados' – que pensarão ter derrotado para sempre o poder do olfato, enquanto, pelo contrário, não 'verão' nem 'ouvirão' outra coisa a não ser a nostalgia de perfumes abstratos, imêmores e as voláteis cicatrizes de meu domínio."

O Paradoxo Liberado

Eis que chegamos, pois, a explicitar o que eu "vi" na obscura caixa do desejo. Minha descoberta é bem simples: uma caixa que atrai e repele, como aquela importada pelo asiático, que é "vista" de forma tão exageradamente positiva ou negativa, "observada" como fonte de seduções que aproximam e afastamentos que ameaçam, nos quais os *voyeurs* mais incansáveis oscilam entre catastrofismos planetários e apologias incondicionais, entre frigidez sedutora e perversões polimórficas, essa caixa só pode ser… uma grande metáfora do mais obscuro, ainda que luminoso, objeto do desejo: a televisão, o *smartphone*, o computador. É como se naquela caixa preta Buñuel tivesse encerrado o "segredo" das mídias analógicas e digitais, fonte de atrações e repulsas inesgotáveis. Não é por acaso que a fala final de Catherine Deneuve à faxineira possa interessar a todos nós, quando falamos da televisão ou de qualquer outro canal da mídia: "mas o que você sabe disso?", pergunta a bela da tarde. Com efeito, sabemos realmente pouco, porque a tecnocomunicação digital se desenvolve enorme e impetuosamente, graças à sua possibilidade de cruzar as inovações enxertadas com profundas estratificações das emoções sem fim. É justamente esse cruzamento de tecnologias emotivas ou de emoções tecnicizadas – que se misturam, confundem-se e se reproduzem – que constitui o terreno "incompreensível" da mídia ou da rede social.

A comunicação visual (e ainda mais a digital) desloca os níveis comunicacionais ambíguos e por isso seduzidos, no qual o fetichismo joga com planos interpretativos múltiplos. A genial "pseudoautocrítica" (ou metassermão) dos criadores do quadrinho, para quem os desenhos animados se reduziram a comerciais para brinquedos; as capacidades polissêmicas das Levi's 501, que – esticando-se – atraem automóveis e garotas dentro do espaço liminoide de passagem; o grito ambivalente de Égoïste, que duplica em seu próprio signo a raiva e a rendição; a dança irregular de Fragrance, que liberta a mulher da opressão burguesa; a perda do *logos* pelo *logo* falante; a perversão normalizada de "Vice-Versa", que solicita comportamentos ambíguos; toda essa complexidade da comunicação atual parece convergir na direção idêntica de um "salto" entre os tipos lógicos[6]. Cada tipologia de consumidor (e *prosumer*) digital já está demasiado acostumada a decodificar histórias "simples" com um único ponto de vista. Por isso, as várias agências dirigem-se a setores culturalmente estratificados – um perfume aristocrático, um quadrinho popular, os clássicos jeans – para favorecer modelos metacomunicativos. Aqui

6 G. Bateson, *Verso un'ecologia della mente*.

o "jogo visual" eleva-se para os contextos dos contextos e, portanto, as capacidades perceptivas e decodificadoras dos vários espectadores são mais fortemente desafiadas. Em suma: são *mais excitadas*, exatamente como na belíssima e surreal sequência de Buñuel.

O duplo vínculo é o oximoro que, do território da retórica, expande-se para o da reprodutibilidade visual normalmente "desviante": a comunicação digital abre as fronteiras cognitivas da personalidade e fecha as janelas para a sua identidade. O consumidor ativo midiático vive a atração de estar em todos os lugares e a repulsa de cada mudança territorial; a embriaguez de extirpar suas próprias raízes e o ressentimento ao ver essas mesmas raízes percorridas por "estrangeiros" provenientes de países extracomunitários. Portanto, as fronteiras da comunicação visual oscilam entre estar apertadamente fechadas e fechadamente abertas. São realmente *égoïstes* perturbadas, sermões *comerciais*, jeans desnudos, *fragrances* indisciplinadas que se mesclam prazeirosamente na obscura caixa do desejo visual. E *ela*, a todo instante, vê sua própria satisfação muito próxima e, no último momento, fica cada vez mais insatisfeita.

Nas conclusões, voltamos ao começo para resolver o paradoxo. Pois bem, minha solução é muito simples: a chave é forçar o paradoxo, obrigando-o – por assim dizer – a historicizar-se, para poder aplicar-lhe algumas ideias de Vladimir Propp retiradas de um trabalho dele menos conhecido, de 1975 – *Édipo alla luce del folklore* (*Édipo à Luz do Folclore*). Aqui ele enfrenta o conflito intrafamiliar relacionado à questão da herança ao trono, porque, é claro, o prisioneiro está interessado nisso: no centro do poder. E o centro do reino passa pela filha. Consequentemente, aplico as tramas histórico-culturais de Propp sobre o mito edipiano às lógicas puras de Wittgenstein e, seguindo nisso, o próprio Watzlawick, transformo o paradoxo em pragmática.

Assim, contextualizando o paradoxo, é claro que a filha do rei se apaixona pelo prisioneiro e, num final obrigatório para todas as fábulas, quer se casar com ele; o rei-pai se opõe ao casamento, vendo nele o fim de sua autoridade em relação ao impostor. Por conseguinte, ele não só não consegue mais fazer respeitar as leis por ele mesmo decretadas, nem tampouco detém os direitos paternos sobre a princesa. Ela, de fato, casando-se com o prisioneiro, transmite-lhe o poder e se autonomiza do pai. Perspectiva insuportável para o poder paterno e patriarcal.

Propp afirma que esse tipo de dinâmica familiar reflete aquela fase histórica na qual a herança era transmitida ao genro através da filha, fase que normalmente seria anterior às regras que definem o filho homem primogênito como herdeiro natural. E nessa fase histórica nascem os conflitos pai-filho e as variações sobre o mito de Édipo perseguido pelo pai Laio[7]. No exemplo, uma autoridade política que não consiga fazer aplicar suas próprias leis não possui mais legitimidade. O paradoxo do prisioneiro consegue implodir a autoridade legítima, inserindo – ao lado da lógica formal e dos seus paradoxos – o fascínio do estrangeiro que seduz a princesa e dissolve o modelo tradicional do poder. O rei não pode fazer outra coisa a não ser abdicar: e assim o *prisioneiro transforma-se em sucessor*. Essa é a solução antropológica para o impasse. O paradoxo do prisioneiro é um duplo vínculo que se desata de acordo com modalidades processuais. Em vez de uma situação de xeque-mate, sob o controle de lógicas formais, o paradoxo torna-se uma metáfora da mudança cultural possível, uma mudança que investe a pragmática da comunicação de um sujeito-intérprete.

A solução do paradoxo quer enfatizar que não seria possível haver na nossa cultura uma fase tão estruturada que impeça qualquer mudança viável: tudo se transforma em continuação, e à busca renovada é dada a tarefa de procurar, compreender e transformar a direção de tão tumultuadas inovações comunicacionais.

7 Ver infra, capítulo 5, "O Sincretismo Mítico de Pasolini".

4. CABEÇAS CORTADAS

*Não há presença carnal que não
pareça já roída pela futura ausência.*

M. LEIRIS, *Sul rovescio delle immagini*

Rosto

O rosto possui sua história: "Há nos rostos uma espécie de eloquência silenciosa que, sem agir, de qualquer forma 'age'", afirma Père de Cressolles num tratado de retórica escrito no começo do séc. XVII. Com essa citação, Courtine e Haroche iniciam seu livro sobre a história do rosto[1]. Trata- se de um texto de antropologia histórica construído de modo a focalizar no "rosto o fulcro da percepção de si, das atenções para com os outros, dos rituais da sociedade

---

1 *Storia del viso*, p. 13.

civil, das formas do político"[2]. O rosto fala – por meio de uma linguagem não verbal – numa estreita conexão com a afirmação de uma nova subjetividade: a da modernidade.

Embora se inserindo numa tradição arcaica, no século XVII nasce uma verdadeira tentação pela fisiognomonia: uma espécie de disciplina que acredita poder chegar à elaboração de tipologias supostamente "científicas", segundo as quais a identidade íntima de um sujeito deveria coincidir com os traços morfológicos – fixos como selos divinos ou protuberâncias psicofísicas – daquele que os carrega. O sujeito é, pois, conscientemente, aquele que carrega um rosto que é a expressão da alma[3].

Se a construção singular do rosto situa-se no ápice da modernidade, para os dois autores a contemporaneidade é vista como declínio da expressividade em público. Essa é a causa do consequente silêncio do rosto. E, assim, o homem sem rosto é o resultado de um tipo de sociedade que não teria mais vontade de expressar emoções, mas somente de controlá-las. Conclusões simplificadas...

Neste capítulo, procuraremos estabelecer um nexo entre algumas formas tradicionais de representar o rosto (como a máscara) e o primeiro plano; e como esse primeiro plano se modificou, desde sua invenção cinematográfica até os seriados da TV. O rosto é, pois, um extraordinário índice do processo de mutação da comunicação visual. Aliás: *visus* é a própria comunicação visual. A verdadeira linguagem decodificada por um espectador tendencialmente planetário (mas nem por isso homologado) é a do rosto. Do rosto-visual ou *visus*.

Se for verdade que as "paixões" do rosto expressam módulos narrativos que podem ser definidos como elementares (ou seja, redutíveis a um número-padrão: ódio, amor, ira etc.), ao mesmo tempo o sentido dessas paixões

---

2 Ibidem.

3 Ibidem, p. 97: "Os nefandos que vi passar a caminho do suplício, os pérfidos assassinos, os impostores são todos de baixa estatura; as almas cruéis vivem em corpos pequenos".

e os sistemas significativos e codificados são culturalmente determinados: isso implica afirmar um relativismo variável no espaço e no tempo. O rosto-visual será sempre mais *glocal*: um concentrado inquieto e móvel entre globalização e localização. O que irei definir sucessivamente como "cabeças cortadas" é o resultado sempre mutável, colocado no cruzamento de três forças: as paixões elementares, as tecnologias visuais, os valores de cada cultura.

Aqui não se desenvolverá uma teoria geral sobre a fisiognomonia. Nessa abordagem, sempre se procurou encontrar supostas leis universais, para enquadrar relações objetivas em tipologias humanas e tipologias faciais. Mas "confundir identidade e fisionomia é um sonho que não morre", afirmam justamente Courtine e Haroche[4]. Como se sabe, isso produziu, e em parte continua a produzir, a afirmação totalmente injustificada de estereótipos reproduzida tecnicamente pela comunicação visual. O rosto como espelho da alma ou, melhor, da tela, seja no cinema e ainda mais nas séries televisivas. O *visus* enquanto espelho do cinema muda a perspectiva da análise etnográfica desse panorama facial. O rosto é o vício de cada um e, às vezes, a virtude: *ele* incorpora a condenação que exibe publicamente nossa verdade mais íntima e secreta. Gostaria de discutir aqui as diferentes relações entre rosto, cara e *visus*. Se a cara define uma dimensão biológico-naturalista, o rosto afirma a sensibilidade individual, e o *visus* exprime e dilata as estéticas comunicacionais sedimentadas em cada particularidade, por menor que seja.

Infelizmente, a análise de Courtine e Haroche não consegue ver a enorme loquacidade de um rosto inserido nos circuitos da comunicação. Se a "história do rosto é também a história do controle da expressão"[5], eles veem a cultura contemporânea como produtora de "um silêncio do corpo e das caras"[6]. Enquanto aqui se sustenta exatamente o con-

4 Ibidem, p. 182.
5 Ibidem, p. 20.
6 Ibidem.

trário: ou seja, que o corpo se tornou a obsessão do Ocidente, que essa obsessão "fala" com uma hiperloquacidade ininterrupta e fragmentada, que manifesta o segredo de estilos de vida e de códigos morais. Corpo e rosto – e ainda mais *visus* – são panoramas infinitos cheios de detalhes micrológicos que os olhares de espetadores inteligentes conseguem decodificar, amar, desprezar e nunca ficar indiferentes. A luta dos códigos faciais corre sem parar entre nariz, fronte, orelhas, cabelos, olhos, boca, dentes.

Toda a cultura visual gira ao redor do corpo. E o rosto é o corpo por excelência. O rosto é o grande concentrado do corpo inteiro, ao qual deve-se dar a maior ênfase alegórica. E, portanto, as emoções visuais devem sair do controle em suas variações mais micrológicas da pele, dos músculos ou dos nervos[7]. Cada detalhe do rosto, a técnica das expressões e dos comportamentos, a arte da maquiagem, o tipo de penteado: tudo é o resultado de um trabalho imenso realizado com empenho nos estúdios de cinema e nas maiores emissoras (Netflix, Sky, HBO etc.).

A linguagem do corpo, na era da comunicação visual é, essencialmente, a linguagem do rosto que se transforma em *visus*.

Primeiro Plano

Na comunicação visual, a invenção do primeiro plano teve uma função fundamental que influencia até hoje os modelos – implícitos e explícitos – da percepção e os olhares do espectador que, por sua vez, modificam-se no espaço e no tempo. Pode parecer excessivo enfatizar o caráter histórico e o relativismo cultural dessa técnica da comunicação: pelo contrário, isso é necessário para permitir que se reflita

7 Sobre o controle descontrolado das emoções, cf. C. Wouters, The Sociology of Emotions and Flight Attendants, em *Theory, Culture & Society*, v. 6, n. 1, p. 95-123.

sobre as transformações, num tempo relativamente breve, da "natureza" do primeiro plano na cultura visual geral.

Béla Balàzs, um dos maiores estudiosos do cinema, emprega palavras cheias de emoção para descrever a "descoberta" do primeiro plano, por ele atribuída a David Wark Griffith, que inventou também a montagem alternada[8]. Segundo ele, a fisionomia no cinema exalta a correspondência entre os sentimentos interiores das pessoas, mesmo os mais recônditos e os lineamentos do rosto: os distúrbios da alma são impressos, "marcados" no código facial que se torna a máscara da tela. O rosto como espelho da alma teve, no cinema mudo, seu divulgador de massa, conseguindo assim substituir a ausência da linguagem falada pelo exagero da linguagem mimética. Essa fisiognomonia aplicada fundiu, de forma singular, o positivismo cientificista de Lombroso – o inventor da antropologia criminal, segundo a qual, por exemplo, um assassino teria impressa, nos traços antropomórficos do rosto, sua predisposição para o crime[9] –, com a metafísica cristã, que sempre contrapõe o sofrimento do rosto-Jesus ao riso da cara-Diabo. Paradoxalmente, tudo isso penetrou também a ótica marxista sem

8 Não foi somente *Cabiria* (1914), de Giovanni Pastrone, espetáculo com a participação de Gabriele D'Annunzio, que "teve uma certa influência em Griffith" (G. Sadoul, *Storia del cinema mondiale dalle origini ai nostri giorni*, p. 135) – para uma cenografia que não era mais pintada em telões, mas reconstruída em tamanho natural, com estuques e papel cuchê –, mas, também, outro filme italiano, dessa vez de enfoque realista, *Sperduti nel buio* (Perdidos no Escuro, 1914), de Nino Martoglio, que inventou a montagem alternada: "esse filme, para retratar simultaneamente duas classes sociais, serviu-se amplamente de uma montagem cheia de contrastes, sistema do qual, a seguir, deveria servir-se Griffith em abundância" (ibidem, p. 137).

9 Queremos lembrar os títulos de alguns dos livros de Cesare Lombroso que tiveram grande difusão: *L'uomo deliquente* (O Homem Delinquente, 1876); *L'eziologia del delitto* (O Delito, 1893); *Genio e degenerazione* (Gênio e Degeneração, 1898). Ele se considerava um darwinista social, ao passo que Darwin, ao contrário, recusou as grosserias pseudocientíficas sobre rosto-espelho-da-alma, em sua pesquisa pioneira a respeito das expressões das emoções em homens e animais, *The Expression of the Emotions in Man and Animals* (A Expressão das Emoções no Homem e nos Animais, 1872).

nenhuma observação crítica. Assim, nos primeiros planos de Lilian Gish, ou de Asta Nilsen, realiza-se a apoteose da nova arte: os "bons primeiros planos" não se limitam à "exatidão física, material, do particular [...]. Deles pode emergir a luz de uma emoção humana sutil". E ainda: "No primeiro plano existe com frequência a dramática revelação daquilo que realmente se esconde na aparência do homem."[10] Realiza-se, assim, uma síntese entre a sensibilidade poética do diretor e a "expressão de seus sentimentos inconscientes". Citando diretamente uma frase de Marx ("a raiz de todas as artes é o homem"), Balàzs termina sustentando que "mesmo quando o primeiro plano cinematográfico levanta o véu que encobre as coisas, enriquecendo e completando nossa visão, nos revela somente o homem"[11]. Concluindo, "o primeiro plano representa o instrumento criativo deste formidável antropomorfismo criativo"[12], que – seguindo Balàzs ou Pudovkin – possui algo de materialisticamente teológico. Assim como o mito criou os deuses à imagem e semelhança dos homens, da mesma forma o primeiro plano antropomorfiza homem e mulher em toda as variações tipológicas de paixões. É como se, pela primeira vez, o rosto humano se humanizasse e animizasse diante de si mesmo. Contudo, essa humanização volta a ser uma nova divinização: não é por acaso que o rosto visual por excelência – o de Greta Garbo – eleva-se ao papel "divino": representa o sentido de alienação social e de antagonismo político. Para Balàzs, tudo isso está inscrito na beleza particular da atriz, uma beleza "distante" do mundo:

Greta Garbo é triste. Não somente em determinadas situações ou por motivos específicos. A beleza de Greta Garbo é uma beleza sofrida, ontológica, que envolve toda a vida e todo o mundo circundante. Essa tristeza é uma expressão exatamente determinável: é a tristeza da solidão e da estraneidade, aquela tristeza que não conhece comunhão com os demais. Na figura visual de Greta Garbo, está encerrado o triste destino

10 B. Balàzs, *Il film*.
11 Ibidem, p. 69.
12 Ibidem.

da pureza de uma nobreza interior voltada para si mesma, da sensibilidade que produz o calafrio do *noli me tangere*. Também quando incorpora a personagem de uma prostituta corrupta. Mesmo assim, Greta Garbo sente-se exilada em terra estrangeira, e não sabe como pôde chegar lá.[13]

Sobre o significado fisionômico desse rosto não pode haver dúvidas:

Até o pequeno burguês, sem consciência política, percebe que aquela beleza triste e sofrida, que não pode esconder a repugnância de viver neste mundo sujo, é a imagem de uma humanidade mais altamente organizada, espiritualmente mais pura e moralmente mais nobre. A beleza de Garbo é, no mundo burguês, uma beleza de *oposição*.[14]

Segundo Balàzs, o primeiro plano de Garbo antecipa o comunismo, nela se desvela a utopia do socialismo no *rosto fílmico* ou *o socialismo construído num único rosto*, em vez de em um único país. Garbo *versus* Stálin.

Na fisionomia de Greta Garbo, milhões de homens veem um protesto doloroso e passivo. Milhões de homens que talvez não tenham ainda se conscientizado de seu próprio doloroso protesto. Mas, justamente por isso, eles amam a beleza de Greta Garbo e a colocam acima da mais bela de todas as belezas.[15]

No entanto, tudo isso não era "legível" até alguns anos antes. Os códigos com os quais se constroem ou se interpretam as imagens são plasmados pelo tempo e pelo espaço. O próprio Balàzs conta, a propósito, uma historieta muito expressiva:

Um dos meus amigos moscovitas contou-me o caso de sua nova empregada que chegou à cidade, pela primeira vez, de um colcoz siberiano. Era uma moça inteligente, tinha frequentado

13 Ibidem, p. 335.
14 Ibidem.
15 Ibidem.

a escola com proveito, mas, por uma série de estranhas circunstâncias, jamais vira um filme. Seus patrões a mandaram ao cinema, onde estava sendo exibida uma comédia popular qualquer. Ela voltou para casa muito pálida, carrancuda. "Gostou?", perguntaram-lhe. Estava ainda tomada pela emoção e, por alguns minutos, não soube dizer nada. "Horrível!", disse ela afinal, indignada. "Não consigo entender por que aqui, em Moscou, permitem que sejam exibidas tais monstruosidades". "Mas o que foi que você viu?", insistiram os patrões. "Vi", respondeu a moça, "homens em pedaços: a cabeça, os pés, as mãos, um pedaço aqui, um pedaço acolá, em lugares diferentes".[16]

Essa historieta não atesta a ingenuidade particular por parte de uma pessoa pouco instruída ou de origem camponesa. É, pelo contrário, indicativa de um processo histórico particularmente violento naquela época, mas que ainda não terminou. Como se sabe, mesmo no cinema de Hollywood difundiu-se o pânico entre os espectadores, quando um filme de David W. Griffith apresentou pela primeira vez uma enorme "cabeça cortada"; o primeiro plano não foi entendido logo nesse espaço. Antes disso, os parisienses haviam fugido à vista do primeiro trem filmado pelos irmãos Lumière. E ainda: a mesma gramática visual, que pode alternar – por meio da montagem – o primeiro plano, o plano americano, o plano longo etc., não foi logo compreensível aos espectadores "normais", que precisaram modificar seu modo de percepção e interpretação (culturalmente determinado e variegado). As *cabeças cortadas* dos primeiros planos inovavam a linguagem visual. E, ao mesmo tempo, estabeleciam uma conexão com os modelos análogos, porém anteriores, da comunicação visual, em primeiro lugar, com as *máscaras*.

Por trás da aparente ingenuidade de Balàzs, que é interna ao debate de sua época, afirma-se uma linha interpretativa definida do cinema, que consiste em aplicar as mais "elevadas" teorias sociais ou filosóficas à comunicação

16 Ibidem, p. 39.

visual, focalizando o *visus*. Do nosso ponto de vista, a simbólica transcendente do primeiro plano de Greta Garbo nos permite relacionar seu rosto às máscaras.

Máscara

A função antropológica das máscaras – sua presença em muitíssimas culturas – vai muito além da exigência de poder mudar de pessoa e de identidade: nelas se manifestam uma inquietação e um fascínio que envolvem praticamente toda a humanidade. Talvez, atrás delas, além de quem as utiliza, esconda-se um segredo, para cuja revelação quiçá seja necessário recorrer às máscaras mais extremas, mais exageradas, mais radicais. *E a raiz das máscaras é a caveira.*

Tomemos dois modelos que pertencem a culturas extremamente diferentes entre si: a máscara-mosaico encontrada na região Mixteca, que remonta ao século xiv, e que atualmente se encontra no Museu Britânico; e os *reconditórios* preservados nas igrejas de Gutenzell e Weyarn, na Baviera (Alemanha), "criados" em plena era barroca (aproximadamente, no ano de 1755). Ambos possuem esse aspecto em comum: trata-se de máscaras que têm por base o crânio humano. A partir da fisionomia da primeira – a mais realista e, ao mesmo tempo a mais radical –, artistas desconhecidos engastaram as mais diversas pedras preciosas nos "vazios" de carne e cartilagem. As órbitas dos olhos, as partes cavas do nariz e das faces: tudo é uma celebração do triunfo das pedras preciosas sobre a transitoriedade da carne, em firme junção com ossos bem polidos e dentes bem engastados. É como se a evanescência temporária da carne reflorescesse graças a seu oposto: a luminosa indestrutibilidade das pedras de lápis-lazúli e obsidiana.

Os reconditórios vão mais além: são – também etimologicamente – preciosos cofres onde era moda guardar não somente caveiras, porém até esqueletos inteiros de pseudomártires. De acordo com o costume do tempo, com efeito, era necessário que cada igreja tivesse o relicário de um santo; por isso, havia se instaurado o estranho hábito, por parte dos religiosos europeus, de ir em peregrinação a Roma, comprar o cadáver de um suposto santo (que geralmente era falso), para transportá-lo, com as devidas precauções, até sua cidade de origem, de forma a dar brilho e honra à diocese. E aqui cumpria-se o rito extremo: caveiras e esqueletos daqueles pobres pseudomártires,

cobertos de pedras preciosas como mulher nenhuma jamais se enfeitou para um baile, demonstram a eternidade gloriosa dos santos pela resistência de sua estrutura óssea e o esplendor de um paramento mineral. A eloquência desse sermão-espetáculo, para o qual contribuem os reflexos dos relicários, as pequenas chamas sobre os altares, o brilho das pedras, possui, em seu centro, o mais elementar dos tropos: o corpo do morto ou o que resta dele.[17]

Entre a arte do barroco tardio e a arte protoasteca (embora muitos outros exemplos possam ser citados) existe um elo tão forte quanto secreto que as relaciona reciprocamente. "A alegoria", escreveu Walter Benjamin "é mais fortemente radicada lá onde a transitoriedade e o eterno se chocam diretamente."[18] A carne e o esqueleto, portanto. Na escolha da caveira como material primigênio da máscara há uma espécie de desafio totalmente humano à categoria decisiva do tempo; nele, embora oscilando entre redenção transcendental e *facies hippocratica* positiva, sobrevive uma "petrificada paisagem primitiva" que sequer a morte consegue decompor.

Cada erro e cada dor do passado histórico "configura-se num rosto – ou melhor, numa *caveira*"[19]. Animismo e misticismo estão envolvidos no mais duradouro e "materialístico" dos materiais: a caveira, o crânio descarnado. Por isso, a interpretação de Benjamin deve ir além da história:

17 L. Quattrocchi, Le perle dell'eternità, FMR, n. 54.
18 *Il dramma barocco tedesco*, p. 243.
19 Ibidem, p. 174.

além da exposição barroca, a representação visual das dores do mundo contém um código mais complexo que busca superar a rendição à morte. Com essa finalidade, exige uma *desumanização mascarada*. Essa caveira-máscara é o "rosto rígido da natureza": de morto (e, portanto, vencido) ele se transforma em vencedor somente enquanto, juntamente com o "culto barroco da ruína e dos escombros"[20], irradia um culto ósseo esteticamente reconhecido, que resiste sob forma escultural. Essa é a forma que, no Ocidente, é chamada de arte. A máscara é uma cortina que se abre sobre a caveira. Disso decorre sua natureza dupla e ambivalente, que torna fascinante aquela visão barroca "que mostra uma rosa florescendo ao mesmo tempo em que murcha, o sol que, na mesma paisagem, nasce e se põe"[21]. Em cada máscara há uma atemporalidade que, ao "mesmo tempo", mostra e esconde[22], mostra escondendo e esconde mostrando, que cala e fala, rígida e móvel; há essa sincronia entre a expectativa ornamentada de uma ressurreição metafísica e a continuidade maravilhosa de uma presença animista. Cada máscara, como um sol, levanta-se em sua mobilidade orgânica e se põe em sua fixidez inorgânica. Por isso, nela permanece a apoteose do crânio como relíquia do cadáver, como transfiguração dos ossos faciais do defunto que se "mascara", dessa forma, de efêmero e de eterno. Como diz o poema de Daniel Casper von Lohenstein, citado por Benjamin, dedicado ao jacinto, a flor "caveira" (*totenkopff*): "E quando o Altíssimo virá buscar sua colheita do cemitério/ Eu, caveira, serei um rosto de anjo."[23]

20 Ibidem, p. 188.

21 Ibidem, p. 207.

22 A função da máscara é, pois, semelhante à da ideologia: aliás, é a ideologia originária, que procura controlar o enorme "todo" da morte, reafirmando sua pequena, mas inextinguível, cota de vida.

23 O funeral da comunidade indígena bororo, do Mato Grosso, é outro exemplo extraordinário de como o cadáver é examinado, lavado de todo resíduo orgânico, e de como, por fim, a caveira se torna uma "alegria emplumada" a ser colocada no espaço doméstico. Uma caveira de arte; cf. M. Canevacci, *A Linha de Pó*.

A caveira já existe em série, abundantemente disponível *in natura*.

O problema é que essa disponibilidade "gratuita", por dizer assim, é plasmada culturalmente, nesse sentido, a caveira nunca é só natural: 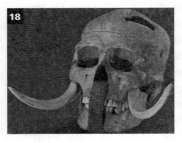 o olhar focaliza os lineamentos ósseos, os olhos viventes se grudam e elaboram símbolos sagrados. Esse crânio é exemplificativo pelo discurso apresentado: trata-se claramente do crânio de um homem, morto com um golpe desferido na calota craniana; era provavelmente um xamã importante e, como tal, tinha o poder de viajar e conectar os humanos com os animais totêmicos e com as divindades ancestrais. Assim, colocaram colmilhos de elefante nas cavidades das mandíbulas, como se fossem seus dentes, e as cordas penetram nas cavidades nasais e nos arcos zigomáticos, fixando-se nas cavidades orbitais. O resultado é uma obra de arte, utilizando um conceito errado ou posterior, mas que exprime na sua matriz uma profunda conexão com o sagrado. A arte, no sentido profundo, tem a capacidade de conectar as dimensões humanas, animais, vegetais, inorgânicas e divinas. Imagino a caveira que, manifestando todos os dentes "normais" e também os poderosos colmilhos, observa fixamente cada pessoa através das órbitas obscuras, assim difundindo o poder misterioso do sobrenatural inserido nas experiências cotidianas. Nesse sentido, o crânio é uma máscara. O xamã imortal ou morto-vivo é *mascarado* pelo crânio.

Se agora nos deslocarmos para Micenas, na antiga Grécia, o "mistério da caveira" – ou seja, a caveira como enigma – talvez se torne mais claro. Ali, de fato, foram encontradas muitas máscaras funerárias do século XVI a. C., pertencentes a reis micênicos, entre as quais a que representa o chamado falso Agamemnon e que agora, juntamente com outras duas menos conhecidas, está no Museu de Atenas. O objetivo dessas réplicas é o de dar uma resposta não somente à exigência de bloquear com uma imagem fixa a realidade da mudança, mas também, e sobretudo, de ser essa realidade. Segundo Roger Caillois, a "função das máscaras é a que se considera capaz de fortalecer, rejuvenescer, ressuscitar"[24]; e, além disso, elas servem como "adesivo social", pois cada um que pertença a determinada comunidade não poderia "não saber que se trata de ilusão, travestimento, fantasmagoria", por trás das quais "ocultam-se seus próprios familiares"[25]. No entanto, em minha opinião, Caillois erra, quando sustenta que o ocaso da função da máscara acompanha o nascimento da civilização: aquela mesma máscara, que "era o sinal, por excelência, da superioridade"[26], mudou de signo, talvez tenha mudado também de "natureza", porém não se dissolveu.

Pelo contrário. Na ansiedade dele de fixar, uma vez por todas, o momento crucial e fatal da origem da cultura, há uma espécie de obsessão formal de controlar, com a pureza do pensamento, todo tempo e todo espaço percorridos pela humanidade em termos tão conceitualmente "puros" quanto historicamente "universais". Na minha opinião, é verdadeira a outra proposição de Caillois, segundo a qual a máscara cruza a *mimesis* e a *vertigo*, o pânico voluptuoso e o *transe* como espasmo, o perder-se no vórtice: "A união mimese-vertigem é tão poderosa, tão fatal, a ponto de pertencer naturalmente à esfera do sagrado e de fornecer, talvez, um dos estímulos principais dessa mescla de terror e de sedução que a define."[27] Esse terror e essa sedução também definem perfeitamente a máscara, que age justamente com a função de incutir medo e difundir tremor entre seus espectadores, tornando vão e inútil o conhecimento da verdade empírica, segundo a qual ela é "somente" um produto artificial. A máscara é cheia de símbolos que a vivificam;

24 *I giochi e gli uomini*, p. 105.
25 Ibidem, p. 106.
26 Ibidem, p. 124.
27 Ibidem, p. 94.

ela é o resultado de um processo cultural interno das culturas especificas (em muitas etnias, somente alguns membros masculinos, pertencentes a certos clãs e a certas faixas etárias, podem conhecer a "verdade" das máscaras). Por isso, a vertigem das máscaras está em sua participação da numinosa manifestação do sagrado. E, sempre por isso, o vazio animado que está por trás delas parece coincidir com os exemplos infinitos dos vários mistérios, com o vértice iniciático, dos quais há o mais terrível dos segredos: o *nada*. Atrás a máscara, o vazio. E o vazio é o sagrado mistério.

O efeito "vertigem" da máscara reside no fato de ela mimetizar metais preciosos, por exemplo, ouro em Micenas, pedras na região mixteca, cera em Roma ou dentes na Pré-História, com alguma coisa *outra* e *superior*; assim, o rosto do rei cumpria o mais radical dos desejos humanos: chegar à imortalidade pela representação áurea e aurática.

Cada mimese desse tipo é um protesto contra a insuficiência do *eu*, seja em relação a si mesmo, para viver o desejo de ser muitos "eus", quebrando a unicidade do ego, seja em relação à morte, para impedir a decadência da própria imagem e realizar o desejo de ser indestrutível.

19

Pois bem, nas máscaras fúnebres dos reis de Micenas, feitas com uma fina folha de ouro aplicada ao rosto do rei morto – um rosto que ainda não é caveira, mas que está a caminho de tornar-se tal, "transita" da carne aos ossos –, é capturada a imagem de uma pessoa da realeza, para subtraí-la, assim, à decomposição. Essa mimese áurea é também um molde de eternidade. A máscara se assimila à rigidez do cadáver para emancipá-lo da "mobilidade" do tempo. A máscara áurea é, em duplo sentido, símbolo da carne: porque a substitui e a representa. O efeito de inquietação que toma conta de nós diante das máscaras está exatamente nesse paradoxo: por um lado, a expressão enrijece na fixidez da morte, na inexpressividade do cadáver e, por outro, nos fala, parece comunicar-nos alguma coisa sempre nova, mostra-nos uma identidade cambiante, imprevisível, inalcançável. A máscara desenfreou-se, mesmo permanecendo presa a uma forma sempre igual, aliás, exatamente por isso. A máscara nunca é idêntica a si mesma, porque é continuamente movida pelos desejos e pelas angústias de quem a veste e de quem a olha. E também nesse sentido a máscara é um duplo. Diz Claude Lévi-Strauss, a propósito dos kwakiutl: "Essas máscaras usadas na dança, que de repente se abrem como duas portas, exibindo um segundo rosto, e por vezes um terceiro por trás do segundo, todos marcados pelo mistério e pela austeridade, atestavam aos espectadores dos ritos de passagem a onipresença do sobrenatural e o pulular dos mitos." Mas não é apenas isso. "Essa mensagem primitiva, que rompia a placidez da vida quotidiana, permanece ainda hoje tão violenta que a barreira profilática das vitrines do museu não consegue extinguir sua força comunicativa."[28] Sempre de acordo com Lévi-Strauss, na arte das máscaras junta-se "a serenidade contemplativa das estátuas de Chartres" e a "maquiagem do carnaval"; esse "dom ditirâmbico da síntese, essa faculdade quase monstruosa de perceber como semelhante aquilo que aos outros parece diferente" – as barracas da feira e as catedrais – constituem "a chancela excepcional dessas máscaras".

Além dessas imagens indubitavelmente fascinantes de Lévi-Strauss, que reconstituem fidedignamente seu método estruturalista, existe um nível extremo que é preciso escavar. A separação radical homem-natureza cria uma exigência de mimese igualmente radical, que busca restaurar aquilo que foi cindido, por meio de várias transfigurações, entre as quais, a das máscaras. Essa representação mimética tem por objetivo justamente conciliar, com uma síntese mágica e sacralizada, a separação original entre sujeito e objeto, que todo indivíduo revive em sua própria experiência

---

28 C. Lévi-Strauss, *La via delle maschere*, p. 7.

do orgânico ao inorgânico. Essa separação extrema – no sentido mais literal possível, segundo o qual sua raiz é a humanidade – não possui, em minha opinião, uma estrutura fixada no tempo para sempre, mas uma hipoestrutura móvel, com tempos e modos relativamente autônomos em relação às dimensões socioeconômicas e psicoculturais. Em suma, a máscara, como réplica inorgânica do rosto orgânico, tende a constituir-se como unidade e também como identidade do vivo com o morto, do ser com o nada[29].

Seguindo a bela análise de D'Agostino sobre a cultura romana clássica, "em âmbito jurídico, *persona* (máscara) liga-se a *caput* (cabeça) como qualificativo de cidadão livre romano, em pleno exercício do seu direito, marcando o ingresso do jovem na vida pública, ocasião em que recebe a *toga virilis* e seu *praenomen* (nome pessoal), a se acrescentar aos nomes da *gens* e da *família*"[30]. Essa figura individualizada possui uma alma imortal do *genius* e por isso, como testemunha Plínio, o Velho, os vultos da pessoa morta eram modelados em cera e assim "cada novo morto estava sempre presente à multidão de familiares vividos em tempos anteriores a ele"[31]. A ceroplástica romana era uma arte de contato, decalcada do verdadeiro, arte mimética religiosa, que implicava um explícito desafio à morte e à decomposição da carne, transformar a fisionomia do morto em máscara, *persona*, cabeça-semblante. Indivíduo-pessoa com as características realísticas do rosto, o que a diferenciava da arte grega, que idealizava formalmente o morto.

E D'Agostino menciona ainda, depois do sepultamento, "a máscara com excepcional fidelidade, seja nos traços seja do colorido do vulto, vem exposta no lugar mais visível da casa, e retornará ao público em ocasiões de sacrifícios solenes ou no cortejo fúnebre de outro membro ilustre da família, endossada por homens que mais se assemelham ao

---

29 Cf. M. Canevacci, *A Linha de Pó*.
30 *A Coluna e o Vulto*, p. 54.
31 Ibidem, p. 145.

defunto"[32]. Assim, o ritual fúnebre vira performance, onde a distinção entre vivos e mortos se torna supérflua, e a conexão entre os dois mundos reunificados em um só se realiza por meio da máscara. A máscara é o intermediário entre o visível e o invisível, o concreto e o imaterial, o mundano e o sagrado.

Visus

A história do rosto não termina com a modernidade, como alguns estudiosos procuram atestar[33], seguindo o esquema de acordo com o qual somente no passado seria possível encontrar a verdadeira autenticidade do objeto de estudo; e ao presente só faltaria narrá-la. Pelo contrário, a profunda modificação que a cultura do rosto sofre na fase atual faz dela um extraordinário indicador da comunicação visual. Seria suficiente pensar como o *selfie* reinventou e estendeu a todos o desejo de ter um *visus* visível. O *selfie* como cabeça cortada digital, fisionomia autoproduzida por meio da aliança entre tecnologia e emoções. Como consequência, o *ranking* das visões do próprio *visus/selfie* estabelece uma hierarquia com implicações de prestigio econômico e de *status*. Tudo isso deve ser delineado, interpretado e, eventualmente, modificado, antes que julgado.

Do ponto de vista da percepção visual, o cinema reinventa, com o primeiro plano, um modelo de representação facial que já havia sido experimentado – mesmo na diversidade e variedade das reproduções – justamente pela máscara. Contudo, o recente emprego televisivo do primeiro plano não modifica, por assim dizer, sua "natureza": tornou-se – de apoteose emotiva momentânea que amplia o rosto na tela à psique do espectador – uma presença constante do módulo narrativo dos seriados. Aliás, é *a* presença por excelência, fixada em planos-sequências longos nos quais

32 Ibidem, p. 58.
33 J.J. Courtine; C. Haroche, op. cit.

se alternam as fisionomias de um ator às de outros. Há, portanto, uma conexão muito estreita entre a acentuação dos planos-sequências e a proliferação dos primeiros planos nesse gênero da comunicação televisiva: o que aparentemente empobrece a gramática visual, enquanto a globaliza e multiplica sua produção de sentido emitida pelos mais micrológicos traços faciais, todos analisados nos detalhes pelos espetadores envolvidos.

O valor dramatúrgico dos primeiros planos consegue comunicar, de forma transcultural, uma sequência de paixões, todas reduzidas a um módulo "elementar" e "complexo". Isso contribui para o sucesso mundial dos seriados americanos ou das telenovelas brasileiras, que adotaram de forma sistemática o emprego, tão inflacionário quanto infinito, dos primeiros planos.

Buscando um curioso reequilíbrio dos muitos códigos emitidos por esse tipo de comunicação visual, em algumas grandes personagens, as doses crescentes de primeiros planos reduzem – e quase chegam a zerar – a demanda de habilidades mimético-faciais: às personagens, não se pede mais uma exagerada mobilidade expressiva – que se continua a exigir das personagens menores ou no cinema – mas, pelo contrário, uma fixidez balanceada de diversas tipologias antropométricas. Poder-se-ia sustentar que o estupor é o cânone expressivo ao qual devem adequar-se as diversas expressões elementares em sua representação visual. A ira, a inveja, o ódio, o amor, são todos sentimentos mediados dramaturgicamente pelo estupor; o rosto resulta um tanto estupefato, como se a essa grande personagem parecesse espantoso encontrar-se naquela determinada situação.

O estupor da facticidade. Esses códigos com os quais "fala" o novo primeiro plano não são mais narrativos no sentido tradicional, mas se dividem em três módulos: uma forma de falar sempre mais "abstrata", macia, asséptica, bastante não influente (código verbal); uma tipologia de expressões "naturais" que o rosto emite enquanto puro "estar", puro fenômeno visível (código corporal); uma série de objetos que envolvem o rosto em primeiro plano, que servem de pano de fundo, sinais reconhecíveis de uma imaginária modernidade: celulares, computadores, arranha-céus, roupas da moda, *gadgets* (códigos urbanos).

Esse novo tipo de fisionomia "falante" parece obedecer a uma generalidade extrema: todas as personagens representam uma proliferação de tipologias "secundárias" ou "terciárias" em relação à centralidade dos protagonistas principais. Na verdade, são uma multidão individualizada, amplificável ao infinito, de coprotagonistas. O novo sinal distintivo na hierarquia visual de alguns atores principais é a paradoxal combinação de uma fixidez exagerada e de uma extrema expressividade. Em certo sentido, a nova fisionomia assemelha-se cada vez mais à arcaica: o rosto fica esqueletizado, como nas máscaras "originais" e, permanecendo fixo, mobiliza-se.

Com uma simetria perfeita e não casual, que se movimenta do prioritário plano corporal e chega ao verbal, o diálogo atenua-se nas tonalidades: são abolidos os contrastes, os gritos, os excessos. São muitos monólogos "urbanos" quase sussurrados, passíveis de justaposição à vontade, sem interrupções nem final, fluentes e deslizantes como autoestradas vazias. Calmas, convincentes e, poder-se-ia dizer, silenciosas, as palavras "saem" de rostos "civilizados", condensado visível e promocional das novas tecnologias estéticas. Assim, fecha-se o círculo entre códigos corporais e códigos verbais: o rosto, por antonomásia da moderna comunicação televisiva, tende a modelar-se pelos resultados das mais avançadas plásticas faciais. E, mais uma vez, evidencia-se com clareza a não casualidade do Brasil e dos Estados Unidos como principais exportadores de seriados e de cirurgias estéticas: o primeiro plano é a parte fascinante da "estrutura que conecta". Seriado e cirurgia estão direcionados a um tipo ideal do qual percebemos cada vez melhor a origem, o símbolo e a função. Imóvel, descarnado, mudo, o primeiro plano televisivo torna-se cada vez mais *máscara*; excrescências e impurezas são niveladas, as divergências antropométricas tornam-se simétricas.

O conjunto de pele esticada sobre os ossos faciais; próteses dentárias excessivas e indestrutíveis; narizes refeitos de cartilagens homogêneas; cabelos reconstituídos à vontade; seios que irrompem; objetos preciosos, vistosos e engastados; tudo reconduz surpreendentemente ao modelo arcaico das máscaras que nós já conhecemos bem. Os primeiros planos televisivos, que constroem as novas exigências planetárias da comunicação visual, recuperam aqueles valores simbólicos transmitidos de geração a geração, reduzindo-os a signos. Donde deriva a sensação de que as palavras "saem" desses rostos, indiferentes em relação a qualquer sentimento definido, porquanto a linguagem que "fala" é outra, por estar atrelada a uma fixidez alucinada.

Para descrever esse modelo de forma conceitualmente precisa e concisa, escolhemos o termo *visus*, que procura sintetizar aquela corrente analógica que passa entre a "natureza" da máscara e os primeiros planos televisivos. Essa palavra, oriunda do latim, expressa bem aquela ambiguidade própria do contexto moderno: *visus* como particípio passado é "aquilo que se vê"; como substantivo, é exatamente "o rosto". Portanto, no primeiro plano televisivo, realiza-se a fusão do que é visível com o rosto e vice-versa, o rosto torna-se a totalidade do que se vê. *Visus* é o "visual" do primeiro plano que, por um lado se expande apenas para o rosto do ator e, por outro, restringe todo o campo visível ao próprio rosto. Dilatação e encolhimento são ecologicamente "síncronos" ao *visual* e ao *visus*. O panorama "é" o rosto e o *visus* torna-se "o" ambiente panorâmico, paisagem por excelência da comunicação visual que, graças a ela, transfigura-se em máscara da modernidade na qual revivem – modificados – alguns dos valores arcaicos e sagrados do passado. Em certo sentido, o vídeo televisivo – já por si só menor do que a tela do cinema – se reduz, transformando-se em rosto, enquanto esse se agiganta até coincidir com a tela inteira.

Esses novos primeiros planos, com efeito, eliminam a dialética da montagem à qual segue – também em sentido filosófico – a justaposição falante de *cabeças cortadas*. Em virtude do resgate da aura sagrada da máscara arcaica (que esconde e mostra ao mesmo tempo), o *visus* torna divino e imortal o seu usuário. De fato, justamente enquanto o *visus* é *visível*, o mesmo *visus* coloca o problema do invisível: e sem o primeiro plano isso não teria sido possível. A "diva" nasce com o cinema graças a esse *visus*, verdadeira máscara da modernidade, no qual revivem elementos "mágicos" que o tornam imortal e, portanto, divino. E "divina" por excelência será Greta Garbo, que compreendeu perfeitamente esse papel, quando, ao envelhecer, escondeu – mascarou – aquele *visus* que era divino; assim, a máscara, por antonomásia, anulou-se e transfigurou-se em "outra", quando começou a perder-se a pureza de seus traços. E, graças a esse sacrifício, seu *visus* permaneceu intacto e cheio de realeza. Em sua imagem de "oposição", para retomar a ideia um tanto ingênua de Balàzs, podemos continuar a imaginar a utopia de um mundo novo, onde também a beleza seja comum e não discriminativa. Pelo contrário, o *visus* do *vídeo* não tem escrúpulos desse tipo, porque se preocupa mais em resolver aquele que é seu fundamental problema: a impossibilidade de modificar o rosto escolhido. Essa é uma passagem crucial que conota a diferença dos dois modelos de primeiro plano (o do cinema e o da TV), de modo que o próprio *visus* só pode ser o televisivo, enquanto o outro é somente uma poderosa, quase sagrada, antecipação dele agora aposentada. Enfim, o *selfie* democratiza o *visus*, é um poderoso terceiro modelo globalmente irresistível. O entrelaçamento entre tecnologias digitais, paixões elementares e valores locais desenha um narcisismo digital sem fim. Todos podem ter um *visus* e comunicar isso ao mundo em um *selfie*. Cada clique é um prazer sexuado.

O visus divino da diva Greta Garbo é passado remoto. O seriado, por causa de sua "natureza" tipológica, acentua os primeiros planos e, ao mesmo tempo, aumenta os tempos dos planos-sequências quase ao infinito: de fato, também a montagem é potencialmente eliminada no sentido filosófico, antes mesmo de no sentido da gramática fílmica, podendo-se assistir ao filme *Viktoria*, de Sebastian Schipper (2015, 140 minutos), em uma única tomada. O que no cinema era uma articulação de planos espaciais diferentes, que "movem" o visual e "comovem" o espectador nos momentos precisos nos quais se amplia o *visus*, na montagem televisiva torna-se cabeças cortadas falantes. Os tempos de exposição facial diante da câmera televisiva se alongam de forma absolutamente imprevisível em relação aos das câmeras cinematográficas. O *visus* é onipresente e, por essa centralidade, deve ser também imutável, indestrutível e insubstituível.

A hipótese do confronto entre *visus*-tela-cinema e *visus*-tela-vídeo precisa verificar a qualidade dos resíduos mágico-sagrados, em termos do emprego tecnológico e do comportamento mimético. O primeiro modelo (graças à hegemonia americana) é "obrigado" a enfatizar a montagem espetacular, aumentar as doses de signos por *frame*, multiplicar panoramas exóticos, alheios e agressivos, acelerar as gravações externas. Enquanto no segundo, o *frame* absoluto é o *visus* em ambientes internos, com variações fisionômicas minimalistas: o *visus-tv* é o território metonímico do sujeito, sobre o qual *discorrem* os cânones de uma semipsicologia que reduz a vida a um choque de paixões elementares. As sequências de primeiros planos se sucedem de forma intermitente e interminável: o meio televisivo e sua consciência visual desafiam o cinema, aumentando desmedidamente as doses de máscaras absorvíveis pelo espectador. E sobre esse "plano" ocorre a mais formidável reviravolta dos códigos: *a linguagem da ficção torna-se fisionômica*.

Esse segundo modelo poderia ser definido como se fosse constituído de palavras silenciosas ou inúteis. Ao mesmo tempo, também a linguagem fisionômica varia: se poderia afirmar que o poder da atração visual é determinado pela qualidade do *visus* selecionado para fisionomias exageradas ou agressivas, que simbolizam criminosos,

depravados, pessoas sensuais, honestas, exóticas, *nerds* etc.
A sucessão de tipologias estereotípicas, etnocêntricas ou
politicamente corretas se alterna segundo um esquema bem
estabelecido. Essa tendência fica mais clara na geração atual
dos seriados: depois que Netflix, HBO ou Sky entraram no
mercado não só da distribuição como mais ainda da produção, a proporção entre *visus* nas tomadas internas (antes
hegemônicas) e externas (mais fílmicas), equiparou-se:
assim se aproxima de uma linguagem mais lenta e envolvente, continuísta e espetacular que começa a ganhar públicos. A escolha fisionômica é ainda fundamental, porém
sempre mais conectada e vivificada nos espaços externos
de ação. O *visus* enigmático de Bryan Cranston (*Breaking
Bad*), e a terra árida de Albuquerque (*Novo México*) são a
exemplificação máxima e perfeita desse sucesso.

Assim, a linguagem do rosto que se fixa, congela, emu-
dece até desaparecer como momento de perfeição extrema
vira um código do passado. Quando o *rosto-tv* se objetiva, torna-se objeto entre objetos; um feitiço visual a ser
rodeado por micro-objetos em segundo plano. No panorama da velha geração, os atores das novelas ficam enrije-
cidos por excesso de mímica, tipologias, etiqueta. Os rostos
mais importantes das personagens-chave parecem imobi-
lizados numa fixidez alucinada do estupor. Apesar disso
e contra as possibilidades do meio eletrônico, assistimos
a uma justaposição de máscaras cuja expressão é gélida e
educadamente idêntica em qualquer circunstância.

Nesse passado, a *matrix* foi Joan Collins, sempre perfeitamente idêntica a si mesma, como uma verdadeira máscara
áurea. Submetido a continuados tratamentos "arqueológi-
cos" de escavação e restauração, o *visus* dela é também uma
máscara enrijecida pelo excesso, que comunica estupefação
ao espectador, com sua inexpressível inalterabilidade; graças
a esse *estupor de eternidade*, ela se religa aos simbolismos
das máscaras arcaicas e vivifica seu falar, permanecendo
muda, sua expressividade imóvel. A carne gasta, a caveira
emergente e vitoriosa ao longo dos anos, a pele esticada por

uma cirurgia plástica que a faz coincidir cada vez mais com os ossos: tudo se transforma e parece mimetizar-se com as caveiras-máscaras dos antepassados. A única diferença é que as pedras preciosas – que conferiam, e ainda conferem, uma aura sagrada – em vez de serem inseridas em órbitas já vazias, podem continuar penduradas em cartilagens vazias. No entanto, essa função fantasmagórica e mimética – que capturava a imortalidade há dois decênios e era vencedora planetária e transcultural – agora vira uma museificação da genealogia do *rosto-visus*. Um pseudoevolucionismo lamarquiano. Em virtude do excesso do primeiro plano, o *visus* parece imobilizado, "mascarado" e dilatado no *mediascape*; por conseguinte, a paisagem-vídeo torna-se aquele mapa ideal e perfeito que procura coincidir com seu objeto – precisamente a terra –, apresentando dessa forma a enormidade do símbolo e, ao mesmo tempo, seu esvaziamento incessante. E, graças a toda essa monotonia da imagem visual, a percepção recebe aquela sensação de vertigem e de hipnose da qual se deriva a dificuldade em separar-se por parte do espectador.

Um terceiro *visus* interessante para ser colocado ao lado dos dois primeiros é o desenvolvido pela *performer* francesa Orlan. Ela participa, desde o início, do grupo Fluxus, com Nam June Paik, artista sul-coreano itinerante e animador de tecnoconexões videoglobais. Com uma série de obras chamada auto-hibridações pré-colombianas (*Pre-Columbian Self-Hybridisations*, 1998), Orlan oferece outra abordagem para o tema máscara-*visus*: por meio do *morphing*, ela hibridiza sua fisionomia com rostos de mulheres incas do passado. A técnica do *morphing* permite cruzar os pixels entre os traços do seu rosto e do rosto da inca. Segundo a tradição pré-hispânica, nas mulheres aristocráticas, a estrutura craniana era mudada por meio de técnicas estéticas bem comprovadas: colocavam-se ripas estreitas de madeira e cordas com nós sobre a cabeça da criança. Os nós eram gradualmente apertados, até (*de*) *formar* o crânio de acordo com as características desejadas. E o resultado foi a beleza inca. Assim, tais crânios deformados, quando se tornavam adultos, expressavam a inquietude da beleza.

A hibridação do seu rosto com o das mulheres incas, produz o resultado artístico de uma fisionomia múltipla que atravessa diferentes culturas e identidades.

No final dos anos de 1980, Orlan internou-se no Japão para cirurgias estéticas e, ao mesmo tempo, se fez filmar enquanto um vídeo transmitia ao vivo, em diferentes museus e galerias de todo o mundo, a sua performance estética. Ela tecia comentários sobre as mudanças, feitas pelos cirurgiões, de seus traços faciais ou na pele dos seios. A artista explora a mutação visual e a reivindica como uma obra de arte viva, sobre o seu corpo, sem esconder o que muitas pessoas, especialmente modelos, praticam com "normalidade". As sequências finais do *visus* possível são diásporas do ego que disseminam um novo tipo de estética híbrida: estética em um duplo significado, referindo-se à arte e à beleza. As ordens tradicionais dualistas (natureza/cultura, público/privado, orgânicos/inorgânicos, cirurgia/performance, bisturi/ pincéis) são desafiadas na produção de composições faciais para corpos-em-mutação. Corpos *mutoides* para identidades *mutantes*.

O último irresistível *visus* tem os lineamentos digitais de Waldo. Um visus-digital que completa o *morphing* de Orlan. Um episódio antecipador de *Black Mirror* apresenta essa personagem, que com linguagem desbocada e transgressiva ataca os políticos com risadas anárquicas e ambíguas, sem controle. Deambula pelas ruas fazendo comícios, falando por meio da sua grande cabeça azul. Essa agressividade verbal incontida é interpretável como una antecipação de personagens políticas tipo Nigel Farage e, anda mais, Donald Trump, cuja ferocidade verbal construiu seu sucesso eleitoral contra os rivais. "Waldo" (1942) é também o título de um conto clássico da ficção científica escrito por Robert Heinlein e eu acho que a escolha desse nome em *Black Mirror* é mais que uma simples citação. Além das demais referencias possíveis, as que nos interessam aqui são aquelas das metamorfoses do *visus digital*, um azul elétrico, olhos cumplices, boca larga, sorridente e agressiva.

Se agora compararmos o *visus* de Greta Garbo com o de Joan Collins, de Orlan e Waldo, podemos perceber, ainda com maior evidência, a diferença entre os modelos. O *visus* de Garbo, produto dos primeiros planos cinematográficos mudos e mais tarde sonoros, é divino porque está em sintonia direta com o sistema das máscaras sagradas, que seu código linguístico e ético reaviva numa profundidade perturbadora e utópica. Por isso, a chegada inelutável do tempo, com sua tendencial decomposição da carne, impõe como tabu a representação pública de seu *visus* divino. Este, para poder continuar exercendo sua função de fotograma áureo e eterno, reproduzível ao infinito, aquele que Balàzs denomina beleza de oposição, deve subtrair-se à fluidez temporal e tornar-se eternamente síncrona. Quanto mais intacta e sagrada permanece a estranheza inalcançável de seu *visus* divino, tanto mais invisível deverá ser o seu rosto mundano, corrompido pelo tempo que viola o seu ser numinoso. O fotograma áureo do *visus* divino não poderia ser reduzido em cara humana. Greta Garbo incorpora a alegoria de Benjamin, que é radicada ali onde o efêmero e o eterno se encontram.

Joan Collins é, pelo contrário, o produto perfeito dos primeiros planos do vídeo: eternos e imóveis. Hoje, a cirurgia visual permite restabelecer os códigos estéticos e, portanto, éticos, desafia o tempo, anula a decomposição no espetro morto-vivo do *videograma*. Seu *visus* fica inalterado, imóvel, enrijecido como um ídolo "primitivo". Paradoxalmente, permanecendo idêntica a si mesma no tempo como *visus* e como rosto, Joan Collins não é imortal nem divina, a sua estética parece indestrutível e irremovível como um saco plástico à beira do rio. Em vez da antecipação de uma utopia onde também a beleza é disponível para todos, seu *visus* distribui a falsa oportunidade paritária para todos; na realidade, a "beleza" dela é beleza de governo, verdadeira primeira-dama da comunicação visual dominante e reprodutível.

Sua videomáscara não anuncia nada, porque não esconde segredos, nem o inútil mistério de sua data de nascimento; é uma máscara plastificada, esvaziada de interioridade, como um animal empalhado. Ao laicizar completamente a beleza de Joan Collins, temos o triunfo da cultura do vencedor, de toda governabilidade "pérfida" ou da "perfídia" de qualquer governo. O rosto dela me lembra a frase alucinada pronunciada por Norman Bates (Antony Perkins) a Marion Crane (Vivian Leigh) em *Psicose*: "Mas ela [a mãe] é inócua… é inócua como aquele pássaro empalhado". Analogamente, a máscara de Joan Collins é um rosto empalhado.

Enfim, o *visus* estético e estetizado de Orlan compõe uma máscara-de-pixel que pratica a multiplicidade estupefata do *eu* e da identidade na ambígua direção da beleza *pós*-humana. A arte experimenta o corpo do artista como material orgânico para a realização de uma obra vivente inorgânica. Enquanto o de Waldo é um *visus* todo inserido na fisionomia digital.

VISUS			
GRETA GARBO	JOAN COLLINS	ORLAN	WALDO
cine-máscara	vídeo-máscara	pixel-máscara	digital-máscara
divina	laica	feminista	fake
eterna	indestrutível	multíplice	ubíqua
estranha-irrealizável	estupefata-alheia	vulgar-amigável	normal-imóvel
misteriosa-invisível	pública-visível	polivisual	política
utópica	cotidiana	pós-humana	baixo corporal
beleza opositiva	beleza governativa	transbeleza	sem beleza

Em suma, a máscara oferece um filtro pelo qual se pode ler a intriga de continuidade e de variação subjacente à montagem de *cabeças cortadas*. Elas são como aquela imagem barroca que representa simultaneamente o sol que se levanta e se põe, para lembrar a efemeridade da vida. Sua presença "fixa" e estupefata sugere o grande tema do *trânsito*: com a máscara é possível transitar do conhecido ao desconhecido, do eu ao outro, do cotidiano ao paranormal, do móvel ao imóvel, do falado ao silencioso. Essa ambiguidade da máscara, que Lévi-Strauss chamou, como já mencionamos, "dom ditirâmbico da síntese", por colocar-se entre o sagrado das catedrais e o profano do carnaval, altera a condição dos humanos. A máscara como molde, como caveira, como *visus*, diviniza e, ao mesmo tempo, animaliza a pessoa; em sua busca fisionômica, a máscara realiza aquele salto triplo que Nietzsche já havia identificado como essencial para romper as cadeias que separam as ordens divina, animal e humana. E a máscara enquanto *dividuum*, os *eus* múltiplos e conetivos, adiciona o inorgânico e, às vezes, o vegetal.

Esse é o trânsito favorecido pela máscara "divídua" (que "codivide", compartilha), e alguma coisa análoga se repete ou sobrevive em cada *visus*. A caveira é a "coisa" que permite a ruptura do limite: é o território a ser conhecido infinitamente, para poder fixar a extrema variabilidade por trás daquilo que parece sempre igual. As cabeças cortadas fílmicas, e depois as televisivas e artísticas, e enfim o *selfie*, são uma patologia fisionômica que se torna norma, código transcultural, traduzível além das fronteiras: e novamente, e sempre mais, molde de cadáver, crânio descarnado, panorama ceroplástico, em que a aurora se une ao pôr do sol. O animismo vivificava as máscaras, a comunicação visual fixa o *visus enigmático*.

Voz em Off

Eliminar os comentários externos no cinema antropológico de tipo documentário foi e ainda é a marca de um paradigma visual progressivo. A voz em *off* é um indicador abalizado que exerce a função de filtro interpretativo, que constrói e direciona unilateralmente modelos expressivos e interpretativos. Por isso, o comentário externo foi selecionado em virtude de sua capacidade implícita de manipular as tramas de significados copresentes na comunicação visual. Focalizando a voz em *off* das demais linguagens presentes, esclarece-se a história percorrida pela antropologia visual e se imaginam outras possíveis escolhas. Finalmente, mesmo considerando a igual dignidade de cada linguagem, essa seleção procura tornar explícito o projeto de emancipar a linguagem visual da dependência em relação a um comentário externo abalizado e falsamente objetivo. O clássico documentário antropológico e o modelo tradicional da publicidade de TV são resultado de muitas linguagens parciais escolhidas pelo idealizador e aceitas pelo produtor, que interpretam a receptividade dos públicos; por isso, o emissor seleciona alguns códigos dentre outros, enquanto o destinatário tem de traduzir o produto final com uma sensibilidade que varia com base naquelas características próprias de cada segmento de usuário, que possui ou não os alfabetos visuais.

A seguir, estão listadas outras linguagens com as suas relativas autonomias, que participam do jogo publicitário, de acordo com o emissor. Elas são utilizadas e recebidas de acordo com uma tradução que seleciona o destinatário, por meio da multiplicidade de sinais presentes e do papel ativo da localização específica, em tensão com os processos de mundialização (por exemplo: escalas de valores, sistemas perceptivos, códigos utilizados): *montagem* (externa e interna); *sonora* (música tema, ruído, *jingle*); *verbal* (voz em *off*, voz no campo visual); *corporal* (gestos, expressões, fisionomias, *visus*); *cromática* (cores escolhidas ou inventadas); *design* (animado pelo computador, que excita a atenção do espectador; *visual* (enquadramentos, montagem, *location*, planos-sequências).

A expansão da publicidade visual pode ser lida com base em uma interpretação minuciosa sobre as identidades que essas diferentes linguagens produzem; aqui será selecionada somente a voz em *off*, por ser o indicador mais representativo de algumas tendências e que permite, além do mais, a utilização comparada com o documentário antropológico.

Existe uma modernidade – fragmentária e plural – perceptível no comercial. A publicidade veio renovando-se constantemente para conquistar os sentidos do espectador, jogando no plano do simbólico e apostando na habilidade de saber traduzi-lo para um nível de conteúdo perceptivo: enfim, sobre as gramáticas visuais escolhidas como os veículos otimizados para os vários produtos.

Em relação à montagem, para dar outro exemplo, em trinta anos, passou-se, de poucos cortes que serviam para interligar verdadeiras histórias breves, de até dois minutos (em geral relacionadas a uma celebridade que faz propaganda de um determinado produto), ao ritmo atual, cada vez mais vertiginoso, das quinze/vinte sequências (podendo até alcançar 33, para um comercial de trinta segundos). A capacidade receptiva do espectador se modifica, se plasma facilmente, seguindo as novas sintaxes visuais e se habitua a um tipo de linguagem minimalista: pequenas variações significativas adquirem novas estruturas narrativas, mesmo numa total ausência de palavras. É bem provável que, como no caso da camponesa siberiana do capítulo anterior, um espectador normal da publicidade dos anos de 1950 entenderia muito pouco das mensagens atuais.

A seguir, queremos apresentar dois modelos de comercial que possuem justamente a voz em *off* como indicador de seleção, definição e comparação interna. As tipologias que se pode identificar são numerosas; aqui, foram escolhidas as mais extremas: a primeira se constitui de uma presença forte do comentário externo, a segunda, de sua total (ou quase) ausência.

a. O excesso. A dona de casa, a mulher do lar, foi selecionada como o sujeito social no qual se investiram cotas maiores de vozes "externas". Apesar de o modelo ideal da mulher-dona-de-casa ter mudado muito em termos de conteúdo, mesmo para as grandes agências, seu papel permaneceu subalterno na comunicação visual. Dessarte, mesmo na imagem televisiva, não é mais a costumeira "mãe de família", modesta no vestir-se, o corpo em fase de declínio, de expressões conciliatórias e pronta a maravilhar-se: agora ela é jovem, elegante, magra, atraente, inserida numa família nuclear muito bem definida no sentido sociológico. Pois bem, esse tipo de mulher, embora visivelmente transfigurado e inserido na atualidade, continua a receber uma pressão rigidamente codificada, caracterizada por uma forte agressividade autoritária: um dilúvio de ordens imperiosas e *off* – sempre proferidas por vozes masculinas… – cai sobre a mais fraca das figuras domésticas, ordenando, mais que aconselhando, a derrota da "sujeira" (pratos e dentes, pias e roupas etc.). Nunca se sabe a quem possa pertencer essa voz externa de tom bíblico, mas é certo que todos estão convencidos – sociedade de produção e de promoção, donas de casa, crianças – de que o supereu "estrondoso" é associado ao lar por ouvidos atentos: uma vez mais, a personalidade autoritária de tipo visual impõe-se sobre sujeitos fracos[34]. A voz em *off* deve estar presente do início ao fim do comercial, inclusive por um motivo seletivo de ordem sociológico-gramatical: esse alvo é identificado, de fato, como praticamente analfabeto no tocante à linguagem visual pura (a que muitas vezes coincide com a alfabetização escrita) e, portanto, capaz de decodificar somente as mensagens nas quais a visão do produto une-se estreitamente à comunicação oral que fala de suas supostas qualidades.

---

34 Outro sujeito fraco submerso por uma voz em *off* de tom elevado (e que alcançou um nível de alerta) enquanto a câmera enquadra as crianças. Convido os leitores a fazer essa experiência: gravar, durante uma hora seguida, publicidade para crianças ou adolescentes, esparsa, em geral, no horário da tarde. O resultado é um superpoder comunicativo dos adultos demasiado violento e autoritário apenas na linguagem verbal (sem nenhuma violência social), à qual se associa um sistema icônico que evoca um tipo de realidade virtual que suga a criança-espectadora para dentro do *frame* onde ocorre o jogo.

Dessa forma, elabora-se uma duplicação de códigos de maior eficácia para esse alvo (visual + oral), que pode também ser triplicado, acrescentando, no final, a escrita do produto com um comentário sonoro fixo (*jingle*).

b. A ausência. É possível identificar alguns segmentos sociais, em geral aqueles altamente aculturados na linguagem visual – isto é, as camadas sociais médio-altas, jovens, transculturais, ou sujeitos genericamente sensíveis à tecnologia – que conseguem receber e decodificar facilmente essa modalidade. Nesse caso, a voz em *off* está completamente ausente ou, quando muito, aparece de modo tímido no instante final, para acompanhar vocalmente a escrita com o nome da marca, duplicando de forma mais discreta a mensagem. A ausência desse indicador de autoridade significa que se trata de um alvo selecionado, que decodifica aquela cultura visual, e que exibe uma multiplicidade crescente de sinais a cada unidade de imagem e uma velocidade de sequência cada vez menor. Esse modelo visivelmente "puro" é constituído, por sua vez, de pelo menos três tipos secundários:

O primeiro é tecnológico: quanto mais avançado o produto, tanto mais ele fala por si, de acordo com a "lei" da ideologia interna ou ventríloqua. As palavras não são necessárias, porque as imagens "falam por si mesmas", como se costuma dizer. O código de alto conteúdo tecnológico é mais autogratificante para quem o decodifica, sendo assim eleito na modernidade dissolvente porque percebe, quase com prazer, que foi autosselecionado como possível cliente.

O segundo é juvenil transcultural: os mesmos códigos visuais e musicais são aliados, representando moças e rapazes de jeans e camiseta, dançando ou correndo. A Coca-Cola é exemplo máximo do que estamos expondo: ela é uma marca multinacional que pode dar-se ao luxo de fazer um único comercial rigorosamente transnacional, tendo apenas o cuidado de traduzir na língua nativa as palavras da música que acompanham a imagem. Num desses comerciais, percebe-se logo uma seleção geopolítica de tipo sincrético: em sequência, aparecem casais jovens que cozinham, dançam, beijam-se, comem salsichas alemãs, baguetes francesas, espaguetes italianos: contanto que tudo termine na apoteose final da Coca-Cola. Qualquer fala é supérflua e resultaria contraproducente. Os jovens compreendem logo que é deles que estão falando.

O terceiro define a sedução: aqui é a imagem da mulher que entra em cena com prepotência, embora esteja se afirmando cada vez mais um componente masculino não só de suporte. Ora é o corpo, ora o rosto, os olhos como sujeito da tomada: a cultura do narcisismo encontra-se plenamente nessa categoria, sua por eleição e afinidade. Cada parte da mulher, por menor que seja, é filmada em primeiríssimo plano, transformando o corpo no mais panorâmico dos ambientes ecológicos a ser olhado e para olhar-se. Podemos tomar como exemplo um produto como a *lingerie*, num comercial filmado num antigo-ultramoderno branco e preto, no qual uma mulher "maravilhosa" acorda numa cama cheia de rendas, vestindo, sobre o corpo nu, sua roupa íntima; desce, correndo, as amplas escadarias da mansão, até abrir uma janela e olhar para fora: do jardim da mansão espera-se que alguém apareça e que não deixará de vir, comentamos nós, tendo em vista a riqueza do produto.

Em suma, a voz em *off* discrimina as camadas sociais que têm como modelo comunicativo dominante a tecnologia *versus* a domesticidade, a juventude *versus* a infância, o emergente *versus* a maturidade, o corpo *versus* a sujeira. A cultura visual da "imagem" parece unificar aqueles tipos mais facilmente "imbuídos" de formas narcisistas que vivem nas mercadorias pós-industriais, enquanto a cultura visual "falada" é mais adequada para quem vive nas formas higiênicas (para usar um conceito adorniano) de uma sociedade ainda industrial ou paraindustrial, como as crianças.

Precisamos dizer, finalmente, que essas tipologias certamente não são irreversíveis; a publicidade moderna (um pouco como Proteu) muda continuamente de forma e não precisa ser fiel a código nenhum, pelo contrário, está incessantemente em busca de todo cruzamento possível. Os excessos e as ausências de voz em *off* constroem tipologias que polarizam os extremos de forma tendencial, entre os quais os vários códigos podem "brincar" para reinventar sua capacidade de penetração em diferentes estratos de espectadores visuais, ou no interior do próprio espectador individual. Com efeito, este (como já mencionado no primeiro capítulo) é atravessado, ao mesmo tempo, por uma infinidade de mensagens que desmembram e recompõem as muitas partes sociais, culturais e pulsionais coladas num "eu" único. Essas tempestades se desencadeiam dentro de um sujeito que vive cisões polimorfas no duplo vínculo da comunicação visual (eu-motorista, eu-sujo, eu-faminto, eu-sedento ou guloso etc.) e, portanto, com um exagero de camadas de *ego* superpostas na mesma personalidade conectada aos infinitos canais comunicacionais externos à sua epiderme, mas interiores à sua mente ecologicamente expandida.

Poderia parecer blasfemo, mas os documentários antropológicos desenvolveram o mesmo problema. Em alguns dos melhores documentários na história da antropologia visual (por exemplo, *Trance and Dance in Bali* [Transe e Dança em Bali], de Bateson/Mead, ou *Les Maîtres fous* [Os Mestres Loucos], de Jean Rouch) a voz em *off* assumiu o papel central e contínuo de explicar os rituais para um público imaginado como ignorante. É claro que informações sobre uma cultura remota ou desconhecida precisam de explicações. Mas a tendência atual, muito mais avançada, consegue resolver esse problema dando voz diretamente aos sujeitos que vivem aquele ritual. Destarte, a função pedagógica ou autoritária da "cabeça invisível", que fala objetivamente sobre cada pessoa ou ritual, é eliminada: isso implica uma revolução epistemológica pela qual o "outro" (nativo, primitivo, selvagem) não é mais um panorama silencioso definido por um poder interpretativo externo (ou seja, "branco"), mas afirma ter a capacidade de explicar ao público invisível o sentido da própria cultura. O documentário de Divino Tserewahu, indígena xavante, *A Terra É Nossa* (2002), representa magistralmente a ação do exército brasileiro à aldeia macuxi na Raposa Serra do Sol, dando voz aos protagonistas dessa luta – homens e mulheres – que exprimem a raiva da invasão militar em suas casas e, ao mesmo tempo, Tserewahu se posiciona à frente da câmera e comunica o sentimento de estranhamento ao ver uma violência que nunca seria possível na sua aldeia de Sangradouro. Tal alteração do paradigma visual acompanha a democratização da antropologia visual. Bateson, Mead, Rouch são filhos da própria época, sem dúvida, mas Divino representa o presente-futuro visual.

5. O SINCRETISMO MÍTICO DE PASOLINI

Os antropólogos tornam-se
poetas; os poetas, antropólogos. Mas há
uma certa ligação necessária entre as duas
atividades? Creio que sim. Pelo menos, há um
modo de ver para ambos.

DELL HYMES[1]

Para um autor como Pier Paolo Pasolini, o mito constitui um dos centros de reflexão que sua sensibilidade poética pode representar como reinvenção, e não como reprodução. Na verdade, toda a obra poético-fílmica de Pasolini pode ser analisada como giratória, dentro e fora dos grandes mitos que, desde o passado, "respiram sobre nós", para dizê-lo com as palavras de Nietzsche: desde os primeiros filmes de tipo "realista" à trilogia da vida, desde o *Evangelho Segundo São*

---

1 Anthropology and Poetry, *Dialectical Anthropology*, v. 11, n.2-4, p. 407-410.

Mateus até *Salò*, adaptação de um livro do marquês de Sade. Agora, gostaríamos de elaborar uma abordagem composicional para *Medeia* e *Édipo Rei*, que serão descritos e interpretadas como um *texto visual*; logo, após a análise comparada dos valores e sinais emergentes, será definido um retrato semiótico que busca atravessar e definir suas obras como um sistema coerente de símbolos e, ao mesmo tempo, sua personalidade, que, de poética, "converte-se" em científica e vice-versa. Nessa conclusão, será aplicado ao próprio Pasolini

aquele enfoque linguístico do "discurso indireto livre", que é a metamorfose fílmica da "linguagem da poesia" literária. Ou seja, "trata-se simplesmente da imersão do autor na alma da sua personagem e, portanto, da adoção, por parte do autor, não apenas da psicologia de sua personagem, mas também de sua língua"[2].

A interpretação semiótica torna-se, pois, mister e decisiva para compreendermos as obras de Pasolini, como ele mesmo afirmou em sua atividade de ensaísta: "Há um mundo todo, no homem, que se expressa prevalentemente por meio de imagens significantes (queremos inventar, por analogia, o termo *em-signos*): *trata-se do mundo da memória e dos sonhos*."[3] Esse mundo dos *em-signos* é o terreno aberto do qual saem os mitos, *seus* mitos de Édipo e de Medeia: assim, toma corpo aquela "mimese visual", segundo sua própria clara expressão. Enfim, seguindo parcialmente Geertz: "O objetivo de uma abordagem semiótica é o de auxiliar-nos a alcançar o acesso ao mundo conceitual no qual vivem nossos sujeitos, de modo a podermos *dialogar* com eles, no sentido amplo do termo."[4] Procurar-se-á, agora, dialogar exatamente com duas obras de Pasolini – além

2 P.P. Pasolini, *Empirismo eretico*, p. 180.
3 Ibidem, p. 172.
4 C. Geertz, *The Interpretation of Cultures*, p. 64.

de dialogarmos com o próprio Pasolini –, a fim de fazer emergir sua possível interpretação na e com a especificidade duma descrição etnográfica densa.

MEDEIA

O Mito

Embora esse mito seja bem conhecido, queremos recordá-lo brevemente: Jasão, para resgatar seu reino usurpado, precisa recuperar o velocino de ouro e, com essa finalidade, organiza uma expedição marítima, com os chamados "argonautas". Graças à intervenção de Medeia, Jasão e seus argonautas são bem-sucedidos no empreendimento. O filme tem início com uma grande sequência híbrida ambientada na Cólquida (atual República da Georgia), numa cidade real antiquíssima, escavada na rocha e modelada, por milênios, pela água, pelo vento e pela ação do homem, cenário incrível – realista e ao mesmo tempo fantástico – para recriar como testemunhas as camadas mais arcaicas do mito que sobreviveram. Nesse contexto, Pasolini escolhe um rito, ou melhor, uma série de ritos interligados num *continuum* unitário, sem diálogo, e com um comentário musical, muitas vezes descontextualizado – e justamente por isso, muito mais eficaz do que outras tantas tentativas de recriar músicas arcaicas –, que se utiliza da colaboração de Elsa Morante. Nesse reino bárbaro, a telecâmera "focaliza" uma espécie de cruz curta, em forma de "pê" grego com ângulo muito aberto, de clara função ritualista e sede habitual do velocino de ouro. Um jovem sorridente e elegante como um deus é conduzido em meio ao povo que o aplaude, para ser amarrado nessa cruz-altar. Seu corpo está pintado, enquanto o rosto sorri como se estivesse sob os efeitos de uma droga. Aproxima-se um sacerdote que, antes, o estrangula e, depois, o mutila em pedacinhos, que serão deglutidos de duas formas diferentes: alguns pedaços serão devorados pelos fiéis, como numa refeição totêmica; outros, sepultados nos campos. O mesmo ocorre com o sangue: em parte ingerido e em parte vertido sobre as colheitas. Por fim, com uma acentuação do frenesi tanto dos participantes do ritual como também da câmera – que se movimenta "em subjetiva" –, dá-se início a uma espécie de festa; a propósito, a Grande Festa. Os súditos começam cuspindo sobre os reis; o próprio herdeiro do trono é apanhado à força e fustigado, enquanto Medeia é colocada, por sua vez, no lugar do sacrifício. Difunde-se uma música frenética e aparecem máscaras. Baila-se para evocar outros mundos, outras espécies animais e divinas. Dão risadas: a inversão dos papéis, a aquisição de uma identidade diferente, o movimento frenético do corpo produzem uma hilaridade baixo corporal e se orienta para a orgia derradeira que, no entanto, está ausente no filme. No tratamento anterior dado à cenografia, Pasolini afirma que no "caos originário, que antecede a criação, acenar-se-á uma orgia – uma dança na qual aos vivos misturam-se em promiscuidade os mortos – os mortos são homens mascarados"[5]. Finalmente, num belíssimo quadro final, que parece evocar um ícone bizantino, a família real por completo retoma a aparatosa plenitude do poder.

A literatura antropológica utilizada por Pasolini, para essa sequência híbrida, evidencia abertamente o *Ramo de Ouro*, de James George Frazer, muitos anos antes de inspirar também Francis Ford Coppola e seu *Apocalypse Now*. Todavia, Pasolini não está tão interessado na sucessão ao poder quanto na descrição fenomenológica de como devia parecer, para ele, um estado bárbaro de "natureza", onde estaria ainda presente o grande mito da morte e da ressurreição em sua nova versão asiática. Mitos selvagens e cruéis que,

5 *Medea, un film di Pier Paolo Pasolini*, p. 34.

no entanto, fundamentavam uma comunidade vital e apaixonada, sem ter ainda a supremacia da racionalidade calculadora e utilitária. Essa grande sequência sem diálogo (num certo sentido, sem voz em *off*) é uma forma apaixonada de revitalizar os mitos de Dioniso-Baco "que enlouquece os homens". Com efeito, a vítima do sacrifício é o próprio deus, Dioniso. Por isso, ele é tão belo e reverenciado por todos; sua morte ritual, com a vítima consenciente, graças ao uso de drogas que provocam seu êxtase, a saída-de-si, é a reprodução da paixão do deus numa comunhão mística e simbólica. Por isso, ocorrem o sepultamento dos pedaços de seu corpo e a aspersão do trigo nascente: porque, na primavera, Dioniso morto voltará a viver como carne divina. O trigo pode ressurgir e a humanidade reviver graças ao sacrifício que impõe uma morte, um homicídio que é também um deicídio. Esse poderoso mito primordial junta-se, para Pasolini, à Grande Festa, que se caracteriza por três elementos: a inversão dos papéis, a mudança de identidade, a mimese dançante. O rei, para dar legitimidade e continuidade a seu poder, precisa correr o risco de negar-se enquanto autoridade e tornar-se objeto de deboche: como afirma Bakhtin, em *A Cultura Popular na Idade Média e no Renascimento: O Contexto de François Rabelais*, o alto torna-se baixo, e o baixo torna-se alto. Assim, os súditos, uma vez por ano, precisam experimentar a embriaguez do poder ultrajado, para poder submeter-se a ele durante o tempo restante. É justamente essa confusão do alto e do baixo que produz o riso, essa atividade especificamente humana que tanto pode ser cruel como também adquirir forma divina, o riso dionisíaco gerador de instâncias vitalizantes. E é aqui que Pasolini transporta a visão de uma famosa pintura pré-histórica, na qual um xamã assume as feições de um animal totêmico. A mensagem é clara: com a Grande Festa, nasce o teatro e, talvez, também, em certo sentido, o cinema[6]; graças à possibilidade oferecida pela

6 Cf. O. Eberle, *Cenalora*.

máscara, de assumir outra identidade, de abandonar seu eu cotidiano e assumir outro eu, compulsoriamente próximo do mundo da natureza da qual a humanidade está dolorosamente se desvinculando. Máscaras de animais, portanto, mas que, em seu ambíguo desejo de retorno à natureza, expressam também a instância da captação do divino. A festa, como o teatro, como o cinema, parece dizer Pasolini, restabelece aquela triplicação dos mundos que é a fonte secreta de seu fascínio: a relação deus-homem-animal. Por essa razão, a música obsessiva, estridente e repetitiva que evoca e invoca a dança, uma sequência de movimentos corporais extracotidianos que, por meio da mimese dos animais, age sobre os homens, transformando-os em deuses[7].

A morfologia geral do filme *Medeia* é elaborada pelo autor, também por influência de um segundo antropólogo, Claude Lévi-Strauss, embora reinterpretado de acordo com sua sensibilidade[8]. O conflito entre natureza e cultura torna-se o encontro-desencontro entre Jasão e Medeia, entre o mundo grego e o bárbaro, entre racionalidade e mito. Pasolini parece ter sido influenciado também pela *Dialética do Esclarecimento*, de Adorno e Horkheimer, que analisa de forma ainda não superada a reversão da racionalidade em seu oposto, para cair nas forças obscuras do mito.

Por isso, a magia apaixonada de Medeia, sua força de "natureza" fundamentada num amor absoluto, destrói a lógica cínica e eficiente de Jasão, campeão do reino da cultura e da utilidade pessoal. "Eis que tudo está pronto para o destino iluminista, leigo e mundano de Jasão."[9] É preciso também acrescentar, todavia, que esse representante do *logos* destrói qualquer resistência de Medeia e, portanto, do mito, pelo fato de aparecer como a imagem de Eros: à vista

7 Cf. E. Rhode, *Psiche*.
8 Cf. C. Lévi-Strauss, *Antropologia strutturale*.
9 P.P. Pasolini, *Medea, un film di Pier Paolo Pasolini*.

do herói – que acumula as duas forças, de Eros e do *logos* – a maga desfalece de amor e, com o retorno à consciência, filmado pelo abrir dos olhos, tudo já está decidido e entendido. Pouco depois, há uma cena paradigmática na qual Medeia sorri de um modo quase desencantado, olhando o velocino de ouro, quando o "vê" pela primeira vez como instrumental, uma pobre pele de carneiro, com a qual pode "comprar" o amor de Eros.

A relação entre antropologia e mito, mediada pelo cinema, torna-se, em Pasolini, um ensaio que ilustra uma teoria geral sobre a religião, o poder, a festa, com um corte único que raramente se viu antes. A forma desse ensaio é do tipo fantástico e sincrético; no entanto, possui a força, pode-se dizer, realista, de colher uma sequência diversificada de mitos e representá-los consecutivamente de forma sincrônica, apaixonada e *híbrida*. Acredito mesmo que tenha razão Dell Hymes, quando, ao comentar o livro de poesias *Totems*, do colega antropólogo Stanley Diamond, escreve que "existem diversos aspectos nos quais a poesia é a continuidade da antropologia por outros meios"[10].

A Morfologia

A análise morfológica do filme será agora subdividida em três partes: a primeira é articulada nas quatro fases "lógicas" que definem a escansão do filme (mito-rito-*ratio-hybris*); a segunda aborda os movimentos de cada signo na intersecção de duas oposições binárias (*pater versus spiritus* e *filius versus diabolus*); a terceira identifica, no *duplo*, o tema recorrente.

a. Mito. O filme inicia-se com o Centauro – representado em sua forma "híbrida", meio homem, meio animal –, que conta uma história ao jovem Jasão: "Tudo começou com a pele de um carneiro. Sim, era uma vez um carneiro que falava: era divino…" E o Centauro prossegue, explicando

---

10 Dell Hymes, op. cit.

que o velocino de ouro é um "sinal da imperecibilidade do poder e da ordem", que dá sorte aos reis (suas dinastias nunca findam) e termina lembrando a usurpação do tio Pélias que assassinou o pai de Jasão. Depois desse prólogo, feito de palavras, não obstante a história ser "feita de coisas e não de pensamentos", Pasolini – por meio do Centauro – apresenta sua visão antropológica da idade mítica: "Tudo é santificado, tudo é santificado, tudo é santificado. Não há nada de natural na natureza, meu filho, tem isso em mente. Quando a natureza te parecer natural, tudo estará acabado, e começará alguma outra coisa."

Delineia-se o sentido sagrado da natureza que a razão verá mais tarde como o verdadeiro antagonista a ser eliminado. "Olha lá, embaixo", prossegue o Centauro-Pasolini, "aquelas sombras de árvores, aqueles canaviais. Em cada ponto que teus olhos fitam, esconde-se um deus!" O mito é compenetração e transfiguração de qualquer fato natural num evento sagrado; e, nesse poder do mito, afirmam-se os ritos, fundamentados, portanto, em experiências concretas, experiências corporais e cotidianas. Para o homem antigo, "a realidade é uma unidade tão perfeita, que a emoção que ele experimenta, digamos, diante do silêncio de um céu estival, equivale completamente à experiência pessoal interior mais profunda de um homem moderno". Opondo-se a toda essa ordem cósmica, a civilização tem o poder de dissolver a relação mítica entre cereais, sementes e ressurreições. A conclusão será aquela tão cara a Nietzsche: "Com efeito, não há deus algum."

b. Rito. A segunda fase contém a longa sequência ritual já descrita de um ponto de vista estritamente antropológico. Diz o próprio Pasolini na cenografia: "O rito é executado objetivamente, como num documentário, em seus inexplicáveis detalhes."[11] Aqui, as únicas palavras proferidas são as de Medeia, que, enquanto espalha as cinzas da vítima sacrificada, diz: "Dá vida à semente e renasce com a semente."

11 *Medea, un film di Pier Paolo Pasolini*, p. 31.

c. Logos. Durante a viagem de volta, o navio atraca numa praia e, enquanto Jasão prepara as tendas para passar a noite, Medeia se perde e grita cheia de angústia: "Este lugar afundará porque não tem sustentação! Ah! Não rogueis ao deus, para que bendiga vossas tendas! Não repitais o primeiro ato do deus. Vós não buscais o centro, não assinalais o centro. Não! Buscai uma árvore, um pau, uma pedra!" É sabido, de fato que, em virtude de um ato de fundação-ritual, uma pedra particular torna-se símbolo do deus, de sua presença. Acompanhando os trabalhos de Ernesto de Martino, em *Sud e magia* e *Il mondo magico*, a modernidade subtrai o ponto de referência à pessoa "mítica", que vive no ciclo natural – o famoso campanário de *Sud e magia* (Sul e Magia, 1959) – em razão do qual tudo se precipita no caos, no indefinido. O elo – a *religião* – que une a terra, o sol e a grama, dissolve-se: cada elemento é somente ele próprio, como o indivíduo moderno. Concomitante à longa viagem à Cólquida, iniciou-se outra ao longo do esclarecimento da razão instrumental. E, justamente por isso, quando volta para o tio Pélias, Jasão lhe diz com desprezo e, ao mesmo tempo, cheio de racionalidade iluminada, atirando aos seus pés a carcaça do velocino de ouro: "E então, se queres que te diga o que é a verdade para mim, esta pele de carneiro, longe de seu país, não possui mais nenhum significado." O mito que santifica as coisas dissolveu-se: o que triunfa é o *logos.*

d. Hybris. Nesse ponto, reaparece o centauro, que já é uma pessoa "normal" (e, portanto, o grafamos em minúscula), não mais "híbrido", porque também ele foi desconsagrado em sintonia com a passagem de Jasão para a idade da razão. Também Medeia não é mais a mesma: à semelhança do velocino de ouro que, longe das terras do mito, não passa da pele de um carneiro, da mesma forma, aquela que foi maga é reduzida a "um vaso cheio de um saber que não me pertence". Mas, nesse momento, o deus Sol, pai de seu pai, a desperta, incitando-a a agir como antigamente, como ressurreição do poder da natureza contra a razão, contra o poder da cultura que a repudiou juntamente com seus filhos. Seguindo quase ao pé da letra alguns fragmentos famosos da *Dialética do Esclarecimento*, o novo centauro laico diz: "O que for sagrado conserva-se ao lado da nova forma desconsagrada." Nessa frase está contida aquela tese cosmológica e também antropológica da inversão da razão em seu oposto, território percorrido justamente pelos mitos agora desenfreados e incontroláveis, que acreditaram serem capazes de derrotar e que, pelo contrário, levaram ao abismo, à ruína individual e histórica, à suprema infração contra a natureza.

As Oposições

a. Pater versus Spiritus. O movimento morfológico do filme aparece ligado a sinais lógicos precisos, a verdadeiros pontos cardeais que orientam a estrutura (cf. esquema p. 195). A primeira oposição binária se apresenta entre o *logos* e o mito, entre o princípio cívico e viril cujo centro, ao mesmo tempo, se encontra em Corinto (Grécia) e Pisa (Itália). A herança grega atravessa diretamente os pontos altos da cultura ocidental, a Piazza dei Miracoli (praça dos Milagres): o mundo clássico, a Renascença toscana, a civilização contemporânea constituem outras tantas etapas de um mesmo processo histórico que transmite os problemas irresolvidos de uma civilização sempre à beira de reverter-se em seu oposto. O que movimenta esse ponto alto do *logos* é o poder, o cálculo, o útil e, para conseguir esses objetivos, ele está disposto a passar por cima de tudo: o velocino de ouro é apenas a exemplificação de uma racionalidade predatória em relação ao objetivo que reduz o sagrado a fato positivo. A essa perfeita e sedutora máquina de conquista, opõe-se o mito, a Cólquida bárbara e asiática que Pasolini colocou de propósito entre os cenários trogloditas da Capadócia, outra reafirmação de um território que foi conquistado, sim, mas não domado, que está presente, testemunho "oco" da impossibilidade de eliminar o racional, cujos destroços, como monumentos em processo de erosão, sobrevivem a um passado que volta a animar-se. Passagens subterrâneas, agulhas arquitetônicas, pináculos, minicânions. Ali, em cada carneiro, a continuidade se expressa pelos ritos dionisíacos, preserva-se a manifestação do deus, seu habitáculo e abrigo; cada mito, porém, sobrevive somente dentro de sua cultura, dentro de um conjunto de relações que o vivificam nas formas de pensar, sentir e agir: no processo de simbolização. O fetiche age somente sobre quem acredita nele: para todos os demais é objeto dessimbolizado de curiosidade, de coleção, de troca.

b. Filius versus Diabolus. A primeira oposição se cruza com outra oposição binária entre *filius* e *diabolus*. O primeiro polo representa o princípio de identificação que, enquanto herói, deve realizar uma série de ações exemplares – como num rito de iniciação – antes de tornar-se, por sua vez, *pater*. O Jasão, de Pasolini, porém, não precisa mais enfrentar o risco da aventura: tudo é como um jogo para o representante da cultura vencedora. Quando o tio recusa-se a ceder o reino usurpado, depois do retorno dos argonautas, "nosso" herói passa a desinteressar-se e revela cinicamente o caráter de fetiche – de fetiche inútil – da pele do carneiro. Sua beleza exótica e exibicionista supera logo as defesas de Medeia; em seu interesse pessoal, ele não hesita em casar-se com Glauce, com o objetivo de herdar seu reino. Contra esse poder, ergue-se um dos mais clássicos modelos de tragédia: Medeia, neta do Sol, maga poderosa, capaz de entrar nas secretas essências das coisas. A absoluta unilateralidade de sua paixão amorosa carece de pensamentos e arrependimentos; a mulher dos mistérios é logo seduzida e, em seguida, cúmplice: está secreta e radicalmente relacionada com o *spiritus* do mito, tanto quanto Jasão está com o *logos* do *pater*. É, obviamente, a personagem mais apaixonante do filme, aquela que por amor cego, absoluto, não hesita em matar o irmão, cujos membros ela espalha pelo chão, a fim de deter o pai e ferir a mãe. É aquela que acompanha no sono os filhos à morte "negra", para punir o outro genitor. Mãe e carrasco, juntos, no insuprimível desejo de eliminar qualquer descendência do infiel Jasão: é aquela que, novamente de posse de seus poderes mágicos, obriga a rival ao suicídio, ao qual se segue o do fraco pai. Ao redor de Jasão só restarão destroços e terra queimada: sem mais reino, nem descendência, nem esposas. Seu fim não é mencionado, mas é possível imaginar o que restará de sua vida, permanecendo imerso em fantasmas dos quais sua lógica viril havia debochado cinicamente. O olhar da Medeia-Maria Callas é algo raro de se ver no cinema. Em seus olhos de paixão, negros e obscuros, dilatados e transparentes, há o prazer de percorrer – por meio de um plano-sequência subjetivo – o corpo nu e adormecido de Jasão, o atleta olímpico Giuseppe Gentile, remetendo, talvez, àquele outro amor dela pelo corpo e pela alma do diretor que, este, porém, sempre lhe negou[12.]

Esses quatro sinais se movimentam em simetria perfeita: um influencia todos os outros e vice-versa. Os movimentos semióticos podem dar sentido formal àquele complexo molde de mutilações arcaicas que Pasolini quis imprimir, reelaborando uma tragédia bem conhecida. O protótipo do herói (*ego* = Jasão) e de sua antagonista (*alter* = Medeia) entra em dialética de modo cruzado com o princípio masculino (alto) e o feminino (baixo). O esquema da página 205 procura representar, com um único olhar sinóptico, todo esse enredo complexo entre civilidade e

12 É interessante lembrar que esse plano-sequência – censurado no momento "fatídico" do aparecimento da região genital, na qual permanece uma espécie de buraco preto como a testemunhar a idiotice de qualquer censura – será replicado após uma segunda relação sexual. Nessa ocasião, porém, Jasão está vestido, exemplo visível de um ato já apressado, sem qualquer paixão, e, obviamente, esse outro plano-sequência não será interrompido por um segundo corte da censura. O amor acabou tanto para a tragédia como para a censura.

barbárie, entre a perfeição arquitetônica do batistério de Pisa e a intriga cavernosa das grutas da Capadócia.

O Tema

Por fim, nessa terceira parte, foi identificado o tema recorrente, lembrando que, no filme, movimentam-se três duplos. Como sabemos, o duplo é um tema central da literatura antropológica, sobre o qual foi produzida uma infinidade de materiais mitológicos em quase todas as culturas.

a. O primeiro duplo é o do Centauro, representado como personagem mítica que vive sua "dupla" natureza, humana e animal, toda ela dentro da sacralização da natureza, quando ainda, atrás de cada árvore, escondia-se um deus; pelo contrário, o simples homem-centauro, desprovido da parte equina, produz – nesse diferenciar-se, nesse separar-se – o nascimento da própria razão, em função da qual o poder do mito dissolve-se em lenda, laiciza-se em "fábula".

b. O segundo está todo inserido na extraordinária sequência do rito: como já foi dito, o sacrifício do jovem que representa a divindade implica o desmembramento de seu corpo, sua sepultura para a futura ressurreição, sua deglutição, para absorver "eucaristicamente" as virtudes divinas. Graças aos poderes do mito e do rito, o desmembramento é a premissa de uma futura recomposição, sendo que a fratura busca uma nova e mais profunda unidade e remete-se a ela, como aquela que liga a fertilidade genital à agrária e, ambas, ao riso. Pouco tempo depois desse sacrifício ritual, Medeia, a sacerdotisa, celebra outro ato igual e oposto, uma espécie de duplicata sem mais nenhuma relação com o sagrado: o fratricídio como degolação profana, caracterizada por uma escaldante paixão amorosa e uma

funcionalidade em relação ao objetivo. O desmembramento do corpo do irmão não se destina à sepultura, à custódia da terra à espera do novo ciclo de fertilidade; o corpo é lançado sobre a terra, para ser visto, nu e despedaçado em todas as suas partes. Por isso, a piedosa recomposição do cadáver é vista como um horror supremo e quase inexplicável, como uma morte duplicada para cada seção do corpo. Não serão previstos retornos de ambos os filhos, do degolado e da degoladora. Por isso, na sequência final, eleva-se, estrídulo e apavorante o berro materno de dor, "eterno" pranto ritual de toda a bacia mediterrânica. Em suma, o fratricídio é uma réplica racional do primeiro sacrifício; já, porém, despido de qualquer investidura sagrada.

c. No terceiro e último duplo, Pasolini representa a *hybris*, a suprema infração das regras do comportamento adequado, por meio da duplicação da morte de Glauce e Creonte, uma imaginada e a outra vivida. Quando Medeia descobre sua natureza solar, seu poder de maga, tem a visão daquilo que, na filologia da tragédia, deverá acontecer com Glauce, a noiva prometida. Mas, aqui, o diretor desenvolve um segundo discurso semelhante ao já expresso por Jasão sobre o colapso dos símbolos: as roupas que os filhos de Medeia oferecem a Glauce não possuem nenhum valor mágico, como a pele de carneiro descontextualizada. É preciso "simpatizar" com a magia, para poder receber seus efeitos. Enquanto agora a ação se desenrola na terra do *logos*, aliás, com uma genial invenção poética, no território da *psyché* a noiva prometida não consegue suportar psicologicamente o fato de ter que causar uma dor tão grande a outra pessoa como Medeia que, além do mais, é tão doce a ponto de enviar-lhe seus filhos trajando uma rica indumentária, como presente de casamento. O novo poder da indumentária não reside mais nos artifícios da era mítica, mas nas dobras da civilidade do complexo de culpa. É para representar essa duplicidade de poderes em ação que Pasolini duplica a morte de Glauce e Creonte – uma infeliz; o outro, indeciso – cujo ato final transforma o escaldante homicídio no mais terrível e "moderno" suicídio voluntário. De fato, a imagem que Glauce não consegue suportar é justamente a dela, que o espelho – reprodutor primário de duplos – lhe remete no esplendor do novo vestido.

Por fim, nos três duplos representa-se a sucessão das fases do filme: o começo, com o duplo centauro que se transforma, de expoente híbrido do mito em representante da *ratio*; o momento central, que vai do caráter sagrado dionisíaco do rito ao fratricídio desconsagrado; o momento final, em que a magia arcaica cede lugar à nova *hybris* do complexo de culpa. No duplo, há o conteúdo e a forma da verdade para a dialética do processo de civilização, e a imagem final do espelho resume tudo isso como o verdadeiro sinal que reflete a passagem fatal para a modernidade. Por um lado, rito-mito-magia; do outro, *ratio-assassínio-psicologia*: nesse rigoroso movimento lógico, a poesia de Pasolini funde-se com a antropologia.

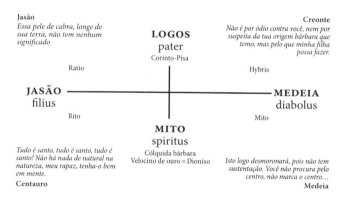

ÉDIPO REI

O Sincretismo Mítico

O que gostaríamos de enfatizar inicialmente, neste filme, é essa busca de um encontro, uma fusão entre o meio fílmico, o mais clássico dos mitos gregos (mas não só isso) e a biografia pessoal; tudo conduz à "preservação" de um tema que nos é muito caro e que, em geral, continua a ser descuidado: o *complexo de Laio*[13]. A abordagem antropológica dessa questão possui, para mim, o mesmo valor do rito arcaico descrito em *Medeia*: uma vez mais não é possível encerrar Pasolini na camisa de força da pura poesia e da intuição. Nele, é sempre fácil encontrar a linha de uma pesquisa complexa sobre temas de fundo da nossa cultura, embora sempre mediados por sua experiência biográfica. O tema de Édipo, com efeito, remete à questão do ovo e da galinha, transportada para pai e filho. Na gênese da dinâmica patológica intrafamiliar, é certamente prioritária a perseguição paterna em relação ao filho. A bibliografia etnoantropológica sobre o assunto já é abundante e difundida em nível comparado entre culturas muito diferentes entre si[14]. É possível reconsiderar o complexo edipiano como o reflexo do terror de Laio: e é exatamente o que faz Pasolini em seu filme, cruzando mito e biografia. O obscuro presságio de Laio concentra a ameaça inconfessada que todo pai sente por parte de todo filho. A crise fatal de Laio origina-se no perigo – ao mesmo tempo histórico e cíclico – que todas as gerações de pais percebem em relação a si mesmas, a partir da própria presença nua de um filho: a sucessão dos bens, do sexo, da vida. A insídia aparente por parte da geração dos filhos – de todo Édipo – e de sua relação ambivalente de amor-ódio, oculta uma realidade bem diversa, um terror angustiante, profundo, irracional, que a geração dos pais percebe de forma inconsciente em relação àquele que, chegando à vida, anuncia sua efemeridade e coloca em discussão os privilégios no âmbito do vivenciado. O complexo de Édipo é o produto do terror autoritário de Laio *negado, revertido e projetado*.

Como narra uma história zulu: "Contam que era uma vez um chefe, que gerou muitos filhos. Mas não gostava

13 Cf. M. Canevacci, *Dialética da Família*.
14 Por exemplo, V. Propp, *Édipo À Luz do Folclore*; C. Lévi-Strauss, *As Estruturas Elementares do Parentesco*; G. Devereux, *Essais d'etnopsychiatrie générale*; R. Fox, *Biosocial Anthropology*.

do nascimento dos filhos homens, porque, dizia ele, estes, quando adultos, lhe tirariam o poder."[15]

Cumpre-se então o infanticídio das formas mais diversas e cruéis: dos vários Édipos furam-se os pés, corta-se o ventre, corta-se a cabeça, atravessa-se o peito, castra-se – física ou psiquicamente – a genitália, e inclusive preparam-se as carnes para a mesa. O mito se desenrola numa perseguição universal contra o ser mais indefeso, por parte da família patriarcal e não patriarcal. E, no entanto, a conclusão é sempre a mesma: "Édipo, que matou o pai, é um facínora, embora involuntariamente. Enquanto o crime de Laio, que tentou matar o filho, nunca é visto como delito."[16]

A respeito desse juízo, a cultura dos pais unifica-se sem preconceitos raciais ou patrimoniais.

Tudo isso está exposto no filme em chave quase didática e, de todo modo, exemplar. A forma mesmo, dividida em três fases temporais, sendo a fase central a propriamente mítica, filmada no Marrocos atual, onde, assim como na Capadócia, o mito arcaico continua presente; um prólogo ambientado na Itália monárquico-fascista e um epílogo nos anos de 1960, os anos do chamado "milagre econômico".

Essa construção temporal e formal estabelece uma trama que relaciona a infância de cada um (e, em particular, a do diretor) com a mudança histórica e os relativos modelos de autoridade, e com aquela herança de memórias arcaicas que deriva da encruzilhada fatal (o trívio para Tebas?) entre instâncias bioinstintivas e socioculturais (hipoestrutura).

Para Pasolini não há dúvidas: ao sentido oceânico de satisfação e onipotência originária que a criança experimenta durante a amamentação materna, ela relaciona uma produção de sentido, a qual irá perdurar pela vida inteira. Dessarte, quisemos citar uma frase célebre de KarI Kraus – "a origem é a meta" – que parece resumir a tensão conciliatória de Pasolini. Com a *sedução do ciclo*, sustenta-se, num

15 V. Propp, op. cit.
16 Ibidem, p. 97.

paradoxo aparente, que aquilo que o homem deseja acima de tudo, a ponto de ser colocado até como a *finalidade* de todo o seu agir, outra coisa não é a não ser a própria *origem*, quando pôde "gozar" daquela sensação de bem-estar total que fazia coincidir seu *eu* com o mundo.

A tudo isso, a esse sinal materno, corresponde um sinal totalmente oposto de tipo paterno. Mais uma vez, a simples presença nua da criança atrai as atenções maternas, distrain-do-as das conjugais e desencadeando a competição do pai--marido. Com efeito, Laio, sob as vestes de um oficial do exército, diz: "Tu, que estás aqui para tomar o meu lugar no mundo, atirar-me no nada e roubar-me tudo o que tenho. A primeira coisa que me roubarás será ela, a mulher que amo. Aliás, já me roubas o amor dela."

A moderna Jocasta, a mulher-mãe, não goza mais das atenções sexuais do marido, mas é "tomada" pelo filho. É o terror de ser atirado no nada que obriga Laio a agarrar os pés de Édipo e apertá-los com força até fazê-los inchar. Édipo é, de fato, "aquele que tem os pés inchados" (*Oidìpous*), mas, afirma Kerényi, isso esconde uma origem diferente e mais arcaica: nos tempos antigos, os dáctilos – incontinentes "filhos nascidos da terra, a Grande Mãe dos deuses"[17] – usavam nomes próprios como *Oidìphallos*, em vez da perífrase "dos pés inchados", quando se aludia às características genitais próprias desses homens. Por isso, o *Oidìpous* parece uma racionalização posterior do originário "de falo inchado" que, mesmo removido pelo pai, continua a sobreviver e a explodir novamente no corpo do filho. Essa consideração, que não é somente filológica, tende a subverter uma das teses mais aceitas da psicanálise, segundo a qual não é tanto o filho que sofre a supremacia fálica do pai, mas o oposto: cada filho anuncia ao pai a lei da decadência insustável, à qual corresponderá uma potência "megafálica" cada vez maior do primeiro. Édipo é o portador de uma sexualidade nova e mais potente, que é preciso punir ou transfigurar em metáfora. A frase de

17 K. Kerényi, *Gli dei e gli eroi della Grecia*, p. 96.

198

Pasolini acima citada não poderia expressar em termos mais claros o que nós entendemos por complexo de Laio.

A Morfologia

Também nesse caso, a análise morfológica do filme é dividida em três partes: a primeira, articulada na subdivisão lógica das fases do filme (viagem-mito-*pathos-hybris*); a segunda, presa nos movimentos opositivos cruzados; a terceira, voltada à identificação do tema recorrente.

a. Viagem. O filme começa com a viagem que todo ser enfrenta, em duas direções opostas entre si: em direção ao futuro (a história) e ao passado (o mito). Essa oposição temporal, de divergente, torna-se convergente no interior da experiência do ego, que é simultaneamente vital e cósmica, onde o presente se cruza com o passado, antes de produzir o futuro. E a viagem se inicia com uma sombra: quando Jocasta está amamentando Édipo, produzindo a já citada identidade eu-mundo do narcisismo primário, um obscuro presságio atravessa seu rosto, quebrando essa fusão. Há nele a percepção de que a história avança e, ao mesmo tempo, regride em direção ao mito. O homem, todo homem, encontra-se sempre comprimido por essas duas oposições. É aí que o pai se veste (ou se traveste) de oficial do exército italiano durante o fascismo, expressando todo o seu rancor diante da simples presença filial. Há uma festa no clube dos oficiais. O menino, que está dormindo, é deixado sozinho pelos pais, mas o barulho o acorda. Ele se levanta, vai para a sacada e vê os fogos de artifício que, espocados, iluminam a noite: mas ele chora e se desespera. Ele vivenciou, pela primeira vez, sua solidão no mundo, percebeu o antagonismo paterno, enquanto a fusão que o amor materno prometia quebrou-se. O mundo não é mais um conjunto de atributos feitos para satisfazer suas necessidades: tem início a fase das grandes frustrações. E do vagar. Na viagem, com efeito, não há somente o prazer, mas também a obscura instância da busca, ou melhor, a busca de alguma coisa que foi percebida, mas que não se sabe mais o que é. Para Pasolini, a viagem, e não somente nesse caso, significa afundar no passado mais arcaico, até chegar ao mito mais intacto.

b. Mito. As etapas do mito são iniludíveis: ao jovem Édipo, que procura fugir de seu destino, e tenta a sorte em cada encruzilhada cobrindo os olhos, apresenta-se sempre apenas a mesma escrita: Tebas. Aqui, o choque supremo entre um pai autoritário, quase sagrado, e um filho enraivecido e descontrolado encontra como arma parricida uma escolha particular de enquadramento: "uma lâmina de luz inunda a imagem no momento do golpe mortal, e cria uma sombra de compaixão mesmo na barbárie"[18]. É a segunda sombra, também ela funérea, que aparece no filme; quase parece que a câmera foi entregue à clareza de uma mensagem metacomunicativa, utilizando uma linguagem visual pura. Nessa contraluz, filmada de forma homicida, como uma arma que cai pesada e implacável, com a força da metáfora, representa-se o sentido de uma arte parricida que é, como tal, talvez, salvadora, ou então – e cada vez mais – maldita.

c. Pathos e Hybris. A solução do enigma da Esfinge, e o prêmio da viúva, a mãe Jocasta, encadeiam-se na direção de um desejo expresso de forma inequívoca. Diz Jocasta ao filho-marido: "Por que tens tanto medo de ter feito amor com tua mãe... Quantos homens já não sonharam fazer amor com a mãe."

Essa declaração é no filme a resposta à verdadeira pergunta que a Esfinge havia feito a Édipo antes de ser vencida e de precipitar-se no abismo:

> ESFINGE: Existe um enigma em tua vida. Qual é?
> ÉDIPO: Não sei. E não quero saber.
> ESFINGE: É inútil. O abismo para o qual me lanças está dentro de ti.

18 S. Petraglia, *Pasolini*, p. 88.

200

A paixão de infringir as regras do incesto é tão incontrolável quanto a de cortar os laços de sangue. A paixão torna-se sofrimento: quem não quis ver, não pode cegar-se. A pena pela infração pecaminosa, restabelecendo a ordem natural – na verdade a ordem altamente cultural –, paga o preço da sobrevivência e recebe como prêmio a conquista da santidade. De acordo com Nietzsche – antecipador do problema de Édipo –, poderíamos dizer que "aquele que decifra o enigma da natureza – essa esfinge biforme", encontra-se dentro da "rígida lei da individuação"[19] e estabelece uma regra definida: o domínio do sujeito sobre a natureza funda-se numa enormidade antinatural. Esse mito lembra que o saber e a racionalidade – sobre os quais se fundamenta o indivíduo moderno – desenvolveram-se procurando depurar o espírito dionisíaco. Sócrates e Cristo contra Dioniso. "O aguilhão da sabedoria se volta contra o sábio: a sabedoria é um crime contra a natureza."[20]

Por trás da máscara de Édipo – rasgado o véu de Maia –, esconde-se o rosto sorridente e terrível de Dioniso, o herói originário, cujas "dores" eram objeto exclusivo da tragédia. Por isso, o Édipo de Pasolini, investido de uma aura sagrada, pode voltar a viajar nos séculos, com sua flauta pânica, até a Itália consumista dos anos do *boom*: para Bolonha, tão esquerdista e opulenta quanto carente de conflitos. Aqui, ele atravessa o centro urbano, "rico" de bares repletos de gente; depois, uma periferia homologada para a cultura dominante, com operários que não são mais uma classe antagonista e irredutível, porém uma classe já há tempo conquistada; finalmente, chega a um bosque, o mesmo onde Édipo, quando criança, havia experimentado o sentido de onipotência originária. A fusão eu-mundo, percebida como alegria do indefinido, reverte para um retorno obscuro, para a morte. Diz Édipo-Pasolini: "Cheguei. A vida termina onde começa."

Finalmente a *hybris* pode extinguir-se. Na última frase, o ciclo vence a história. O *prólogo é o epílogo*.

---

19 F. Nietzsche, *La nascita della tragédia*, p. 95.
20 Ibidem.

A Encruzilhada

a. Pater versus Spiritus: nesse caso, também, a morfologia do filme se adapta bem à semiótica movida pelo autor (cf. esquema p. 195). Vejamos: o princípio da autocracia paterna, representada pelo duplo pai – o real e o mítico – desencadeia o mecanismo persecutório. Inversamente, o princípio materno apresenta aqui também um duplo sopro de satisfação de qualquer necessidade: o oral, da primeira infância, que estabelece a identidade eu-mundo; e o genital, da idade adulta, que infringe toda regra natural-cultural. A oposição *pater-spiritus*, em relação ao filho, é decisiva para a constituição de sua personalidade e o conflito entre história e mito, entre razão e instinto.

b. Filius versus Diabolus: essas oposições se cruzam com as outras duas que, dessa vez, encontram-se ambas no interior do mesmo sujeito, confirmando a hipótese de Nietzsche, segundo a qual as infrações edipianas giram em torno da "rígida lei da identificação". O Édipo como *ego coríntio*, como *filius,* que possui seu modelo de subjetividade historicamente determinado, seu modelo de consciência e saber, que não se detém diante de nada a não ser de si mesmo, contra aquela parte do *eu* que era desconhecida inclusive de si mesmo. É um herói incapaz de se deter diante de algum obstáculo, que deve superar todas as provas, que precisa até vencer a si mesmo. Seu dúplice objetivo é o de afirmar-se como sucessor, para vingar-se do pai, o representante da história e do poder que infringiu seu prazer original absoluto, reconquistar a mãe e, com ela, reconquistar o reino. O *filius* deve tentar realizar, como pode, a infeliz tarefa de tomar o lugar do *pater* durante sua "viagem". A oposição do representante do supereu, porém, é bem mais enganosa, porquanto aquele é muito mais forte como morto do que como vivo. Destarte, o diálogo entre Édipo e a Esfinge nos introduz na dimensão oculta do ego, no inconsciente, e dentro do antagonismo que fica em seu interior. Eis a razão por que, do outro lado, há sempre o mesmo Édipo como *id tebano*, como *diabolus*, que se alia aos desejos mais secretos de tipo materno, pulsões de natureza decisivamente conflitual em relação àquelas leis da cultura publicamente sancionadas pelo princípio paterno. Esse Édipo tebano torna-se porta-voz e representante de cada tentação que se origina em *diabolus*, donde explode a carga pulsional "cega" e extremada. Não é por acaso que a mãe-esposa alcança o orgasmo somente quando é invadida por essa carga libidinal irresistível, e não no primeiro amplexo marital, socialmente legítimo. O verdadeiro prazer reside na ruptura de todo limite, de todo liame que impede a restauração daquela identidade total e primeva que fundiu o *eu* nascente, o *ego* auroral, com o todo materno.

O Tema Recorrente

Também neste filme, o tema recorrente – quase uma obsessão ou uma regra definida – parece concentrar-se no *duplo*: tudo é replicado duas vezes. As personagens do triângulo familiar se replicam – como já dito – em tempos diferentes, nos quais mito e história correm um atrás da outra, reciprocamente.

a. Laio: a figura paterna histórica é uma réplica da figura mítica ou, melhor dizendo, está inserida no sulco do mito. Laio revive em cada pai: nos tempos históricos, como perseguidor consciente do filho, que lhe subtrai amor e vida, jogando-o ao nada; nos tempos míticos, como figura autocrática e monumental, fatalmente destinada a chocar-se com o filho. Talvez seja bom lembrar que Laio, considerado pelos gregos o fundador da homossexualidade[21], desencadeia a *hybris*, por um lado violando Crisipo – jovem filho de Pélope – e recebendo assim a maldição paterna; do outro, juntando-se a Jocasta em estado de embriaguez, apesar da proibição explícita do oráculo que havia previsto desgraças advindas de um eventual herdeiro.

b. Jocasta: Jocasta "duplica-se", por um lado, como imagem de amor-doação, pura oblação sensual pelo filho que, ao contrário, subtrai atenção e paixão do legítimo esposo; por

21 Cf. K. Kerényi, op. cit.

outro, como disponibilidade maliciosa que solicita fantasias eróticas "naturais" ao filho legítimo. As duas sombras que atravessam seu rosto são ambas causadas pela irrupção do tempo linear, que cinde e aplana o tempo cíclico: a primeira quando, amamentando o filho, antecipa-se a cisão; a segunda quando, ao ouvir a narrativa do mensageiro, anuncia-se o reconhecimento. Inclusive as duas ocasiões em que ela faz amor – antes distraída, com o marido, depois excitada, com o filho – revelam sem dúvida que, para Pasolini, o eros é a infração das leis histórico-sociais e a restauração de um modelo de fusão originária que coincide com o princípio de identidade. A ontologia "secreta" da homossexualidade é aquela que procura e escolhe o mesmo, o idêntico, enquanto recusa e rejeita o outro, o diferente[22]. Esse é o núcleo escaldante da homossexualidade que Pasolini parece querer colocar no fusional papel materno, que reconduz a "um" aquilo que deveria ser feito a "dois".

c. Édipo: Édipo, diferentemente dos dois outros lados do triângulo, torna-se triplo: ele viaja primeiro na história da Itália fascista, onde sofre a perseguição paterna, depois afunda no mito, no qual pode vingar-se da ofensa e casar-se com a mãe; por fim, salta para o presente, a fim de encontrar a paz – só e cego – nas origens maternas. Esse Édipo mítico perfura a irreversível linearidade do tempo e restaura – como um *trickster* – o poder do ciclo, voltando ao mesmo lugar onde se originou o tempo biográfico, recompondo aquela fratura (*chōrismós*) que se produzira com a separação do seio materno. E justamente nisso o filme é filologicamente ortodoxo, não obstante as muitas inovações: o Édipo de Pasolini revive o drama de perseguir racionalmente aquilo que só pode levar ao abismo e de gozar passionalmente o que se ergue para uma unidade original.

Também nesse caso, como em *Medeia*, o tempo redobrado pontua a sequencialidade das três fases do filme, no qual história e mito, biografia e tragédia, razão e paixão perseguem e derrubam uns aos outros.

---

22 Cf. H.J. Krahl, *Konstitution und Klassenkampf.*

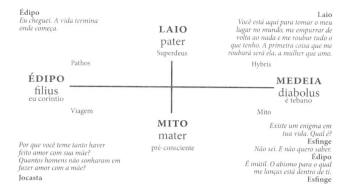

COMPARAÇÃO

O momento final, proposto por nossa metodologia aplicada aos dois filmes, consiste em reelaborar a comunicação da antropologia visual de Pasolini por um clássico método da antropologia: a comparação. Nessa perspectiva, colocamos agora num mesmo plano Édipo e Medeia, unificando tanto os sinais que emergiram como significantes, de forma rigorosamente qualitativa, quanto as palavras-chave escolhidas como significativas, para que surja um único modelo sincrônico (cf. esquema acima). Ao elaborar essa fusão, precisamos partir dos modelos parciais, resultantes da análise de cada filme, baseados nas oposições cruzadas, que produzem o desdobramento do autor em duplo sentido:

- ◆ no sentido horizontal, as duas personagens, antagonistas entre si (*filius e diabolus*) emergem como um duplo que procura conciliar, de forma sincrética, o masculino e o feminino; – no sentido vertical, as duas personagens de *pater* e *mater* configuram uma alteridade visionária entre cultura e natureza em que o autor seria obrigado a escolher entre os processos de identificação, mas que, pelo contrário, está destinada a romper-se – a fraturar-se – de modo claramente discriminatório.

A paixão do autor é o resultado da pressão exercida pelas quatro personagens. Em particular, as duas personagens "horizontais" resultam conciliáveis e cumulativas. Édipo, como *filius*, resume em si também os valores de Jasão: ele se revela um ator involuntário contra a natureza, por excesso de racionalidade; por outro lado, Medeia, como *diabolus*, absorve em si a cisão edipiana, o seu *id* desejoso e descontrolado, ausente de códigos normativos dominantes: ela se revela uma "congênita" atriz *contracultura*, por excesso de instintividade apaixonada.

Nesse cruzamento marcado por Édipo-Medeia – novo híbrido fílmico, herdado e reivindicado diretamente pelo mito –, converge a identidade de Pasolini, contribuindo com isso para esclarecer sua predisposição para todo escândalo extremo, para cada violação exagerada. Todos os códigos de família mais sagrados são rompidos: parricídio, incesto, fratricídio, infanticídio: como é fácil notar, somente a relação materna não é assinalada pelo matricídio, mas pelo seu oposto, pela relação amorosa.

As duas personagens "verticais" resultam antagonistas e discriminatórias, e ambas convergem do alto para baixo em direção ao autor. Do alto, o princípio de autoridade molda em antagonismo a história do mundo paterno. É a esfera da cultura como civilização, como poder técnico-científico – como *logos* – ao qual deve (ou deveria) uniformizar-se o *herói-filius*, ou seja, todo ego nascente. Aquele mundo grego, que realizou esse modelo de racionalidade, foi herdado e desenvolvido pela moderna cultura ocidental (Pisa e a Renascença; Bolonha e o *boom*).

De baixo, ergue-se, impetuoso e indomável, o princípio do prazer, que difunde a primeira e inesquecível experiência ligada ao sentido oceânico, ao erotismo apaixonado, polimorfo e fúnebre. Dele se alimentam tanto as infrações de Jocasta, quanto a canção de ninar que Medeia, como *mater*, dirige aos filhos, antes de adormecê-los para sempre. É a terra sem-fim do mito, da irracionalidade como território específico de uma natureza que não tolera controle, mapas, fronteiras. Aquele mundo telúrico, dionisíaco, que ressurge a cada geração, com o ciclo como sinal, possui uma matriz bárbara que sobrevive em alguns territórios contemporâneos (o interior da Turquia e do Marrocos).

Na esfera exterior, para além das divergências, realiza-se uma compactação objetiva, característica da forma-família como tal, e que é, em última análise, o resultado sinérgico de seus componentes, tão variados quanto indivisíveis. O conjunto dessas dinâmicas desenvolve um *ressentimento paterno* que possui por fundamento a cultura e um *entorpecimento materno* cujo fundamento é a natureza. Essas pressões, voltadas para o sujeito-autor, produzem uma dupla destrutividade, perversamente aliada e convergente: uma destrutividade necrófila por excessivo ódio paterno, e uma destrutividade biófila por demasiado amor materno. Ambas as pressões parentais se caracterizam pelo excesso, pelo transbordamento para além dos limites "cívicos" da normalidade; e, justamente por isso, pela expressão de uma verdade profunda e inconfessável.

De acordo com a mesma mitologia explicitada por Pasolini, "os arquétipos linguísticos dos em-signos são as imagens da memória e do sonho, isto é, imagens de comunicação dentro de nós mesmos"[23]. Mas, justamente dessa forma, sua "tendência expressivamente subjetivo-lírica" reverte para uma síntese racional. Sua "subjetividade livre indireta" desvincula-se das possibilidades expressivas e científicas do meio, "numa espécie de retorno às origens: até reencontrar nos meios técnicos do cinema a qualidade onírica, barbárica, irregular, agressiva, visionária"[24]. E justamente nisso seu cinema coincide com o método antropológico. O cinema é ficção: mas, nos lembra Geertz, isso caracteriza também os escritos antropológicos, que "são, portanto, ficções, ficções no sentido de que se trata de 'algo fabricado', 'algo modelado' – o significado originário de *ficti* – não que sejam falsas, irreais ou simplesmente hipóteses pensadas 'como se'"[25]. É nesse processo que a ficção de Pasolini torna-se *cinema sincrético*, sincretiza-se com a antropologia cultural.

23 *Empirismo eretico*, p. 177.
24 Ibidem, p. 183.
25 Op. cit., p. 53.

Em suma, a partir dessa paixão e pressão quaternárias, é possível delinear o sentido da obra de Pasolini, de sua racionalidade e de sua poesia, de sua filologia e de sua fantasia, que ele mesmo definiu como um "álibi narrativo". Os mitos de Édipo e Medeia, assim como foram representados, inscrevem-se na configuração antropológica do duplo. Por um lado, os movimentos maternos de baixo (telúricos) configuram a perfeição originária do sentido oceânico: o mundo todo é-para-mim, à minha disposição; e a Mãe, a grande mediadora natural que impede a fratura entre o *eu* e o mundo, entre sujeito e objeto. Enquanto os movimentos paternos do alto (uranianos) configuram a angústia histórica da *era das grandes frustrações*: o mundo é outro-em-relação-a-mim, diferente e hostil, e o pai favorece a cisão com um cerceamento dinâmico do sujeito nascente através da cultura.

E assim Pasolini padece, com esses dois filmes, três tormentos:

- uma *destrutividade parental*, por demasiado amor e por demasiado ódio, por excesso de *pater* e por excesso de *mater*; – uma *fusão genital*, reunindo em si a figura masculina de Édipo e a feminina de Medeia; – uma *conciliação ética*, sincretizando *filius e diabolus*, o bem e o mal, no interior de sua identidade única e irrepetível.

6. O HÍBRIDO INCORPORADO: O VIDEODROME DE CRONENBERG

> MAX: *Nunca acontece nada de pornô?*
> MASHA: *É tudo pornô.*
>
> D. CRONENBERG, Videodrome

A Sequência

Um estúdio televisivo normal, aguardando um debate sobre pornografia, violência e as responsabilidades do meio televisivo. Max, diretor de uma rede – Canal 83 – que exibe vídeos violentos e pornôs,  está sentado numa poltrona, cruza as pernas e acende um cigarro, falando alguma coisa circunstancial sobre a emoção que sempre toma conta das pessoas nos debates. Depois,

209

vira-se para oferecer um cigarro à sua interlocutora. Sempre em plano- sequência, a câmera se desloca da pessoa até focalizar a TV, na tela da qual uma bela mulher de vermelho vira-se para ele, dizendo: "Não; obrigada". O desvio seguinte de montagem mostrará o *set* onde a mulher de vermelho – Nicki – está ao lado de Max e da apresentadora.

A sequência tem a duração de cerca de quinze segundos, mas em sua sintaxe e, por que não dizer, em sua antropologia visual, assinala uma pedra de toque. Assinala a passagem de um tipo de *sentir* o cinema em relação a outras formas da comunicação visual. O meio é sempre o mesmo – justamente o cinema –, mas ele conduz para algo completamente diferente. A mulher de vermelho, encerrada no vídeo da televisão, "faz-se ver", de acordo com um novo cânone perceptivo que subentende ou solicita uma capacidade de decodificação diferenciada. A sequência assinala que a dela é uma presença essencialmente visual, antes que real. O real – se sobreviver – chegará depois. O filme foi realizado em 1983 por um diretor canadense, David Cronenberg. O título, tão emblemático quanto sibilino, é *Videodrome* (Videodrome: A Síndrome do Vídeo).

A partir da cena inicial recém-descrita, percebe-se que o diretor está explorando um módulo narrativo totalmente novo. Uma semiótica fílmica em que os limites (ou os fios) entre os códigos realistas e os códigos visuais tendem a confundir-se e, por conseguinte, a deslocar os hábitos perceptivos do espectador. É ele o primeiro a fazê-lo, antecipando um processo que irá difundir-se com força somente nos anos de 1990: aquele jogo de interfaces entre realidade e ficção que agora chama-se realidade virtual.

O filme todo é um verdadeiro ensaio sobre as mudanças antropológicas determinadas pela pervasividade da mídia, particularmente no espaço visual do desejo: aquele entrelaçamento irrefreável de TV e pornô como fonte de mudanças profundas – em grande parte ainda inexploradas – nas consciências e nos comportamentos. Seu tema geral, que continuará também nos filmes posteriores, diz respeito aos estados alterados de consciência e à forma pela qual eles são incorporados, difundindo o tema do duplo. Em certo sentido, justamente pela ambiguidade do duplo, pode-se aproximar Cronenberg de um diretor tão diferente quanto Pasolini, já que, do ponto de vista de sua linguagem, o canadense encontra-se muito distante do italiano. No entanto, não obstante as diferenças, o tema do duplo os une, além de uma certa fascinação pelo irregular, escandaloso e, inclusive, pelo homossexual[1]. Esses estados alterados relacionam-se à consciência somente por que se concentram no corpo. É do corpo que parte a alteração, com base em técnicas experimentadas ritualmente. Até o *videodrome*.

Mas, é na linguagem visual, expressa por Cronenberg, que reside o verdadeiro sentido da inovação. Em sua comunicação metamórfica, partindo desse breve plano-sequência – sinal de uma nova cultura visual que o diretor consegue não só captar antecipadamente, mas também, pelo menos em parte, construir –, a relação entre cenário urbano, diálogo entre pessoas, sistema perceptivos e imagens-TV, se mistura. Cada um se insere em todos os outros. É a pessoa-TV que se torna sujeito. Um "fazer-se ver" presente tanto quanto uma pessoa-corpo. Nela, se antecipa tudo o que está por acontecer com Max, o desencantado herói de uma rede sem escrúpulos.

Esse filme antecipa uma tendência na comunicação visual cujos resultados são totalmente abertos, e sobre os quais irá decidir-se grande parte do sentido que é preciso dar ao nosso ser no mundo.

Por isso, *Videodrome* é um legítimo texto que manifesta uma mutação antropológica e como tal será abordado. Ou seja, como uma ficção que plasma e modela, com uma década de antecipação, nossos modos de pensar e sentir. Uma ficção que faz cultura. Com esse filme, a comunicação

---

1 A esse respeito, é possível argumentar que William Burroughs – o escritor visionário e alternativo de *Il pasto nudo* (traduzido no Brasil como *O Almoço Nu*) – está, para Cronenberg, como Sade, com suas *120 Jornadas*, para Pasolini.

visual, em seu significado mais invasivo e complexo, penetra literalmente em nossos corpos. *Videodrome* é um produto visual híbrido, como aqueles cruzamentos entre seres humanos e seres-teipes que ele coloca em cena. *Videodrome* é um ensaio sobre os estados alterados do corpo e sobre a mobilidade fascinante do prazer. *Videodrome* é *um videoscape: a sua síndrome.*

O filme é decomponível em quatro planos – entrecruzados como na grade aplicada a Pasolini – tantos quantos são as personagens principais: – Max, o herói-diretor do Canal 83: como filius – Nicki, a "melhor amiga" da Rádio 101: como mater – O'Blivion, o apóstolo da Cathode Ray Mission (Missão dos Raios Cátodos): como spiritus – Barry Convex, proprietário da Spectacular Optical: como diabolus

Como é evidente, todas as personagens giram ao redor da mídia: são como representantes tipológicos dos diferentes tipos de mídia. Não existimos se não colocamos em ação um meio. Se não "somos" um meio.

Nicki: Rádio 101

Após o oferecimento do cigarro na memorável sequência recém-descrita, Nicki – estrela da rádio que representa o "partido moralista" – confessa "ter sido obrigada a viver num estado de excitação anormal" e logo é convidada por Max para um jantar.

Alguns dias depois, os dois estão na casa de Max, e ela pede para ver algo pornô. Ele responde que só tem alguma coisa sobre torturas, homicídios, coisas que "não têm nada a ver com sexo". Mas Nicki responde: "Isso é o que você acha…"

Nicki começa a envolver o proprietário do Canal 83 numa relação sadomasoquista cada vez mais dura. Começa enfiando alfinetes nas orelhas. Depois, olhando fixamente para Max, acende um cigarro que coloca no seio, queimando-o. Por fim, dá o cigarro a Max que, horrorizado e seduzido ao mesmo tempo, tenta recusar. No entanto, acaba cedendo e, quando o nariz se cruza com a fumaça do cigarro, sente o cheiro da carne dela: queimada. Talvez, mais tarde, ele irá fumar o cigarro.

Após ter assistido às cenas dos vídeos-pirata de tortura, ela quer saber sua proveniência: é para lá que deseja ir. Isso induz nele uma modificação do seu estado de consciência. Numa dessas crises, sentado em sua casa, Max vê uma mulher encapuzada na TV: é Nicki quem diz – persuasiva como num *chat line*, após ter sido fustigada: "Queremos você, Max. Venha, venha perto da Nicki, não me deixe esperando, por favor". O corpo de Nicki transformou-se num *visus*: todo o rosto dela coincide com o tamanho da tela. E mais, começa a sair, a dilatar-se, a expandir-se. O próprio aparelho de TV se mexe, suspira, mostra veias inchadas de desejo ao toque da mão de Max. Agora, são focalizados somente os lábios de Nicki, que o convidam a entrar onde ela está. Dentro dela. E Max se dobra, coloca o rosto diante da tela da TV e, pouco a pouco, entra com a cabeça naqueles lábios abertos.

Nicki prossegue sua viagem para a morte, que será filmada e mostrada em vídeo a Max. Ela, porém, continua vivendo nas gravações de vídeo e/ou nas videoalucinações crescentes de Max. Na cena final, que iremos interpretar depois, é o rosto de Nicki que reaparece, chamando-o para a ressurreição da videocarne.

Nicki trabalha como *friendly voice*[2] numa rádio; a cena do encontro com Max apresenta todo o trabalho no estúdio como se baseado numa total hipocrisia em relação aos ouvintes. Uma mulher chora ao telefone, e Nicki lhe responde gentilmente com indiferença, piscando para Max. Na mídia, tudo é falso e verdadeiro.

Nicki não é nem vítima nem carrasco. É um lento fluir para a morte-TV. É adesão visual à vida como tortura

---

2 Literalmente, "voz amiga", locutor que dá conselhos em programas de rádio.

e, à morte, como libertação da vida. Não é nem Justine nem Juliette. O bem e o mal não têm mais sentido, a não ser para oportunidades casuais de trabalho. Sade morreu. O que se passa com ela é um estado de frieza que se aquece somente se incorporado no circuito neuronal e animado da mídia. Nicki é impalpável e inalcançável: é o *cheiro visual* de sua carne queimada. Carne sublimada em fumaça que se levanta para a desagregação. "Eis que chegamos aonde devíamos chegar", dirá a Max no final.

É uma Medeia-sem-terra, desterritorializada e finalmente desincorporada, transformada em *videoscape*, panorama erótico-eletrônico. Sem origem, sem centro nem ascendência mágica ou filhos trágicos. Nicki foi desnaturalizada. É videonatureza como única condição de um existir que só pode gozar dentro de seu fim. É uma *videomater, uma visus-mater*. Ela aparece pela primeira vez no vídeo (ainda sem o corpo), para recusar o cigarro – e pela última (sem mais o corpo) para obrigar Max a recusar a vida. Do começo ao fim é desejo e anulação do desejo. Uma boca catódica.

O'blivion: Cathode Ray Mission

No primeiro debate citado, sobre o emprego da violência, estava presente também um terceiro convidado: O'Blivion – aliás – "oblívio" – está presente somente de forma virtual, ou seja, em vídeo: toda a sua intervenção foi gravada antes, mas é como se fosse ao vivo. Sua intervenção situa-se entre a do sociólogo das comunicações e a do pregador: "O vídeo da televisão", diz ele, "é o único olho verdadeiro da mente humana. O'Blivion não é meu verdadeiro nome, mas um nome-TV. Nada mais. Logo, todos terão nomes-TV especiais, nomes estudados com cuidado".

Na entrada de sua igreja de nome insólito – a Cathode Ray Mission –, há somente uma fila de miseráveis, muitos sem-teto. Dentro do grande salão, Max descobre diversos reservados, nos quais esses derrelitos da metrópole estão sentados, assistindo à TV. Talvez programas "sujos". A igreja catódica está tratando deles, diz a filha de O'Blivion: "Por causa de uma doença provocada pelo uso insuficiente da televisão. Assistir à TV ajuda a sentir-se parte da Grande Paleta do mundo". Max entra no estúdio de O'Blivion. Trata-se de um apanhado quase barroco de objetos de arte e de divindades provenientes de todas as partes do mundo. Não há um canto vazio na sala. Tudo é redundante. Tudo é uma inflação de símbolos mortos. Em frente à escrivaninha há uma telecâmera no tripé. "Meu pai se recusa a conversar com qualquer pessoa há pelo menos vinte anos. O monólogo é o único discurso que ele sabe fazer."

Em certo momento, O'Blivion descobriu que estava doente, tinha um tumor que lhe provocava alucinações. Depois, descobriu que o contrário era verdade. Não era o tumor que criava as alucinações. Eram "as visões que se tornavam carne, muita carne que continuava a crescer. E, quando removeram o tumor, chamaram-no...VIDEODROME. Eu fui o primeiro caso de *videodrome*, a primeira vítima".

Quando a filha decide apresentá-lo a Max, o convida a entrar num aposento cheio de estantes apinhadas de fitas de vídeo: "Esse é ele... meu pai."

A sensação é a de entrar naquelas igrejas xintoístas, onde as cinzas dos antepassados são conservadas em urnas. As urnas atuais – ou as do futuro – são os videoteipes. Nelas podemos guardar, em vez de nossas cinzas, nossos discursos – nossos monólogos –, a serem entregues para a memória futura. E nossos herdeiros poderão catalogar essas nossas presenças "imortais" e exibi-las, selecionando o discurso mais adequado para a ocasião, *como* se fosse ao vivo. Tudo está morto e vivo ao mesmo tempo.

As igrejas catódicas são uma realidade muito mais presente do que se pode pensar. A grande ofensiva das igrejas protestantes, principalmente as evangélicas, no Brasil ou nos Estados Unidos, deriva do emprego maciço e inteligente das TVs e dos sermões-TV. Suas estratégias retóricas parecem copiar as do "padre" O'Blivion: o conhecimento estatístico de que qualquer sermão-TV conquistará uma parte do auditório. Com certeza. Trata-se apenas de percentuais. Se aumentarmos as frequências, aumentará o número de fiéis-TV[3].

O'Blivion, como Nicki, é estrangulado vivo por "alguém". Pelo *videodrome*.

O'Blivion é um puro *visus*-TV. Sua imortalidade deriva do fato de ele ter-se pré-gravado numa quantidade inexaurível de teipes. O'Blivion, que oscila entre as *media* de MacLuhan e a seita de Jim Jones, impede o esquecimento com suas fitas vivas. A presença dele é totalmente espiritual. É *spiritus*, cujo *logos* é imortal como suas videogravações. Nele, a autoridade espiritual convive com os símbolos mortos de todas as religiões da humanidade: mesmo porque a Cathode Ray Mission resume-as todas. O'Blivion é a síntese visual de qualquer autoridade-TV. Um verdadeiro excesso de bem.

Barry Convex: Spectacular Optical

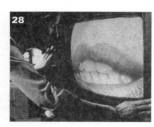

Essas videoalterações são propositais. Não casuais. E Max vai às origens dessas visões, por seu interesse pelas cenas de tortura emitidas por aquela que parecia uma rede pirata e que, mais tarde, se descobre ser o próprio coração do *videodrome*. Um coração visual de trevas. Ao longo dessa pesquisa, Max encontrou Masha, uma mulher de idade e libertina que adverte: "O *videodrome* tem algo muito perverso que você não tem. Possui uma filosofia própria…"

O *videodrome* é como a Aids: uma síndrome de imunodeficiência. Apenas a origem é diferente: não é sexual, mas

---

3 Não surpreende, pois, que a Igreja Católica do Brasil, diante de tantos irrefreáveis sucessos dos evangélicos, tenha decidido alugar uma faixa horária a fim de começar a transmitir seus sermões-TV. A teologia da libertação morreu. A ela, sucedeu-se a teologia da frequência.

visual. E os sintomas são mais semelhantes do que se possa imaginar: produzem-se alucinações. Aqui, desdobra-se toda a visão antropológica do diretor, por meio da ideia de uma mutação que incorpora literalmente o vídeo. Já vimos que Max entra na boca-TV de Nicki. A passagem posterior será o contrário: tornar-se vídeo e incorporar as fitas, incorporar as mensagens, "in-ver" as gravações em vídeo. Numa cena memorável, o estômago de Max se abre na vertical, como uma grande vagina, e é penetrado por uma fita empurrada nele por Convex. "O que é, afinal, nossa realidade?", diz este, "a não ser a percepção da realidade?" E essa percepção deve ser modificada, incorporando as fitas de vídeo, fazendo *carne* das fitas.

Convex – que possui uma cobertura numa loja singular de ótica, a Spectacular Optical – cita Lourenço, o Magnífico, para dizer que o olho é a verdadeira mente do homem. Sua associação secreta – que difunde a síndrome-do-vídeo – baseia-se no argumento de uma América que estaria prestes a tornar-se demasiado fraca, por isso "precisamos preparar-nos para sermos fortes, a fim de sobreviver". E Max foi escolhido para esse algo novo: "Queremos que você se abra; que se abra diante de mim. Quero que veja um vídeo", diz Convex de forma alusiva[4].

Seu objetivo é apoderar-se da rede de Max, do Canal 83. Com essa finalidade, a ordem desse legítimo agente do mal – dessa variante de *diabolus* – é matar: e Max obedece. Vai ao escritório dele e, com seu revólver-prótese, atira em três membros do conselho administrativo.

Essa Spectacular Optical apresenta-se como uma verdadeira organização terrorista clandestina, que utiliza os níveis extremos da videotortura para contaminar os cérebros e produzir videotumores cerebrais. Porque "sinais maciços de *videodrome* contribuem para o crescimento do cérebro", diz Convex.

---

4 Esse emprego de "ver" parece uma verificação empírica do conceito, assim como foi proposto no começo do volume.

Em sua loja há um letreiro de conteúdo sinistro: "keeping an eye on the world" ("sempre de olho no mundo")". O mundo controlado por um único olho: o do *videodrome*. A companhia dele já produz óculos deformantes para o terceiro mundo e sistemas-guia para mísseis da Otan. Com o *videodrome* passa-se aos sistemas de alucinação programada.

Em Convex – e em suas espetaculosidades ópticas – concentra-se a essência do mal, a excrescência do mal que, com suas mutações interconectadas em suas visões, poderá produzir estados alterados do corpo, alterações cerebrais aptas a restaurar a pureza nacional dos Estados Unidos. Mas Convex não é a TV enquanto tal, parece nos dizer Cronenberg. É uma das narrativas possíveis da TV-de-carne. Convex é o anticartesiano: a *res cogitans*, a capacidade da razão incorporada nas mutações induzidas para a *res extensa*: dentro de uma natureza totalmente visual. Um *megavideoscape*.

No entanto, aquilo que parece o "corpo" de Convex morrerá, em decorrência dos disparos de Max, numa infinidade de partes estilhaçadas, como se contivesse um monstro, um ser não totalmente vivo ou nunca totalmente nascido. Um corpo catódico. O fim dele é o eterno fim do mal, exorcizado infinitas vezes pelo cinema: mas seu antagonista não é mais o bem. É apenas Max.

Max: Canal 83

Eis, então, o herói do *videodrome* que corre como numa biga enlouquecida pelas autoestradas visuais, excitada de mensagens sempre mais duras. Seu despertador é programado por uma secretária que se insere diretamente na TV: a Civic-TV: "O canal que vos leva para a cama." Seu programa de trabalho é ordenado e neurótico como a pele de seu ator – James Woods –, que se movimenta de forma tão imperceptível quanto catastrófica. Uma pele televisiva. Max, no trabalho, contrata a aquisição de um pornô japonês, do qual se observam alguns momentos muito (demasiado) refinados. Depois, insinua-se no alçapão do *videodrome*, em que pessoas normais – talvez consencientes ou que "aproveitam bastante" – são torturadas. Começam suas videoalucinações, acompanhadas de penetrações, inicialmente apenas mentais, de videoteipes vivos.

Na verdade, o estado alterado de consciência é, em primeiro lugar, uma alteração do corpo que "padece" um tipo de mutação perceptiva e sensorial. Os sentidos se tornam gradualmente sensores. A alteração é uma alucinação, e cada alucinação é um programa inserido. "We're in record" diz ambiguamente Laurie Anderson em seu extraordinário álbum *Bright Red*. Isso deve ser entendido não no sentido de que "estamos gravando", mas que estamos dentro da gravação. Estamos na memória da telecâmera ou do gravador. Somos a memória do gravador: o gravador é nossa memória.

A alteração é dada por uma trama-que-conecta o vídeo televisivo, o videoteipe e a carne do espectador. A possessão transforma-se em videopossessão. A consciência é arrastada pela alteração que o corpo – como vista, como mente, como estômago que sofre. O termo mais correto deveria ser "padece", no sentido de que o *padecer* do sujeito sob o *videodrome* é, ao mesmo tempo, um desejar e um sofrer. Max é um herói: é o herói: repercorramos a viagem de seu corpo. Porque Max "é" seu corpo. E em seu corpo prolifera o VCR.

No começo, Max se apresenta como um cínico negociante televisivo que, acordado pela Civic-TV, empanturra-se dos restos de uma pizza noturna no café da manhã, olhando de soslaio fotos obscenas. Embora por motivos profissionais esteja à procura de novos gêneros pornô ("o que nos falta é algo forte: que arrebente", diz ele após ter rejeitado um filme japonês demasiado refinado), ele é sucessivamente sugado pelo jogo intrigante e obscuro das perversões sadomasoquistas, das quais se torna cultora a insuspeitável Nicki. É ela quem o empurra para além dos limites: antes se apresentando de vermelho no debate televisivo, depois pedindo uma bebida forte na casa dele e, por fim, exigindo de Max práticas sádicas no corpo dela. Desde aquele momento – num jogo paradoxal de inversões – é o corpo de Nicki que se torna incontrolável por Max: um corpo-TV, de grandes lábios que coincidem com o vídeo, que se abrem, começam a sair e a exigi-lo "dentro". A cabeça-falo de Max é engolida por esses grandes lábios de Nicki.

Cada etapa posterior da viagem de Max é acompanhada por um mergulho nos canais perversos da videocomunicação. Uma vez alterado o estado de seu corpo e alucinadas as suas percepções, Max não tem mais freios. Seu corpo se abre: no meio do estômago, aparece uma espécie de cicatriz que se abre como uma grande vagina. O videoteipe o penetra e se perde entre as vísceras. Max parece possuído. Seu corpo torna-se um videocassete. É um VCR. As imagens não são mais somente vistas, mas "percebidas": incorporadas. As imagens do *videodrome* escorrem por seu corpo. "We're in record." Como uma droga. Max pode viver o filme que lhe foi ministrado. Ele "é" o filme gravado. O videoteipe se movimenta, suspira, toma-se pedaços de carne. O videoteipe é sexuado. O videoteipe é fálico e deseja entrar no meio do corpo de Max, onde se abre aquela cicatriz-vagina que engole tudo.

É essa alteração do corpo que sacode Max e o incita a buscar a verdade: assim, ele descobre o relicário de O'Blivion, preservado pela filha em sua missão "Cathode Ray", um relicário de videoteipes pré-gravados e prontos a serem exibidos por toda a eternidade. O missionário – "apóstolo da mídia" – acreditava, de fato, nas novas tecnologias que "teriam ajudado a humanidade a viver melhor".

Mas o verdadeiro inimigo de Max parece ser outro: o inventor do *videodrome*. É um tal Barry Convex, que utiliza sua loja de óculos como disfarce para um movimento político-TV, que deseja restabelecer a ordem no país. A loja de óptica torna-se assim uma grande metáfora da supremacia do olhar: quem controla o olhar – os olhos, os óculos, a óptica – controla tudo. A campanha publicitária de Convex transforma em *slogan* uma frase atribuída a Lourenço de Médici: "O amor entra em nós pelos olhos." Só que agora o objetivo da Spectacular Optical não é o de fazer entrar o amor, e, sim, o *videodrome*. E o *videodrome* "possui algo tão perverso", diz Masha a Max "que tu não tens. Possui uma filosofia". Essa filosofia comunicacional pretende alterar a carne em que caem as visões, fazê-la crescer até torná-la um tumor. "E quando removeram o tumor, chamaram-no *videodrome*." *Videodrome* morde. *Videodrome* significa torturas, homicídios, mutilações. *Videodrome* é como um circo ou uma arena: o local espetacular onde se realiza o massacre. Onde os atores são também vítimas. E ninguém é mais espectador. *Videodrome* é a morte ao vivo. É a morte que se tornou vídeo e foi incorporada pelo sujeito. E assim esse sujeito transforma-se de vítima em carrasco de si mesmo.

Max experimenta a realidade virtual. Cronenberg faz com que ele vista um capacete luminoso que adquire as veias do cérebro. Ele grava suas perversões. Ou talvez ali insira as perversões do *videodrome*. Já nos encontramos num jogo de espelhos infinitos, no qual cada lado é uma interface do outro, e não tem mais sentido perguntar-se onde se origina a nova síndrome visual. Com efeito, Max aparece como alguém que está fustigando um aparelho de vídeo, dentro do qual está encerrada a imagem de Nicki. No começo, de modo fraco e titubeante, depois cada vez mais convicto e violento, Max começa a fustigar a TV-Nicki.

Max já está em poder de Convex: penetrando-o com os teipes, ele faz com que Max mate seus sócios do Canal 83. Seu corpo muda de novo: o revólver, que antes pensara ter perdido dentro de seu estômago, agora reemerge, preso em sua mão. É um grumo de matéria orgânica cujas extremidades alongam-se como garras de ferro que penetram até seu braço. Max, agora, "é" o revólver. Seu corpo é a prótese de uma arma videodirigida que mata. Mas, quando tenta matar também a filha de O'Blivion, esta o detém com outras imagens-TV de Nicki: estrangulada pelas imagens do *videodrome*. A partir desse momento, Max parece quase se rebelar contra o *videodrome*, por ser seguidor do "apóstolo da mídia"[5]. Ao grito de "Morte ao *videodrome*. Viva a nova carne", mata Convex e vai para um lugar abandonado no cais de Toronto (a cidade natal do diretor). Aqui ressurge a imagem de Nicki na TV. Seu discurso é um discurso final: "a morte não é o fim de tudo", diz ela. Sua presença-TV atesta seu ser divino e imortal: é ali que Max precisa alcançá-la, realizando o último ato.

A cena final é emblemática daquilo que será o destino de Max (e talvez não somente dele): do mesmo vídeo de onde havia falado Nicki, Max observa a si mesmo pré--gravado (um Max-VCR) que atira em si mesmo. O vídeo explode, lançando pedaços ensanguentados de carne humana (ou videocarne). Após ter visto a cena, Max replica o mesmo gesto. E, no mesmo instante em que aperta o gatilho, a tela do cinema (ou do videocassete ou de Max) se apaga. À morte, corresponde o final do programa de TV. Ou do filme. Depois do término da vida, segue-se um estado idêntico ao de um canal morto, fora do ar.

A grande metáfora final será, pois, exatamente aquela da qual surgirá o maior romance do gênero *cyberpunk* (obra de outro canadense, William Gibson), um ano mais tarde: "O céu sobre o porto tinha a cor da televisão sintonizada num canal de TV morto."[6] Agora Max é um canal morto, fora do ar. Tem a cor dele. E também a biografia.

O Video-Duplo

Há outra cena exemplar que resume todo o sentido do filme. Max acabou de matar seus colegas. É procurado. Caminha

5 "Agora você é a videopalavra que se fez carne."
6 *Neuromancer*, p. 3. Para uma análise detalhada dessa frase, tomo a liberdade de remeter a meu *SincretiKa*.

por uma rua e para em frente à loja Spectacular Optical. Espera por alguém, que logo reconhece como seu ex-ajudante, na verdade um espião a serviço do *videodrome*. A seu lado, há um curioso videomendigo: ou seja, um sem-teto que colocou a TV num pequeno pedestal ao lado dele. Enquanto fica de pé, pedindo esmola, assiste à TV: e naquele momento está passando o telejornal, exibindo justamente a cara de Max, que está perto dele. Todo o panorama urbano (*visualscape*) pode ser inscrito no circuito da mídia. Até o subproletário mais miserável é um videodependente.

Tudo tem seu duplo no filme. Ou melhor: cada personagem possui suas réplicas. Nicki é respeitosa e masoquista, amante apaixonada e adepta do *videodrome*, ela é feita de carne e de TV, seu rosto coincide com o vídeo: é realmente um enorme *visus*. O outro *visus* – o de O'Blivion – é uma cópia serial e infinita de si mesmo. Convex é homem e cátodo, homem e *cyborg*, humano e alienígena. Max possui e é possuído, é homem e mulher, é *observer* (empresário) e *viewer* (usuário), vítima e carrasco; em seu *visus* permanecem todos os tremores imperceptíveis de quem está viajando nos territórios desconhecidos da nova síndrome visual.

Scott Lash afirma que "Cronenberg realizou seus filmes, *Scanners* (Scanners, Sua Mente Pode Destruir), *The Fly* (A Mosca), *Videodrome* partindo do ponto de vista dos vírus" e compara justamente essa metodologia àquela utilizada por um dos maiores sociólogos contemporâneos: "Nesse sentido muito importante, o que [Zygmunt] Bauman consagrou é uma espécie de sociologia do vírus."[7]

Sua análise do estrangeiro (aquele que experimenta a culpa sem crime) apresenta mais afinidade com o cinema viral de Cronenberg do que com a filosofia respeitosa de

---

7 S. Lash, Reflexive Modernization: The Aesthetic Dimension, *Theory, Culture & Society*, v. 10, n. 1, p. 15.

Habermas. Trata-se de uma bela mudança de paradigma a ser compartilhada. Justamente por ter assumido a anti-ecologia da mente como espaço empírico da pesquisa (uma ecologia pervertida, serializada, fetichizada), também o sentido deste livro se configura como uma *antropologia do vírus*. Uma antropologia viral que, somente ao mergulhar na enfermidade ou na acidez da comunicação, em seu ambíguo "fazer-se", prenuncia a ruptura de seu duplo vínculo. Uma antropologia viral nas veias da antropologia visual.

O tema da alteração dos corpos e da consciência será constante nos filmes posteriores de Cronenberg. Mas aqui assistimos a alguma coisa ainda não superada. O poder de suas imagens, as inovações de sua sintaxe, a reflexão sobre nossas condições contemporâneas (como o pornô que dissolve as identidades sociologicamente definidas e se transforma em política), fazem de *Videodrome* um filme que antecipa e obriga a refletir sobre a invasividade semiótica e política das novas tecnologias, de forma semelhante somente a outros dois filmes: *Cidadão Kane* (1941), de Orson Welles, para a mídia impressa, e *A Face in the Crowd* (Um Rosto na Multidão, 1957), de Elia Kazan, para a transição do rádio à tv. Com *Videodrome*, Cronenberg questiona o nexo sentido-sensor entre o videocassete e a nascente realidade virtual. Nessa acepção, seu legítimo herdeiro é o filme super-*splatter Tetsuo: The Iron Man* (1989)[8] de Shinya Tsukamoto.

Esses quatro filmes constituem a tetralogia sobre a comunicação e o conflito entre os meios de comunicação de massa (imprensa, rádio, tv, internet) e o cinema; o cidadão Kane, o vagabundo Lonesome Rhodes de *Um Rosto na Multidão*, Max com sua videocarne, o metálico Tetsuo estão todos

---

8 *Tetsuo, o Homem de Ferro*. Esse filme genial também mereceria uma análise aprofundada. Queremos somente lembrar que, também aqui, o fim do grande pesadelo, feito de enxertos de corpos, metais e circuitos de vídeo termina com o letreiro: *game over*. O termo "splatter cinema" foi cunhado por George Romero para designar seu *Dawn of the Dead* (Despertar dos Mortos, 1978) por sua violência gráfica (splatter significa "respingo", "borrifo").

destinados ao mesmo fim. Uma desintegração: a mídia mata a si mesma e aos seus campeões. Esse é seu *sex--appeal* inorgânico. Seu irresistível fetichismo visual.

Same Time Tomorrow

Como comentário final, gostaria agora de reproduzir na íntegra a poesia-canção de Laurie Anderson citada. Nela se encerram as sensações sutis de quem, por meio da poesia e da música, está dando voltas ao redor de nosso problema da incorporação midiática, e evoca – mais do que afirmando ou criticando – a verdade. A verdade, com efeito, não é demonstrável empiricamente: é apenas evocável poeticamente. Cada um – ouvinte ou leitor, antropólogo ou músico – faz sua escolha final. *Same Time Tomorrow* é o título da poesia-canção, cujo texto desenvolve uma rara capacidade de inserir, na própria trama de sua narração, a evocação de uma verdade incerta. Texto muito simples e polifônico. Ensaio antropológico, análise midiática, exploração poética, tensão musical, exposição biográfica.

Sabe, aquele pequeno relógio, aquele do seu videocassete,
You know the little clock, the one on your vcr
Aquele que pisca sempre doze horas, meio-dia
The one that's always blinking twelve noon
Porque você nunca pensou em mudá-lo?
Because you never figured out / How to get in there and change it?
Assim é sempre a mesma hora, exatamente como saiu da fábrica.
So it's always the same time / Just the way it came from the factory.
Bom-dia. Boa-noite.
Good morning. Good night.
A mesma hora amanhã. / Estamos gravando. [9]
Same time tomorrow. We're in record.

9 Mas também significa "estamos dentro da gravação".

Então são estes os problemas: O tempo é comprido ou é largo?
So here are the questions: Is time long or is it wide?
E as respostas? Às vezes as respostas chegam pelo correio.
And the answers? Sometimes the answers
E um dia você recebe aquela carta
Just come in the mail. And one day you get the letter
Pela qual tem esperado desde sempre. E tudo aquilo que ela diz
You've been waiting for forever. And everything it says
é verdade. Então, na última linha diz:
Is true. And then the last line says:
Queime essa carta. Estamos gravando.
Burn this. We're in record.

E o que quero saber verdadeiramente é: as coisas estão melhorando
And what I really want to know is: Are things getting better
ou piorando? Podemos recomeçar?[10]
Or are they getting worse? Can we start all over again?
Parar. Pausa. [...] Estamos gravando.
Stop. Pause. We're in record.
[...] Bom-dia. Boa-noite.
Good morning. Good night.
[...] Agora estou em você sem que meu corpo se mova.
Now I in you without a body move.
E voamos em nossos corações. À espera.
And in our hearts we fly. Standby.
Good morning. Good night.
Bom-dia. Boa-noite.

Como para Max, o relógio já não é uma coisa autônoma, mas algo a ser inserido no videocassete. O tempo que ele marca é um tipo diferente de tempo. Puntiforme. Imóvel. Imutável. Ao tempo não pertence mais o comprimento, mas a espacialidade: o novo tempo-vídeocassete é espaço interno. Estamos gravando e ao mesmo tempo somos gravados. Um tempo largo...

A carta tão esperada diz, na realidade, que a verdade deve ser queimada... E assim o círculo, ao invés de fechar-se pacificado, continua a se abrir.

---

10 "Start" também no sentido de "gravar".

Nesse estranho mundo, onde é difícil dizer se as coisas estão melhores ou piores, talvez seja suficiente apertar a tecla "pause" para recomeçar. De qualquer jeito, o bom-dia pode ser também uma boa-noite. O tempo será sempre igual amanhã. Mas agora? Agora posso estar em você sem um movimento do corpo. Ou ficar para sempre em *stand-by*. *We are in record*, diria Max, como David Lynch.

7. O FETICHISMO GRAVADO DE DAVID LYNCH

> *Tem cheiro de comida estragada. Deixa na*
> *boca um gosto de cinzas.*
>
> FRÉDERIC-PHILIPPE AMIGUET, *Cinéma! Cinéma!*[1]

O cinema de David Lynch e em particular *Mulholland Drive* (Cidade dos Sonhos) reinventa essa tensão ambígua e genial do cinema expressionista que tem o poder de estragar os sabores visuais e urbanos. Um sabor de cinza fica na boca ao sair do cinema. Questões como identidade, ficção, poder, enigma, erotismo são expostas em todas as multifacetadas complexidades que abrem os olhos de cada pessoa sentada dentro da sala. Ele é um raro diretor-antropólogo que consegue penetrar nas pulsações da metrópole, nas suas arquiteturas comunicacionais, no seu som-ruído ou pop, nas personagens assustadoras. Sua estética cruza e mistura as

---

1 Citado por S. Kracauer, *Cinema tedesco*.

externas de uma metrópole alucinada nos panoramas normalizados e os interiores fetichizados em cada detalhe mobiliário. Cortinas, tapetes, cobertas, móveis: cada objeto é um ser vivente que nos olha e nos espera. Até mesmo a politriz...

Estradas Ubíquas

Uma sequência das mais perturbadoras no cinema de Lynch se manifesta em *Lost Highway* (A Estrada Perdida). O inteiro filme é baseado no radical desorientação psicosensorial e na incerteza identitária do protagonista. Filmado no ano 1996, quando a telefonia digital estava no início, é por isso ainda mais interessante a sequência baseada na ubiquidade de uma personagem misteriosa. Essa sequência antecipa a comunicação contemporânea e, em particular, a ubiquidade de um sujeito que pode ficar simultaneamente em diversos espaços. Durante uma festa, com música banal e casais dançando, uma personagem com um branco viso-máscara se aproxima de Fred e fala: "A gente já se encontrou, me parece". Com a distraída negação de Fred o outro afirma

que se encontraram na casa dele. "Quando?" retruca Fred e o primeiro responde: "Para ser preciso, eu estou ali neste momento." E abre um celular, que hoje parece um artefato arqueológico, o oferece a Fred e lhe diz para discar o número do seu telefone; ele o faz e... responde a voz da máscara! A câmera dialoga em campo e contracampo, até Fred se perder nas estradas imateriais e nos espaços psíquicos.

O código visual e simbólico por excelência é baseado no olhar: Mistery Man, o homem misterioso, é assim denominado pois nunca fecha as pálpebras, diferentemente de Fred cuja pálpebras se abrem e fecham constantemente a comprovar que aquilo que está acontecendo não é um sonho.

Piscar é um ato biológico, visa limpar a pupila; mas é ainda mais cultural, no sentido de que olhar fixo para uma pessoa implica em violência, em dominação, competição, sedução etc. É de bom-tom desviar o olhar da direção de uma mulher ou de um desconhecido. O olhar fixo de Mistery é um misto de horror físico e controle psíquico. Assim, ele é um ser ubíquo e a ubiquidade pertence só ao Divino celestial ou ao Anjo decaído. É um princípio teológico cristão o de que deus nunca fecha os olhos porque precisa nos observar sempre; um controle remoto "original", que causa pecaminosos pesadelos. A presença ubíqua do olhar divino é uma angústia na experiência de cada pessoa que queira sonhar. A dimensão clássica de espaço-tempo salta, se descola e se desordena como quando se perde a própria estrada ou a própria consciência. E o id inconsciente é sem espaço-tempo, por isso se alia com a ubiquidade. A ubiquidade inconsciente de Mistery Man manifesta o poder absoluto de um mistério sagrado incontrolável. Deus te olha em toda parte. É impossível se esconder do olho divino porque Ele tem as pupilas infinitas da ubiquidade ótica. Esse olhar é o inconsciente ubíquo que determina a expansão da psique fora o corpo da tela e de Fred. Perder-se nas estradas psíquicas significa caminhar nas perspectivas encarnadas do videodrome. Ambos os filmes penetram o inconsciente enquanto o sujeito observa a sua dilatação no vídeo ou na estrada. O inconsciente não é mais delimitado só no espaço mental-corpóreo do sujeito, mas viaja nas frequências dos celulares ou nas highways do computador. O representante do id, homem misterioso, se alia à ubiquidade do superego para atacar o ego compacto e assim dispersá-lo nas estradas polvorosas da memória...

Cidade dos Sonhos apresenta uma composição de som e imagem perturbadora em cada moldura filosófico-política. David Lynch é o continuador criativo de visões deformadas e deformantes iniciadas por Hans Bellmer, cuja arte dadaísta irregular se baseava no conceito – elaborado pelo mesmo artista – de inconsciente físico, transformado em inconsciente visual e sonoro. É significativo – para quem adora e pesquisa as relações entre cinema e ciências humanas, em particular a antropologia visual – que o filme tenha sido escolhido o melhor do século XXI numa pesquisa da BBC com 177 críticos de 36 países acerca dos melhores filmes de memória recente[2]. Cinema é fantasia exata baseada em obsessões que têm início na mente-corpo do autor e continuidade com sua ampliação na tela e pela capacidade etnográfica de envolver espetadores diversos que recriam cada sequência, interpretando-a.

Apresento algumas sequências que conseguem fazer explodir visualmente o tradicional sistema narrativo, em que tudo tem início, desenvolvimento e conclusão. Lynch vai além e explora novos módulos multissequenciais nos quais nada segue uma ordem evolutiva. Nesse sentido, aqui nasce o meu ulterior *cut-up* seletivo.

É como viajar numa estrada bloqueada. É como estar sozinho no topo de uma montanha, um lugar do qual você pode olhar para baixo é que Los Angeles ou Hollywood. É como dirigir em uma noite escura numa estrada cheia de curvas. A sensação de não ser real.[3]

Enxame de Mariposas

Na sequência inicial, uma mulher morena está sentada em uma limusine, olhando preocupada, sem entender por que o motorista para no escuro de uma estrada sombria: a Mulholland Drive do título original. Em montagem alternada, se vê uma sequência de dois carros cheios de jovens excitados que se desafiam na contramão. Um carro bate na limusine, matando a todos, exceto a morena que – incólume, mas com perda de memória – sai do carro e caminha, atraída pelas luzes. Segue na direção de Los Angeles, cujo traçado estendido se descortina panoramicamente abaixo.

2 "Mulholland Drive" Leads the Pack in List of 21st. Century's Top Films, *The Guardian*, Aug. 23, 2016.
3 D. Lynch, *Perdersi è meraviglioso*.

Pouco depois, dois policiais estão no local do acidente e descobrem um colar que indica a presença de uma mulher, agora ausente. Os dois olham para baixo, na direção das luzes da cidade que, piscando, atraem mariposas à procura de companhia ou de suicídio.

Os cenários panorâmicos, seja no *set* ou em externas, aparecem absolutamente idênticos, falsos e reais. A mulher chega na planície e caminha pela rua mais famosa de Los Angeles e do cinema: a Sunset Boulevard Lynch homenageia Billy Wilder, e não apenas com essa citação: haverá uma outra, muito curta e posterior. Quando Betty (Naomi Watts) entra nos estúdios para fazer um teste, pode-se vislumbrar por um momento o mesmo carro em que Erich von Stroheim conduz Norma Desmond até Cecil B. de Mille. Percorrer a *Cidade dos Sonhos* significa rever o filme mais significativo a penetrar o sentido do cinema, pois o filme também é uma reflexão sobre o cinema de Hollywood, uma reflexão prismática, não de uma única faceta, mas que se expande sobre planos discordantes e enigmáticos. Eles iluminam o olhar do espectador atraído como uma mariposa. Um cidade dse ilusões letais. Como diz Lynch, "Os filmes, para mim, não são uma forma de fazer política ou algum tipo de comentário nem uma maneira de ensinar alguma coisa. Eles são apenas coisas."[4]

Câmeras Flutuantes

O mesmo Lynch define como flutuante o movimento de sua câmera. E, de fato, ela se apresenta como uma "terceira pessoa". Só não é banalmente material ou inorgânica: a essência imaterial de seu cinema se manifesta em seus movimentos apavorantes de lentidão sábia. A cena no restaurante *Winkie's* tem inúmeras facetas. Naquele local,onde se cruzam diferentes histórias e nomes, um psicanalista fala com seu paciente.

4 Ibidem.

Como *set* psíquico para libertar o inconsciente, parece bem deslocado. Inserido nesse excesso de trivial, movimenta-se uma história chocante: o jovem, a voz fina, expressão abandonada pelas pulsões, afirma que viu um monstro. O psicólogo, incrédulo, o desafia a indicar onde tal monstro poderia se encontrar. O jovem se levanta, seguido pelo homem, e ambos saem dali, e os movimentos da câmera se subjetivam, mas não como na *nouvelle vague*, em que ela era uma extensão do olhar da personagem principal; portanto, uma câmera ainda humanizada, por assim dizer. Aqui, ao se movimentar, a câmera movimenta os próprios olhos. *Ela é fetiche vivente.* Ela tem uma subjetividade autônoma com relação às personagens. É ela que se move lentamente observando algo ou alguém, então é ela a descer as escadas, a mover-se como um ser que desafia a si mesmo e – quando finalmente chega ao canto do muro em L – aparece de repente o monstro. E o jovem desmaia e nós com ele... O terror nos abre os olhos graças apenas aos movimentos dela: a terceira pessoa presente entre o paciente e o psicanalista, *ela*, a câmera flutuante vivente. Nesse sentido, o cinema é ficção porque capta todos os sentidos do espectador. Sua ficção é tão poderosa que nos faz fechar os olhos e suar. Ficção é imaginação exata. Quando exibi o filme na China, em um curso universitário de comunicação em Nanquim, muitos dos presentes gritaram e, em seguida, pelo menos, dois estudantes esconderam o rosto em seus braços, os olhos fechados por toda a duração da cena. "Que haja alguém ou algo atrás da esquina é um dos medos mais radicais."[5]

For Fiction

As mariposas atraídas pelas luzes da cidade letal são, pelo menos, duas: uma loira e outra morena. A primeira – uma entusiasmada e ingênua provinciana – chega à cidade para

5 Ibidem.

uma fazer um teste para um filme, arranjado pela sua tia Ruth. A tia está fora da casa, que havia oferecido à sobrinha como hospedagem, quando a morena entra pela porta aberta, mas, naquele momento, a câmara flutuante enquadra Ruth que se vira e vê que alguém entrou. Em seguida, vem a loira chamada Betty e atende a dona do prédio, Coco, Ann Miller, atriz cuja presença constitui uma outra homenagem ao cinema histórico. Quando as duas mulheres se encontram, Betty mal entende a presença da morena que, por sua amnésia, diz que seu nome é Rita depois de ver o cartaz do filme *Gilda* (com Rita Hayworth). O entrelaçamento das duas mulheres parece idílico, com confiança mútua, apoio e, finalmente, paixão. Inicia-se a investigação sobre a identidade de Rita ao estilo *noir*: muitos dólares em sua bolsa, uma estranha chave azul, um nome no celular que conduz a uma casa abandonada, dentro da qual as duas pesonagens, depois de entrar pela janela, descobrem o cadáver de uma mulher na cama. Cadáver putrefato para um filme letal. A cumplicidade entre elas é acentuada e exibida em duas sequências fílmicas memoráveis, duas performances de cinema-do-cinema, esse que se metacomunica por meio de imagens. Na primeira, Betty está decorando o papel que terá que representar no teste e Rita se oferece para simular a cena na casa. Isso é feito pelas personagens de forma pouco rigorosa, elas leem mais do que interpretam, acompanhada de risinhos quando a jovem quer denunciar o papel de um homem maduro amigo da família.

Na segunda, Betty entra com expressão maravilhada nos estúdios onde se pode ver o mesmo portão de ferro e o Rolls Royce de *Sunset Boulevard* (Crepúsculo dos Deuses). Aqui é feito o "verdadeiro" teste: um ator maduro e sedutor a enlaça, comprimindo o corpo dela contra o seu como se estivessem ainda ensaiando. O "real" sedutor malandro de meninas inocentes. Quando o malandro aproxima uma das mãos das nádegas dela, Betty muda o padrão de falar o seu texto: ela se transforma corporalmente, e enquanto as suas palavras parecem querer fazer com que o sedutor se afaste devido à ameaça que constitui o pai no andar de cima, o corpo dela comunica o oposto. Em vez de a afastar, ela comprime a mão dele contra as suas ancas, e se aproxima, sussurrando ameaças e oferecendo beijos. O próprio homem é surpreendido por esse conflito de linguagens. Os demais presentes também estão impressionados: o diretor inepto que nada tem a oferecer além de palavras vazias mesmo quando diz *action*, o produtor-palhaço, a secretária desencantada, todos deixam-se envolver e se espantar com tal desempenho. Mesmo o malandro ator veterano está preso nas redes da sedução ameaçadora. E todos nós entramos no jogo desse drama que quebra a simetria entre palavras e gestos. Entre a linguagem das palavras e a linguagem corporal. A moral se mistura com a imoralidade, o corpo nega o que a voz diz, a comunicação é sem linearidade. E ficamos diante da tela como mariposas dinate da luz. Em sua última fala, Betty aproxima uma faca invisível (apenas denotada pela mão fechada, como se a segurasse) perto de pescoço dele e sussurra a próxima denúncia em meio a um beijo sensual. O ator maduro mostra-se pasmado e no final todos os presentes aplaudem entusiasmados. Uma estrela nasceu. Betty é levada imediatamente ao *set* onde o diretor – jovem e ambicioso – a observa fixamente. O jogo de olhares trocados produz indiferença no diretor e medo em Betty, que na hora foge. Só que ali, bem como na sequência da tia, algo está errado. Os diretores são diferentes: um é idoso e tolo; outro, jovem e ambicioso. Tudo é duplo no filme.

O inteiro pode ter uma lógica, mas o fragmento, retirado do seu contexto, assume um valor excepcional de abstração. Pode se tornar uma obsessão.[6]

6 Ibidem.

Sixteen Reasons

No *set* de filmagens do qual Betty foge, há um teste ocorrendo. A mulher morena canta um clássico dos anos 1960: *Sixteen Reasons*. Na verdade, é tudo gravado, ou seja, Connie Stevens canta, e a atriz só precisa dublar. A evocação mimética parece perfeita, a cena é "autenticamente" pop; o prazer da citação fornecida pelo domínio rítmico e semiótico; roupas, penteados, gestos, coro são *vintage*, lembranças da época. Modernizadas. A cantora aparenta estar segura de vir a ser escolhida para o filme, quando o diretor a cumprimenta com afabilidade. No segundo teste (similar na composição), vem outra mulher loira, insípida e banal, que sempre canta, com *playback*, *I've Told Ev'ry Little Star*.

O diretor diz a um homem que está em pé atrás dele, "ela é a garota". E a seguir a troca de olhares dfaz Betty fugir. A escolha já foi feita. E então o *dolly*, carrinho com a câmera, se move lentamente para trás até emergir o conjunto da câmera e da equipe técnica; depois, a cena ainda se expande e enquadra o espaço-panorama sem fim de Los Angeles, com suas luzes brilhantes que atraem as mariposas. Mas o *dolly* é imparável, de novo seu movimento amplia a visão da cena (o metametacontexto) que se revela "falso". A moldura do *ultra-set* não passa de uma foto de Los Angeles. A foto é uma locação. Um lugar selecionado pela força semiótica adequada ao contexto narrativo. Nesse sentido, tudo o que aparece é de fato – mais que falso –*fake-for-fiction* ou arte. O duplo se duplica interminavelmente como em uma sala de espelho.

É inútil usar o velho "equipamento" de lógica dualista que distingue o verdadeiro do falso, o autêntico do construído, a ficção da realidade. É cinema; é arte, visão, imaginação. Porque filmado em Los Angeles, a cena da metrópole extensa deve ser completamente verdadeira e completamente falsa. Ficção, no sentido de autêntico. No entanto, essa mesma visão para os espectadores inteligentes ou críticos treinados será desviante. O falso continua a duplicar-se e misturar-se com o sonho. Um sonho-falso. As duas atrizes-cantoras – uma morena e uma loira – são elas mesmas e são outras. Mas tudo isso irá se tornar claro mais tarde. O duplo será diretor, mulher, cenografia, música. As duas "cantoras" – uma escolhida e outra rejeitada – são elas mesmas ou parte de outra trama (*plot*)? O jogo de espelhos deformantes começa a se deixar entrever, talvez, depois de uma segunda visão. Quando se rompe a história linear. "Gostaria de morder as minhas pinturas."[7]

Café Cuspido

O compositor Angelo Badalamenti, que de longa data acompanha o diretor com suas músicas obscuras e densas – e devemos lembrar que Lynch também é músico – desempenha um pequeno papel no filme. A sequência perturbadora faz – pelo menos na superfície – uma crítica severa ao sistema holywoodiano. Na sede da produtora, o jovem diretor, de estilo europeu, enfrenta os chefões: eles querem a mulher loira no papel da cantora, enquanto o diretor escolhera a morena. Nesse ponto, surge Badalamenti, sob o disfarce de um chefe da máfia. Imediatamente, cria-se uma tensão inexplicável diante do oferecimento de um simples cafezinho. Todos os presentes se entreolham perdidos quando entra o garçom e põe a xícara de café na mesa diante do *capo*, e depois coloca uma toalha imaculada ao lado. Ele segura a xícara com seu dedo mínimo aberto, de acordo com uma tradição nacional-popular, prova um pouco de café e cospe imediatamente, com desgosto, no guardanapo, para constrangimento dos circundantes. Enquanto Badalamenti limpa os lábios, um cara responde à afirmação do diretor ("O meu filme nunca terá essa loirinha"): O filme não é mais seu. Porque tudo

7 Ibidem.

238

acontece em ambientes fechados e com pouca luz com a cena *clou* do café inútil: o poder – invisível e inatingível – não aceita explicações. A cena é apenas mostrar o poder cuspindo. "Eu aprendi que logo abaixo da superfície há um outro mundo, e mundos diferentes escavando mais em profundidade." [8]

Chave Azul

Agora, a chave azul aparece, azul como o cabelo da mulher no final. Chave enigmática, que "abre" os sonhos, mistura as identidades, fratura o filme, inverte as histórias e as explica de novo. Outro filme-no-filme é colocado na caixa azul, dentro da qual a câmera penetra num *zoom* para o nada. A caixa está vazia, como atrás da máscara, como a mala luminosa em *Pulp Fiction* ou a caixa preta de *Belle de Jour*. A narrativa explode frente ao olhar "corrompido" pela multiplicidade irregular. A caixa vazia e a chave azul fazem referência à grande dança das identidades. Tudo vacila: a narrativa linear, o caráter moral, a sucessão de sequências, o realismo dos "fatos". O diretor lança a "realidade" para onde ela merece: a regurgitação nojenta do café no guardanapo. Além de *Crepúsculo dos Deuses*, de Billy Wilder, o final parece retomar *The Lady of Shanghai* (A Dama de Shangai), de Orson Welles, onde os espelhos são quebrados como as identidades de Rita Hayworh (ou Rita-Camilla).

Os objetos nos filmes de Lynch participam do mistério, tornam-se delirantes, adquirem uma espécie de realidade estranha e se transformam em objetos histéricos. Veja o caso da politriz que morre – desligando-se –, atingida por balas de pistola, como um ser vivo...[9]

8 Ibidem.
9 M. Ferrazzi, *Con occhi sbarrati*.

Tudo É Gravado

No palco surge o grande *entertainer* que anuncia: "tudo é gravado". Algo que todo espectador sabe, que cada filme é gravado, mas isso não é suficiente para que não nos deixemos levar pelo poder das sequências narrativas. Então, quando a cantora Rebekah Del Rio surge, cantando uma música apaixonada em espanhol (ou seja, fingindo cantar *Llorando*, porque a voz já está gravada e a lágrima é um diamante), que perfura a cortina da trama narrativa, as duas mulheres, agora loiras, começam a chorar, reabre-se a caixa azul e Betty mergulha mais uma vez na história paralela. Ela é possuída por choque, medo, como num transe. As sequências são misturadas e perturbam os futuros narrativos. Betty é Diane, apaixonada por Camilla (a "Rita" morena), que por sua vez é a namorada do jovem diretor: ela é uma atriz famosa que, às vezes, arranja um pequeno papel para Diane, aqui a infeliz obsessiva Betty. Trancada em seu quarto, ela tenta se masturbar, é dominada por pesadelos e, no final, se suicida. Só agora fica claro que o cadáver em decomposição que ela descobriu com Camilla-Rita na cama era o seu – ou talvez tudo seja apenas o sonho de uma suicida em potencial atraída para a cidade letal como uma mariposa. Os nomes não aderem às coisas nem às pessoas.

O filme termina, assim, onde de certa forma começou, em um teatro de falso veludo vermelho, com poucos espectadores e uma grande cantora. No salão meio vazio, sentada no palco, há uma mulher com cabelo azul e maquiagem forte. Diz: "Silêncio!" e vêm os créditos finais: ou eles são os títulos iniciais para enfatizar que a história deve ser revista desde o início? O espectador inicialmente está assistindo ao filme de Lynch como um *thriller*. No entanto, depois de algumas sequências, percebemos que não é um filme de suspense "real", mas outra coisa. Em certo sentido, é o cinema-em-si que simula sua constituição como gênero policial. Só que, para David Lynch, o filme é o assassino e o assassinado. O cinema como meio narrativo sobrevive ao fingir ("ficção") que seja ainda possível fazer um filme policial. Nesse sentido, a câmera é o fetiche flutuante que grava a ficção falsa que, justamente por isso, é verdadeira. Se a morte tem uma identidade compacta, a identidade do sonho afirma seu poder irregular e sem fim sobre as histórias. E sobre as vidas humanas.

O silêncio: é tudo gravado. Para Lynch, claramente... "é muito importante entender como as películas modificam suas percepções visuais."[10]

O Inconsciente Mobiliário

O cinema de Lynch expande o inconsciente não somente nos canais da comunicação mas ainda mais na tapeçaria e, em geral, na escolha do *design* de interiores. Essa visualidade mobiliária anima cada objeto como se ele fosse não só vivo como extensão psíquica do ator, do diretor e de cada espetador. O inconsciente mobiliário é a categoria visual fundamental da psicologia transcendental de Lynch. O id virou tapeçaria.

Os treze novos episódios de *Twin Peaks: O Retorno* movem o plano narrativo ainda mais radicalmente no sentido da imobilidade das imagens. A imagem em movimento é menos significativa que a imagem fixa. O posicionamento correto pra ver o ultimo Lynch é se deter em cada fotograma. Muitas imagens bloqueadas poderiam ser obra de arte como o *selfie* de Cindy Sherman. O estilo tardio dele é exausto. Não é casual que o mesmo Lynch atua no papel de Gordon Cole "o policial surdo": não é mais a acústica das palavras que determina o sentido, mas o mutismo infantil escolhido pelo agente Cooper transfigurado em Dougie. O seu duplo é um eco catatônico que repete só a ultima palavra ouvida. Dougie incorpora muitos duplos: evoca o príncipe Mischkin no *Idiota* de Dostoievski; atualiza Ulrich, de

10 D. Lynch, op. cit.

241

Robert Musil, aquele "homem sem qualidade" que recusa as falsas qualidades dominantes e em decomposição; revive um Sócrates silencioso que não quer convencer mais ninguém com a dialética repetitiva.

Com *Twin Peaks: O Retorno*, Lynch tenta ativamente desestabilizar a segurança do público, então faz sentido que ele também tente quebrar a tradicional relação entre símbolo e significado explícito.[11]

Interpretamos o significado quebrado dos símbolos no sentido de que os fragmentos simbólicos mortos se estendem ao mobiliário e à tapeçaria: aos quartos, móveis, objetos, pôsteres esportivos, animais embalsamados, pinturas inúteis. E a transfiguração dos símbolos em signos se incorpora na fisionomia de cada personagem, uma verdadeira galeria de "monstros", que revitaliza a arte de Francis Bacon. Finalmente, *sound-design* e inconsciente mobiliário coincidem. Coisas e pessoas se unificam por meio da lerdeza perturbante da câmera. Cada movimento causa angústia. Angústia visual. O Retorno é uma galeria infinita de *freaks*. *Twin Freaks*. A pintura visual de Lynch atualiza Lombroso e o purifica graças ao amado Francis Bacon. O diretor

plasma cada *visus* como "Mau" Cooper esmaga a cabeça do inimigo. Cada *visus* é a locação transcendental de David Lynch, um apartamento cósmico aberto à desordem de quartos sem fim. A psicologia de cada personagem é só fisionômica. Um *visus* prisioneiro dentro de apartamentos faciais. *Visus* estrangeiro a si mesmo. Um *visus* tapeçaria. Visus-*design*.

Tal inconsciente mobiliário manifesta um processo implosivo e contrario àquele prefigurado em Gregory

---

11 V. Murthi, Close Reads: In Praise of Dougie Jones, the Biggest Tease in the New Twin Peaks, *Vulture*, 13 June 2017.

Bateson e Mark Weiser; segundo eles, o inconsciente se estenderia pelos canais de comunicação, enquanto em Lynch se percebe um tipo de inconsciente retroflexo, asséptico, desenhado. A meditação transcendental gera monstros por habituar o sujeito a coabitar com eles.

As coisas são objetos embalsamados, corpos assassinados. Os quartos de David Lynch são os abismos de um inconsciente encurvado: atravessar os corredores significa que a ultima solução é sucumbir. Quem morasse naquele apartamento, deveria desligar a luz e fixar a obscuridade: aí chegaria a insônia na frente de quem não é mais familiar e nunca será estrangeiro. Então, aparecerá a cabeça cortada de mulher sobre um corpo decapitado de homem. O enigma inicial e final de David Lynch.

8. EUPORNÔ

*Fazer sexo com os olhos
será como fazer pensamento com a boca.*

HANS BELLMER, *Anatomia dell'imagine*

Introdução

Dentre os conceitos que parecem quase impossível definir, o primeiro é pornô, ao contrário de pornografia. A subtração do sufixo *grafia*, de fato, define melhor esse tema que caracteriza o contemporâneo. A entrada da tecnologia – antes analógica (fotografia e cinema), depois digital – truncou a centralidade da escrita no fazer sentido de uma prática sexual irregular e "comum"; sem mais a escrita, o pornô torna-se seco e duro. Só ouvindo o som das sílabas, o trânsito da escrita elitista, *pornografia*, para a analfabeta, brutal, *pornô*, manifesta claramente a ruptura produzida. Pornô não é imoral nem amoral. É carne sem conceito.

245

A mutação da pornografia na era da comunicação digital – além da perda do sufixo – tem sua representação na oscilação constante do prefixo *pornô*, reduzido a corpo-tronco como a palavra. *O pornô-sem-escrita* e *sem-conceito* é o traço característico da expansão digital na cultura no sentido antropológico, por meio da horizontalidade das redes sociais e da afirmação descentrada da autorrepresentação, da política à arte, das teologias ao corpo. A crescente dificuldade para se traçar a distinção entre as diferenças de atração de sexo, eros e pornô fixam na pupila o centro da visão etnográfica.

Outros aspectos desconhecidos – como expressam suas visões pornô as diversidades culturais? – são também classicamente antropológicos: seria importante saber quais versões pornô são produzidas nos mundos muçulmanos e cristãos, católicos ou protestantes. O que excita um indiano em Mumbai ou um imigrante em Berkeley. Por que homens adultos no Japão desejam as meias de suas filhas estudantes. E os povos indígenas? A internet é agora comum nas aldeias indígenas e assim a trama de mitos ancestrais, sexualidade local, pornografia global, se torna mais complexa. As veredas do pornô indisciplinado são infinitas.

O pornô digital desenvolve novos panoramas baseados em uma mutação opaca do que era o *inconsciente óptico*. A ambígua mescla de óptica e erótica – *eróptica* – cola a tela digital ao corpo-tronco do sujeito. E tal corpo-tronco do pornô se apresenta agora como uma esplanada em que se define a aliança *autoritariamente desinibida* entre o que era um *superego* e os restos do *id*. A desinibição do *ego*, sem os clássicos tabus psicoculturais, em vez de invadir as sendas das potenciais liberações individuais, parece introjetar instâncias autoritárias. A oscilação tendencialmente unificada e compacta da autoridade desinibida perde o aspecto libertário do oxímoro e se volta para o reforço sem conceito de pulsões mais distraídas que destorcidas (ou seja, desprovidas de repressão, sublimação, complexos de culpa), aliadas a *autoritarismos introjetados*.

O *id* que emerge se torna contíguo ao *superego* e, juntos, alagam o *ego* com pulsões diluídas e autoridades aceitas.

O *id* perde a sua função irregular e se torna uma espécie de ex-*id*. Um *id* que não é mais antagonista, mas, sim, aliado do *superego*. Nessa terra de ninguém, habita o oscilante *egopornô* ou *eupornô*: um estranho ser mutante do qual pouco se sabe, muito pouco, e que seria "procurado" com minuciosas etnografias. O escopo deste ensaio é tentar iluminar esse *ego* colado ao pornô e explanado pela aliança incongruente entre o *id* e o *superego*. Muita política contemporânea (inclusive os estudos pornô) flexiona e reflete esse *eupornô*, o legitima e põe em atuação com indiferentes suposições.

Está clara, ao menos para mim, a impossibilidade de definir *o que* é pornô hoje. Quero enfatizar que tal *coisa* diz respeito instantaneamente ao objeto e ao sujeito, ambos arrebatados pelos fetichismos visuais. Uma vez que o sufixo *grafia* caiu, não é mais a escritura de romances semiclandestinos que caracteriza a infração moral ou religiosa, rompendo o lícito sexual em uma determinada época. A consequência mais evidente do *eupornô* é a derrocada do clássico conceito de perversão. Daí a impotência da censura tradicional frente à expansão sem limites do pornô digital. O que era perversão socialmente reprovável tornou-se um ícone transitório sobre o qual clicar; assim, os comportamentos perversos na virada dos séculos XIX e XX são atualmente classificados como itens transitivos – uma pausa temporária sem proibições – de que toda pessoa normal faz uso para satisfazer pulsões distraídas que sedimentam toda compulsão nos próprios territórios psíquicos.

Tais pulsões distraídas flutuam entre essas geleias de *id* e *superego*, estratificam um eupornô adocicado e leve, compõem sutis véus que se abrem como cortinas *on demand* em cenários impensáveis e invisíveis há apenas alguns anos. E agora tão claros quanto indefiníveis. Claro-escuros…

Empírica

A minha hipótese inicial é que haja uma descontínua contiguidade nas várias formas iniciáticas de uma jovem aos segredos do sexo-eros-pornô, de acordo com as épocas e os gostos. Antes um refinado aristocrata e agora um anônimo chefe de escritório seleciona uma "virgem" para iniciá-la nos segredos da libertinagem ou na procura de emprego. A pedra miliária, naturalmente, é a filosofia do *boudoir* que mereceria uma análise detalhada que não é o caso de desenvolver aqui; por isso, permanece velado o *boudoir* e mais ainda a filosofia para futuras transfigurações. Muito cedo, tal filosofia sadiana de ética revolucionária tornou-se uma etiqueta para as boas maneiras com o sexo explícito: uma pornoetiqueta aqui apresentada e analisada por meio de diversos autores e diferentes meios narrativos. O primeiro – Pierre Louÿs – desenvolve as suas pedagogias morais por intermédio de uma escritura irônica, destacada e semiaristocrática para livros clandestinos; a segunda – Annie Sprinkle –, afirma a sua vontade iniciática para o pornô (que ela chama de *post-porn*) por meio de mídias analógicas, uma espécie de missão educativa para as repressões alheias, graças à sua declaração de ser uma puta conclamada pela liberação feminista; o terceiro – Fake Agent – revela-se um teste iniciático, nessa amostra selecionada do pornô digital, um *set* falso-verdadeiro apresenta a iniciação como um teste para um pornô de tímidas estagiárias acima dos dezoito anos; o último explora os nexos entre o cinema pop de Pedro Almodóvar e a *pornstar* Stoya.

O pornô, assim, é analisado quando tem ainda a grafia como apêndice que introduz a boa educação normativa em um livro; quando se expande nos *mix media* do proselitismo *hippie*-feminista; torna-se irrefreável no YouPorn, em que cada *you* pode experimentar essa iniciação; enfim, a pele de pixel unifica o corpo-vagina de um diretor visionário e uma atriz ilimitada. Escritura, meios de comunicação de massa, cinema, YouPorn, tornam-se assim fases diferenciadas que transformam a relação básica baseada na iniciação de uma jovem ingênua no mundo *eróptico*. Jovem que, obviamente, revela-se bem cedo, muito mais esperta que Eugénie, adolescente de *A Filosofia na Alcova*. Assim, inicia-se a viagem através da qual se observa como mudam as relações entre mídia e pornô.

a. Pierre Louÿs. No fim do século XIX, a escritura do pornô, a sua grafia, podia ainda exprimir -se por celeradas invasões no campo da literatura, não só para realizar o desejo implícito de todo tabu – ou seja, a sua infração – como para legitimar as próprias fantasias ilegais. Assim, o escritor era obrigado a uma espécie de racionalização, a elaborar estratégias narrativas caracterizadas por uma certa elegância literária, incursões filosóficas, acenos morais. Por exemplo, Pierre Louÿs – ao compor suas *Petites scenes amoureuses* (Pequenas Cenas Amorosas) – procurava soluções graciosas, variando entre regras de etiqueta erótica e pequenas cenas sexuais, em forma de expressões gráficas e jogos de palavras que, na época, só podiam ser definidas como pornográficas. No breve encontro galante do "cartão de dança", escreveu ele:

Senhorita, você se digna a me conceder sua próxima rebolada?
Senhor, imediatamente, se quiser, ela não está reservada.
Aprecia a enrabada, senhorita?
Muito, senhor. É a dança mais agradável, não acha?
Certamente, é quando se pode foder bundas como a sua!
Você a acha bonita? E o meu furico? Não coloco sombra nele, fique sabendo, é a sua cor natural.[1]

E assim por diante. O que eu queria sublinhar é o jogo irônico com o qual a aproximação amorosa se liga às boas maneiras: o cartão para uma "dança" do baixo-ventre, a maquiagem ausente na beleza autêntica. O texto apresenta um manual para encontros sociais e seduções privadas repleto de deslizes linguísticos que o leitor deve achar deliciosos; aqui não há só o prazer de ler a vida cotidiana na sua inversão pornográfica que, com jogos de palavras descontextualizadas, excita a fantasia da época ao mesmo tempo em

1 *Piccole scene amorose*, p. 92.

que a inseria nas boas maneiras. Uma pornografia educada. Desse modo, a escritura redime por assim dizer o pornô por meio de ironia sutil e, no entanto, é verdadeira pornografia, claramente masculina, mas, talvez, de uma visão masculina que poderia se difundir na mulher justamente por essa característica irônica, eu diria galante, do sexo, compartilhada e dialógica, não violenta nem discriminatória, mas, sim, paritária. É fundamental a brevidade da cena como forma retórica quase absoluta do gênero; tal meio lascivo da narração pornográfica favorece a interação compulsiva, a brevidade é escolha heurística que aumenta a excitação, deixando-a sempre em suspenso, indo em seguida à próxima página, que se imagina mais excitante ainda do que a última. É possível considerar que a brevidade é parte constitutiva do pornô, seja com ou sem grafia. É a compulsão rumo a uma satisfação que nunca se realiza de todo porque se desloca sempre em sucessão infinita, que o digital realiza na íntegra, diferentemente da limitação obrigatória da escritura.

O seu manual de boas maneiras[2] foi ainda mais famoso e não é por acaso que tem em anexo uma série de fotos, já na época bem difundidas, especialmente como desvelamento erótico, de jovenzinhas que mostram as suas graças. Ao recomendar o que deve ou não fazer uma menina bem--educada em relação aos encontros sexuais, o autor exprime

uma carga erótica e espirituosa ao mesmo tempo, por isso a escritura tem um sentido determinante nesse deslizamento entre a ascensão pornográfica e a invenção narrativa. Ou seja, a iniciação ao prazer é determinada por um manual de boas maneiras.

b. Annie Sprinkle. Saltando um século, em 1980, Annie Sprinkle escreve o seu manifesto *Post-porn Modernist: My 25 years as a Multimedia Whore*

2 Idem, *Manuel de civilité pour les petites filles à l'usage des maisons d'éducation* (Manual de Civilidade Para Moças Para Uso de Internatos).

(Pós-Pornô Modernista: Meus 25 Anos Como Puta Multimídia), no qual tem a astúcia de colocar o pornô na mutação paradigmática da época (entre o pós-moderno nascente e a multimidialidade já estabelecida). Ela narra a sua biografia "normal", oscilante entre uma "vocação" não muito especificada, que teve a sua iniciação ao assistir o filme *Garganta Profunda*, participando da cultura *hippie* e, mais ainda, da nascente explosão do fetichismo de massa que estava utilizando, em escala industrial, as inovadoras tecnologias bizarras na pornô-*performance*: "Quando comecei a dar os primeiros passos no pornô, a indústria operava em nível *underground*. Os locais em que filmávamos eram supersecretos, pois corríamos o risco de ser presos."[3] É explícita a sua consciência ingênua de fazer parte da indústria cultural no seu processo nascente, em contraste ao manual de boas maneiras de Louÿs, que ainda pertencia à elite semiclandestina, misturando diversos gêneros. Acentuou a diferença não só linguística entre a clandestinidade da pornografia e o *underground* do pornô.

Seleciono só algumas imagens pelas quais ela se define:

• *performer*: com a Public Cervix Announcement (Exposição Pública da Cérvix Uterina), Annie choca o mundo da arte fazendo com que fosse observado o que o espectador jamais ousara pedir;

• *sex-guru*: Annie se apresenta como xamã do pornô, que, com suas lições espirituais, questiona todas as dimensões do estado orgástico além da repressão;

• *rainha-do-prazer*: Annie conta a sua corajosa exploração da subcultura fetichista do fim do século;

• *pornstar*: enfim, tendo atuado em mais de duzentos filmes de sexo explícito, Annie mostra por dentro e por fora – é mesmo o caso de dizê-lo – o incrível mundo do "sexo bizarro".

3 A. Sprinkle, *Post-porn Modernist*.

Ao ler apenas esses quatro papeis com os quais ela se autoapresenta, torna-se claro como o seu "feminismo pornô-positivo" joga com uma postura tão séria quanto astuta em torno do "espirito da época", ou seja, mescla fragmentos de traços normalmente separados e os resume numa escala pornô; um pornô já sem grafia, mas ainda analógico e que já anuncia a fase seguinte, digitalmente estendida.

c. Fake Agent. O terceiro caso é tirado do YouPorn: em um falso estúdio de TV, decorado do modo mais esquálido possível, um tipo invisível seleciona potenciais atrizes para filmes pornô. Tem o rosto sempre obscurecido de tal modo que – não tendo uma individualidade fisionômica reconhecível – pode sugerir parciais identificações para cada espectador temporário. As garotas – jovens e tímidas, de dezenove, vinte anos, vestidas como qualquer jovem normal – apresentam-se para um "teste"; entrevistadas pelo homem-sombra, respondem, um tanto cinicamente, que estão ali um pouco pelo dinheiro e um pouco para procurar a fama rápida, justamente a do pornô – mas, no fundo, imagino que para o prazer cínico e complacente do espectador ("eu sabia"!), o sexo lhes agrada. A cena é sempre irônica, um jogo dialógico de recíprocas confabulações, do gênero "já sei como vai terminar", mas que deve ser fundamental, pois dura cerca da metade de todo o vídeo. Como antecipado, as garotas devem ser tímidas no início, devem se despir de modo desajeitado e, depois, serem tocadas nos seios pelo homem invisível para verificar se são verdadeiros, ajoelhar-se em um obsceno divã e exibir-se para mostrar os vários orifícios (hoje em dia todos depilados, para não obstruir o olhar). O sujeito, que parece um membro da Associação dos Viciados em Pornografia Anônimos, traja roupas comuns, frequentemente idênticas nos filmes, tem uma câmera na mão e guia o comportamento da mulher (*look at me*), depois a oferece como um presente a ser retomado enquanto é penetrada; mas há um truque ingênuo até demais: os dois não estão sós! Na verdade, há uma outra câmera, fixa, atrás da qual atua um terceiro sujeito ainda mais invisível, que enquadra em plano médio os dois, enquanto a primeira câmera, em plena ação, detalha os primeiríssimos planos erógenos. O tom é sempre o de iniciação da jovem inexperiente na *ars amandi*. A filosofia do *boudoir* se torna uma *fast* filosofia, na qual em poucos minutos "ela" se revela uma *expert* nas variadas técnicas, repetidas em série: do constrangimento à exposição, e então, sucessivamente, sexo oral, penetração frontal, lateral, posterior até a verificação final que o sêmen jorrou no rosto ou na boca para que o espectador fique satisfeito. Tudo em uns oito ou dez minutos.

Esta é a sua autorrepresentação:

O Backroom Casting Couch [teste de sofa] é um *site* sobre as interações da vida real que ocorrem durante as entrevistas de modelos adultas. Nós filmamos garotas chupando, fodendo, engolindo e dando no rabo apenas para conseguir um emprego. Eu contrataria todas elas, no entanto, eu não sou um caça-talentos ... nem há trabalho nenhum de modelo.

Ou seja, o jogo é desvelado desde o início e, no entanto, a trama narrativa, a ficção, digamos assim – mas seria melhor usar a palavra-chave *fake*, já que a encenação é falso-verdadeira –, mesmo nessa clara ambiguidade, encontra o acesso à fantasia "livre".

Ao menos assim creio... Iniciar uma jovem adolescente no sexo é uma fantasia adulta masculina que não está presente no *Decameron*, de Boccaccio, mas que, e não casualmente, manifesta-se a partir do Iluminismo, com Sade. Ele encarna um movimento filosófico que pretende iluminar consciências e corpos através da razão. Eugénie, de treze anos, torna-se o protótipo desse gênero: ressalte-se, porém, que em Sade a ironia está ausente, ele é um aristocrata, o tom é galante e cruel, observa os lados obscuros de um desejo *moderno*, racional e geométrico como as orgias possíveis. A diferença entre sexo reprodutivo e o eros polimorfo é claríssima. No Backroom Casting Couch, ao contrário, visa-se atrair as fantasias de um usuário sem categorização social: os colarinho-branco, os operários ou os trabalhadores sem qualificação. Aqui, o ideal do *eu* não é mais o escritor aristocrático ou a mulher xamânica, mas um chefe médio e banal, dedicado à seleção de pessoal, e esse pessoal que ele seleciona é o corpo de uma atrizinha aspirante, que opta pela via do pornô para ter visibilidade ou ganhar dinheiro fingindo sentir orgasmos. *Fake-orgasmo*. O pornô digital está além das mídias de massa, é um pornô sem massa para um sexo sempre idêntico. É um gênero que não tem início nem fim, eterno como sua aliada, a teologia. Não há necessidade de profissionais, uma vez que as habilidades são determinadas por uma mescla de belezas comuns, performances reprodutíveis, atores diaristas, tipologias que vivem na própria casa: a mulher *old*, a filha *teen*, a imigrante *ebony*, o pai *trans*, o filho *fetish*, o amigo *gay*, o tio *estuprador* e assim por diante, ao longo dos mais de cinquenta pratos que o cardápio oferece. Por isso, o conceito de perversão é obsoleto e o site revela o segredo que todo mundo sabe:

Fake Agent – Estas garotas querem muito ganhar dinheiro fácil ou ser a próxima grande estrela de filmes adultos, mas infelizmente, para elas, eu sou um AGENTE FALSO. Este site é real, perigoso, sujo, e apresenta garotas amadoras falando em fazer coisas que vão de boquetes a *creampies*, anal, gozadas na boca e no rosto! É tão errado, que é certo!

d. Almodóvar-Stoya. O filme *A Pele Que Habito*, de Almodóvar, é um desenvolvimento ambíguo de tal atmosfera: o suposto jovem estuprador da filha do cirurgião plástico é – em vez de ser punido conforme a regra da retaliação – usado como matéria-prima para reproduzir as formas da mulher morta e muito amada, e criar a pele artificial, com o fim único de pedir a ele/ela o orifício "de trás". Assim o viúvo-cirurgião tem um poder erótico maior que o do pai-sem-filha: ele trata o material humano como uma boneca, molda-o com os dedos usando tecidos como se fossem camadas de pele. Usa o corpo aprisionado do quase estuprador como fosse uma casa de aluguel, na qual se pode mudar a disposição dos móveis, tapetes e acessórios. Buracos...

O *corpo-repositório-de-pele* da atriz Elena Anaya me parece muito semelhante ao *corpo-de-pixel* de Stoya. Ambos são muito claros, sem rugas ou defeitos: totalmente artificiais. A primeira, prisioneira da sua segunda pele em posição de lótus-ioga; a outra, exibicionista das suas duplas vaginas em posição de pornô-tantra. Duas exposições que mostram pele e vagina reprodutíveis, como destino que vai aprisionar cada adquirente. Uma olha de lado, apavorada, para o desconhecido que chegará para violentá-la; a outra fixa descaradamente a câmera, ciente de que a vítima não resistirá comprá-la. Uma está sentada no espaço-*yoga* material com objetos sólidos; a outra flutua num espaço imaterial no qual seu corpo evanesce.

Stoya é uma atriz pornô, conhecida também pelas suas aventuras amorosas com personagens bem fora dos padrões usuais, como Marilyn Manson, e que revende com desenvoltura um modelo da sua vagina exposta. Ela inaugura a era da *vagina reprodutível tecnicamente*. E se a "aura" da sua vagina permanece nas cópias é um segredo que só poderia ser desvelado tentando. A operação de Almodóvar não me parece muito diferente, ainda que *Anaya* tenha a vagina invisível porque a "veste" (ou esconde) ainda em um corpo masculino, à espera de se tornar cópia da mulher defunta. Ambas as imagens exprimem o *molde* – um visível e duplicado, o outro escondido e encerrado – como metafísica de corpos reprodutíveis tecnicamente. Tal *mix* de *body-corpse*

(o corpo vivo e o corpo morto) encontra-se em ambas as imagens. As duas mulheres manifestam a incorporação exterminada de um fetiche-sem-fetichismo, além do pornô ou da pornografia. *Pornopixelia*. Tudo é replicável auraticamente: a reprodutibilidade aurática está visível na vagina rosada segurada na mão como um apetrecho de autossatisfação (*sex-toy*) e no sexo transgênico encerrado no forro de pele. Pele-metafórica de Anaya e vagina-metonímica de Stoya. *Almostoya...*

Hipótese

O meu método etnográfico de observação-não-participante tenta explicitar a transição entre diversas ficções morais. Nesse sentido, Pierre Louÿs, Annie Sprinkle, Fake Agent, Stoya-Anaya exprimem as modificações entre pornografia, pós-pornô, web-pornô, pornô reprodutível. Esse processo afirma módulos narrativos, hoje difundidos, que precisariam ser investigados empiricamente e não de forma superficial (como aqui). O pornô perdeu os aspectos populares das pichações de parede e os aristocráticos, literários (de Sade a Bataille), e adquiriu a autorrepresentação como *leitmotiv* da comunicação tendencialmente horizontal (na realidade, ainda muito mais vertical) que as redes sociais oferecem. Ampliando o *slogan* de Andy Warhol, cada um pode representar ser uma estrela pornô por dez segundos. Se o narcisismo mora ainda – ou como se modifica – nesses corpos de pele ou de pixel é difícil afirmar.

A hipótese teórica aqui desenvolvida é a de que a única aliança perversa é a praticada entre o *id* aliado ao *superego* contra o *ego*. O *id* parece esvaziado do clássico antagonismo com relação ao *ego* e indiferente a qualquer eventual sublimação. O famoso dito da metapsicanálise de Freud – onde está o *id* estará o *ego* – afirmava uma continuidade iluminista com uma razão que saberia gerir o *id* e direcioná-lo a uma sublimação cultural: assim Eros e cultura poderiam se pacificar respectivamente. Na visão iluminista freudiana, um *ego* racional consegue iluminar as obscuridades do *id*, domá-lo nos aspectos perversos e direcioná-lo a uma pacificada coabitação com o *ego* na gestão livre do eros individual. Depois, Lacan interpretou tudo em sentido contrário, invertendo o significado prospectivo segundo um abusado racionalismo à francesa; para ele, é o *ego* que deve ser banhado, sexuado, estimulado pelo *id*, ou seja, onde se afirma o *ego* haverá só um *id* pulsional que sexualiza todo o sujeito, realizando a erotização estendida do *ego*. Imagem sugestiva, mas ainda literária, me parece. Seria mais adequada uma hipótese baseada na observação de como a comunicação digital está mudando essas topologias psíquicas. O resultado é um sujeito aplainado que coabita com um *ego* impreciso, fraco, invadido por excessos pornôs sem controle, tabu ou complexos de culpa. Eupornô (sem artigo de gênero) incorpora esse *ego* colado ao pornô. *Onde está o id, estará o eupornô*. O sujeito eupornô perde qualquer iniciação e adere à putrefação iluminada dos pixels. Uma personalidade autoritária diferente daquela analisada por Adorno, em que a famosa escala "F" (indicador latente de *faschismus*) se deveria reescrever Escala F/B, na qual o Facebook é usado enquanto exemplo da ambiguidade atual expressa pelas redes sociais em geral.

Se o pornô é plural, o que é o plural de pornô? A resposta é simples: o plural de pornô não é "escrevível" – é apenas visível.

9. METRÓPOLE COMUNICACIONAL

> *A metrópole contemporânea é ainda mais alicerçada sobre a comunicação visual. Caminhando pelo centro de São Paulo, pela região conhecida como vale do Anhangabaú, deparei-me com tal cidadão silente.*
>
> M. CANEVACCI, *Lusophone Hip-Hop*

Metrópole Performática

Jaz deitado numa parede vertical, parece adormecido, olhos fechados, corpo rígido, cabelos compridos, braços alinhados. Talvez esteja morto... a morte antecipada do grafite[1]. Do lado, um enorme

---

[1] Todas as fotos que ilustram este capítulo são de nossa autoria.

guindaste encontra-se ereto à sua frente, parece estudá-lo, analisando o lado mais adequado para dar o passo seguinte. Duas subjetividades contemporâneas que se enfrentam num interstício metropolitano. O aliado do guindaste é um cartaz colocado embaixo, que explica o projeto arquitetônico, aviso futuro, ameaça política: PRAÇA DAS ARTES – CONJUNTO CULTURAL.

Imagino que o espaço vazio, governado pelo guindaste, em breve será ocupado por um novo edifício que deverá dar sentido urbano à grande praça instalada na frente: o sentido de uma praça das artes (no plural) por meio de um conjunto cultural (no singular). Se esse projeto de artes plurais incluem o homem que sonha ou que é cadáver, não sei. Mas a minha sensação é claramente fúnebre: o corpo do homem já é sutil, arrumado e pronto, quase esperando o avanço do novo prédio, onde o "conjunto" cultural irá comprimir totalmente o corpo na parede pintada. Como num pesadelo. Talvez, essa seja a condição onírica do homem vertical: ele está esperando o seu fim artístico. A obra de arte nunca é eterna, todo mundo sabe, e o grafite tem vida mais breve ainda; seu destino é bem temporário. Incorpora um desejo ou um pesadelo de que nada fica para sempre e nunca vira *vintage*.

O grafite exprime o sentido dessa arte efêmera que continua a se difundir nos interstícios urbanos de muitas metrópoles. Ele é também obra de uma dupla de artistas famosos globalmente: Osgêmeos (Otávio e Gustavo Pandolfo) que, como Aphex Twin, são únicos e duplos. Imagino o terror dele (ou deles?), ao notar a aproximação do outro edifício-conjunto. Morrer emparedado vivo. Infinitas lendas metropolitanas, tradições folclóricas, contos de terror, exploraram essa sensação horrorosa de morrer emparedado. Ou – ainda pior – deixar um pequeno ângulo oblíquo para poder admirar essa obra sobrevivente e quase sufocada pela ausência de ar. O problema é que essa obra já tem grande valor nas galerias de arte do mundo inteiro. Será o valor de troca que poderia salvar o homem deitado?

Osgêmeos o criaram gratuitamente, pela própria vontade de afirmar, em público, uma noção de arte diversa daquela tradicional, baseada só no valor de uso: o olhar da arte de rua exprime um valor gratuito. *Flaneur óptico.* O grafite cria espaço público, cria metrópole. A "Praça das Artes" já é produzida pelo sonho-pesadelo daquele homem bem rígido. Mas o preconceito da maioria dos cidadãos de São Paulo é contrário ao grafite e ainda mais a pichações, distinguindo esses estilos com dificuldade. O homem – tentando modificar a dificuldade paulistana de inovar a própria cidade, de assistir impotente ao bloqueio do trânsito e da identidade urbana – consegue se destacar da parede e, como num quadro de Escher, começa a caminhar para cima, para baixo, para os lados, até chegar ao vale do Anhangabaú para finalmente descansar e refletir quando ou se ir definitivamente à Consolação – na região central.

O destino desse homem que sonha ou que será morto será o mesmo que o dos grafites. Não só em São Paulo. Seja se for destruído, transformado em monumento, transferido para um museu, vendido para um colecionador, aniquilado pelo outro edifício nascente: ele incorporará o destino da metrópole. O posicionamento da prefeitura da capital paulistana, sobre esse tipo de arte de rua, interpreta o crescente conservadorismo paulistano. O prefeito, contudo, é ao mesmo tempo hipersensível à possibilidade de ganhar prestígio (e dinheiro) na opinião pública global. Ele, o homem morto que sonha, incorpora um dos destinos possíveis à libertação expressiva que transita na ubiquidade metropolitana: anuncia um irresistível desejo performático que poderia transformar o sentido estético cotidiano em qualquer metrópole não embalsamada. São Paulo, no entanto, goza da imobilidade de um passado que vira saudade só quando o futuro não é mais presente.

Na perspectiva etnográfica aplicada na metrópole contemporânea, a performance está localizada no trânsito entre autorrepresentação visual, ubiquidade subjetiva, mudanças estéticas. Comportamentos performáticos, espontâneos ou programados, estão se difundindo nos diversos espaços urbanos, segundo modalidades diversificadas e apresentando uma crescente intriga de público/privado. Aqui se cruzam arte pública, *street art*, *writing*, grafite, pichações, publicidade, *adbuster*, *bodyart* etc. Tais cenários são compreensíveis em suas conexões polifônicas, sincréticas, dissonantes da capacidade de vagar no fluxo da metrópole sem uma meta precisa.

Autorrepresentação, metrópole comunicacional, arte pública, cultura digital, sujeito transurbano são os cenários inquietos e intercambiáveis aos quais dirigir o olhar etnográfico cada vez mais caracterizado pela ubiquidade: a etnografia ubíqua emerge do contexto e do método, mistura espaços-tempos, envolve toda a sensorialidade do pesquisador vagante nos espaços urbanos. Para tal fim, o conceito de composição filtra, fragmenta e combina os dados, os apresenta (os "compõe") por meio de uma diversificação de linguagens, para conferir uma compreensão parcial a um "objeto" de pesquisa que cada vez mais se apresenta como sujeito: uma mescla *in between* sujeito/objeto. O sujeito se expande no objeto como o material no imaterial e vice-versa: não existe dialética em tal processo, muito menos síntese. Só fragmentos combinados ("copenetrados") temporariamente de acordo com contextos empíricos e experiências individuais. As tecnologias digitais em expansão não podem ser interpretadas como próteses do corpo humano, mas são copenetrações contínuas e misturas híbridas no curso das quais nem sempre se pode definir onde começa o objeto (um *mouse*, a tela, o teclado ou o *spray*) e o sujeito (os dedos, os olhos, o corpo/mente). O corpo digital favorece as hibridações entre *spray*, *mouse*, mão, diferentemente das próteses analógicas, pelas quais o martelo se acrescenta à mão. Nesse sentido, o *spray* não é uma prótese que se adiciona ao corpo: é um corpo-mente (*mindfull body*) que incorpora e se sincretiza com esse *spray*. É *corpo eXpandido*.

A composição numa parede encontra na performance ao vivo a libido expressiva irredutível do ser sujeito criador da metrópole comunicacional e da revitalização dos interstícios urbanos abandonados. O pichador mistura linguagens e estéticas, espaços e tempos, material e imaterial, arte e ciência. Tal performance ubíqua assume como cenários "interstícios inquietos", conectando redes itinerantes e metrópole transurbana. Com tais premissas, uma etnografia performática, aplicada nos encontros casuais durante o processo de vagar, pode oferecer metodologias díspares adequadas na pesquisa. Renovando as impostações clássicas da antropologia da performance[2], Renato Rosaldo afirma que precisamos observar o ritual antes, durante e depois do seu desenvolvimento, para ter uma compreensão processual e menos institucional do evento. E o ato de pichar é um ritual: só que, em contraposição ao ritual clássico, é um ritual metropolitano, ou seja, individual ou de pequenos grupos interconectados *glocalmente* na experiência transurbana[3]. A hipótese que levantamos é a de que grafites e pichações não são difundidos pela suposta homologação: pelo contrário, eles determinam a cocriação performática da metrópole contemporânea, flutuando entre estilos globais e reinvenções locais. Logo, a primeira leva dos grafiteiros norte-americano tais como Julio 204, Taki 183, Phase II, criaram novas identidades vagantes nos corpos de uma metrópole nascente. Suas *tags*[4] transformaram o anonimato urbano em heteronomias metropolitanas: o conflito torna-se comunicacional e estético, diaspórico e intersticial, técnico e corporal[5].

Linguagens icônicas, espaços intersticiais, conexões transurbanas, histórias biográficas estão irremediavelmente modificados nas experimentações "eXterminadas" – que nunca terminam – nas paredes-textos da metrópole: a ubiquidade transurbana dos atos performáticos codificados

2 Cf. V. Turner, *La foresta dei simboli*.
3 Cf. A. Mulder (org.), *Transurbanism*.
4 *Tag* é tanto a assinatura do autor de um grafite como a assinatura avulsa pelos muros, que pode se referir ao ato de pichar. Pichar é expressar e popularizar um nome, um pseudônimo, uma marca.
5 Cf. D. Lucchetti, *Writing: Storia, linguaggi, arte nei graffiti di strata*.

263

ou espontâneos pode ser o desafio que percorre as trilhas urbanas, atravessando, e misturando fronteiras, culturas, subjetividades. Paredes, parque e *spray*.

A etnografia – disciplina indisciplinada – compõe suas pesquisas, assumindo as linguagens performáticas como adequadas ao campo de trabalho urbano e as apresentando nas composições polifônicas. A etnografia performática vive a experiência subjetiva de percorrer códigos familiares e estrangeiros e ser por eles percorrida, observando com estupor a *confusão* entre etnógrafo, *performer*, espectador.

E deambulando pela metrópole, encontrei outros seres mortos-vivos: no parque da Água Branca, que adoro, fiquei sentado à uma mesa comprida com a Madame Morte. Perguntei-lhe se estava me esperando ou se sua presença era causal. Com muita gentileza, ela me respondeu que era ainda cedo para me encontrar profissionalmente e estava só descansando, devido à fadiga "mortal" de um trabalho exagerado. Continuei perguntando, com alívio explícito, o motivo de usar uma peruca multicolor e um nariz vermelho de palhaço! Ela começou a rir, a mandíbula saltando, até responder que adora Carnaval porque pode trabalhar muito e de graça. Por isso, estava treinando enquanto esperava os dias rituais para ir bem mascarada ao desfile e escolher as pessoas mais bonitas. "E por que as mais belas?", perguntei surpreso. Madame Morte fechou a boca, os dentes rangeram, o pescoço virou e ela começou a observar dois passarinhos que voavam. Entendi que o diálogo findara. Assim, entrei no Sesc-Pompeia, a grandiosa arquitetura de Lina Bo Bardi, expressão de uma arte política que mistura dimensões populares, de massa e de vanguarda. Uma exposição de bonecas me despertou admiração. Sempre adorei as bonecas e os enigmas incorporados nos lineamentos móveis do rosto. Assim, fiquei a imaginar se entre o Estrangeiro morto-vivo na parede e a Madame Morte sentada no parque, existia um fio de Ariadne, invisível e incompreensível, que me direcionava às bonecas tayloristas e grudava os meus olhos na movimentação ininterrupta da sua criação segmentada. Encarei a fragmentação dos corpos-bonecas como se cada detalhe incorporasse um "atrator" super-fetiche... Pernas penduradas como presuntos, cabeças rolando como bolas, bustos cheios de buracos que queriam ser preenchidos, como o corpo-sem-órgão de Artaud, eroticamente polimorfos e desejantes sem limites. Pernas, braços e bustos circulantes, como num carrossel para adultos infantilizados (ou crianças "adultizadas"); embaixo, numa pista linear e móvel, cabeças todas iguais, e, no entanto, diferentes, rolando na linha de montagem organizada tayloristicamente e buscando a beleza de um corpo inteiro. A fantasia se pôs a viajar. Uma vez que os movimentos circular e linear nunca se cruzavam para realizar as expectativas de cada fragmento – ou seja, a penetração sexuada polimorfa –, imaginei que o engenheiro-diretor da fábrica de bonecas fosse o artista surrealista alemão Hans Bellmer. Como todo mundo sabe, ele foi um extraordinário criador de bonecas, inusitadas para olhos domesticados, mas para olhos indisciplinados – que misturam erótica e óptica – ele construía seres erópticos sem censura. Um Pigmalião além de cada harmonia simétrica ou sintética. Pernas triplicadas que se abrem para exibir cada impossível orifício; bocas abertas para receber o desejo inadmissível; cabeças grudadas sem pescoço, olhando-se reciprocamente com pupilas sutis, sussurrantes palavras excessivas ou obscenas... Braços unidos com pernas... Cabeça com um pé no colo, quatros pernas num corpo só, correndo como no *Simpósio* de Platão, rodeando o desejo pulsante de ser andrógino. Finalmente, o Estrangeiro se separou do abraço murado no Anhangabaú e encontrou no caminho Madame Morte na Água Branca e, assim, juntos, deslizavam para chegar ao Sesc-Pompeia, ambos movimentados por uma atração incompreensível. Subitamente, entraram na obra de Bellmer, não sem antes tirar as roupas e, assim nus, penetrar a mandíbula ossificada grudada como um dedo cortado, os olhos vazios foram preenchidos de braços, o cóccix procurava cada buraco disponível, o Estrangeiro – sutil como um papel – enrolava-se com diferentes cabeças... Foi nesse momento que percebi uma voz que repetia: "Senhor... senhor... é hora de sair... Senhor!" Enfim, deambulando pela cidade, encontrei essa senhora elegante e sensual: o busto descansando numa lâmpada pela rua, o olhar distraído, longe, as pernas elegantemente cruzadas, oferecendo um toque de erotismo ao transeunte ("eus"), um braço abandonado no chão e outro invisível ou perdido. Imaginei que ela estivesse esperando o namorado, para recompor-se e abraçá-lo, antes de caminhar com ele, a dançar a dança do desmembramento corporal. Que beleza se encontra nas ruas e que pena que a minha timidez me impediu de comçar a falar com ela. "Será que o definitivo desafio da Madame Morte está incorporado nessa bela mulher sentada na rua?", perguntei-me, mas não achei uma resposta certa e, infelizmente, continuei a caminhar sozinho...

Metrópole Comunicacional

A metrópole comunicacional – diferentemente da cidade modernista e das metrópoles industriais – caracteriza-se pelas relações entre a expansão digital cruzada pelo trio comunicação-cultura-consumo. Esse encontro produz valor econômico agregado e valores como estilos de vida, visão do mundo, crenças, mitologias. A comunicação é um elemento mais decisivo do que a configuração flutuante de tal metrópole, com respeito à qual o conceito histórico de sociedade perde a sua capacidade de enquadrar mutações, inovações, conflitos, tensões. Tal metrópole oferece um panorama ambíguo e potencialmente além de dualismos metafísicos, paradigmas industrialistas, dialéticas sociológicas. A metrópole comunicacional não tem um centro politicamente definido, mas uma constelação policêntrica diferenciada e temporariamente desenhada. Policentrismo significa que a trilogia consumo-comunicação-cultura tem agora uma importância crescente em relação à produção clássica. Esse encontro – baseado em *shopping-centers*, parques temáticos, museus de arte, exposições universais, desfiles de moda, estádios, ginásios esportivos e, obviamente, internet – desenvolve um tipo de público que não é mais o público homogêneo e massificado da era industrial. São públicos pluralizados e fragmentados: públicos que gostam de *performar* consumo e comunicação.

A comunicação digital é ainda mais importante devido às contínuas inovações tecnoculturais de valores comportamentais, linguagens mixadas (oral, icônica, escrita, sonora), relações identitárias. E a cultura – no sentido antropológico que inclui estilos de vida, visões do mundo, mitos etc. – é parte constitutiva da metrópole performática. Nesse contexto transurbano, as subjetividades exprimem identidades tecno-híbridas, procurando narrações autônomas para se manifestar em primeira pessoa (contos, visões, performance, músicas). Tal *multivíduo* – vagante e multíplice – não é um passivo receptor dos eventos culturais, mas parte ativa, sujeito cocriador que modifica os módulos presentes, liberando a própria vontade de autorrepresentação: a prática política da cidadania transitiva na metrópole performática.

Culturas digitais e metrópoles emergentes oferecem não só um suporte técnico, como também o cenário comunicacional descentralizável que determina fraturas sensoriais/racionais em relação ao analógico. Por isso, o olhar etnográfico precisa ser treinado nas pragmáticas visionárias da metrópole comunicacional. Nesse corpo-performático, os direitos de "cidadania transitiva" afirmam-se, movimentando instituições públicas progressistas e iniciativas privadas sensíveis às culturas conectivas, às artes difundidas, às arquiteturas inovadoras. Os panoramas metropolitanos tornam-se tramas narrativas determinadas pelas montagens de experiências fragmentadas, caracterizadas pela espontaneidade performática de indivíduos, grupos, multidão temporária. No processo de ampliação da coisa pública, os interstícios ativam excessos de estéticas que aumentam a comunicação digital na metrópole por meio de códigos materiais/imateriais, caracterizados pelos:

- *design* expandido: uma dilatação do conceito clássico de *design* estendido nos fluxos conectivos. Aqui, cada multivíduo insere cápsulas temporárias de *street art* e *design* polifônico; – comunicação aumentada: adesivo, estêncil, código QR, *mash-up* etc., favorecem potencialidades narrativas de cada sujeito; – tecidos performáticos: **ativados nos processos das experiências urbanas que apresentam um "eus" ubíquo, o singular/plural multividual.**

Perto do Sesc-Pompeia, fica a rua Três Pontes, que é, na verdade, uma rua sem saída, sem nenhuma ponte no horizonte; a lanchonete, na esquina, se adapta a esse surrealismo urbano declarando Km 100, talvez a distância a atravessar até as tais pontes imaginárias. Um trecho de cidade invisível que Calvino infelizmente não viu... Em contraposição, um pesadelo me abriu os olhos quando ia à Universidade Federal do ABC (UFABC): gritei e o motorista parou, desci e fotografei aquilo que nunca teria imaginado na "minha" cidade polifônica. A indicação da "vila

Mussolini"! Mussolini na Grande São Paulo... Caminhei por uma ruazinha e vi outras declarações toponomásticas dedicadas seja ao ditador fascista, seja a Gabriele D'Annunzio, poeta que queria ser o mentor do fascismo em seus primórdios. Antes de chegar à grande avenida, uma rua secundária é dedicada a Badoglio... general italiano que usou gás mostarda contra os abissínios durante a conquista da Etiópia (foi nomeado vice-rei do império), assinou o Manifesto della Razza (Manifesto da Raça) contra judeus, traiu o mesmo Mussolini e governou por alguns meses como um fantoche, até ser condenado como criminoso de guerra. Mussolini, D'Annunzio, Badoglio: a pior Itália política é ainda homenageada em Sampa...

Metrópole Autorrepresentada

O poeta romano Horácio advogava o *carpe diem*, uma capacidade sensível de entender a beleza volátil de um momento vital que não é determinado pelo tempo cronológico, Cronos, estipulado no calendário e subdivido regularmente em frações para melhor controlar a vida política e individual. Para os gregos, existe um tempo diverso (Kairós) que precisa ser vivido intensamente quando chega e, ao chegar, precisa fixar a ocasião que se apresenta de pronto, pois Kairós é rápido em seus movimentos assimétricos, e deve ser agarrado pelo topete frontal, pois atrás é careca. Essa divindade filosófica pode ser relacionada aos códigos digitais que precisam ser agarrados de frente *hic et nunc*, e modificados. Kairós se incorpora nessas narrações vagantes, insere-se numa antropologia indisciplinada por meio da tensão polifônica, dialógica e sincrética entre hétero e autorrepresentação. Os procedimentos etnográficos segundo os quais, tradicionalmente, o antropólogo representava o outro com suas lógicas externas, com escritas e fotografias alheias, com as suas autoridades discutíveis foram – se não exauridas – ao menos atenuadas. Esse trânsito está acontecendo seja devido a estímulos pós-coloniais, seja graças à afirmação, mesmo que minoritária, de uma nova antropologia crítica além do monologismo imperante. Em consequência disso, parece evidente que "quem tem o poder de representar quem" está se tornando um nó central, emaranhado no domínio do "científico", poder esse que uma parte majoritária do Ocidente continua a exercer contra o outro externo e interno.

Uma nova crítica sobre o poder da representação focaliza sujeitos autônomos que constroem o próprio "eus", colocando em discussão as modalidades clássicas de uma representação vertical e autoritária. A questão "de-quem-representa-quem" amplia a crítica sobre a divisão do trabalho, tal como Marx a tinha analisado no século XIX. A atual fase, baseada na aceleração das culturas digitais, inclui outras "divisões" entre sujeitos pertencentes a culturas e experiências diversas: a divisão entre quem comunica e quem *é comunicado*, entre quem tem historicamente o poder de narrar e quem está apenas na condição de ser um *objeto narrado*.

Por isso, entre quem representa e quem é representado, há um nó linguístico específico, relativo ao que chamo "divisão comunicacional do trabalho", que precisa ser enfrentado nos métodos e nas pragmáticas. Entre quem tem o poder de enquadrar o outro e quem deveria continuar a ser enquadrado, ossificou-se uma "hierarquia da visão" que é parte de uma lógica dominante a ser posta em crise na sua presumida objetividade. É insuportável que, na comunicação digital, proponha-se um neocolonialismo midiático com uma divisão hierárquica entre quem representa e quem é representado, entre quem filma e quem é filmado, quem narra e quem é narrado, quem enquadra e quem é enquadrado.[6]

As novas subjetividades se valem da facilidade de uso do PC ou do *spray*, desenhando imagens materiais nas ruas ou editando ícones digitais em casa. A divisão comunicacional do trabalho entre quem performa e quem *é performado* penetra na produção das tecnologias digitais e no uso comunicacional desse mesmo trabalho por sujeitos com

6 M. Canevacci, *SincretiKa*.

uma autônoma visão do mundo. Tal divisão e tal contradição redefinem o cenário do poder no qual a antropologia da comunicação se dispõe a entrar em conflito com toda persistente tentativa de folclorizar e objetivar o outro. O pesquisador externo não tem mais o direito de afirmar-se na sua absolutez, precisa posicionar-se numa definida parcialidade processual que favoreça a autonomia narrativa do outro, renovar as metodologias ossificadas (veja-se o persistente *revival* do termo "tribal"), como as relações de poder baseadas em lógicas coloniais. Tatuagens são *street art* humanizadas: o corpo do sujeito, o corpo do muro, o corpo do pixel, dialogam e se cruzam entre si, mas não se unificam.

A autorrepresentação afirma modos plurais por meio dos quais os que foram considerados por muito tempo apenas objetos de estudo, revelam-se sujeitos que interpretam em primeiro lugar a si mesmos, a cultura da metrópole e cocriam ambíguos valores nas redes sociais. Os novos códigos expressivos, por intermédio dos quais pode ser narrada a cultura de cada grupo humano, não estão mais centrados num saber monológico restrito a um saber icônico-expressivo regressivo. As subjetividades autônomas da comunicação visual elaboram processos narrativos ubíquos em cenários móveis, onde as imagens urbanas subjetivas viajam em todas as direções. Na capital paulistana, o moralismo higiênico contra as pichações é a mais forte das tentativas de enfrentar o caos do trânsito. A poluição visual é uma corrupção moral mais forte que a poluição atmosférica irrespirável. As diferenças semióticas que as culturas "tribais" exprimem (e não é por acaso que a cansada sociologia assimila nativos e grafiteiros) são expostas e vagam entre aldeia, metrópole, internet. Essas representações plurais inovam e cruzam a comunicação urbana e digital, justamente porque são compostas por sujeitos que refletem suas culturas a partir de dentro, segundo modalidades heterônomas.

Sincretismos culturais, sujeitos ubíquos, polifonias narrativas são as premissas metodológicas da metrópole performática transurbana.

Um salto compositivo ultrapassa a perspectiva da "hetero-nomia". A heteronímia pode se tornar visão que altera o *nomos*, transformando-o – de regra estabelecida ou lei imperscrutável – em módulos, flexíveis por alteridade, que são excluídos ou reprimidos pelo sujeito autônomo tradicional. Os direitos de autonomia se baseiam num conceito de cidadania que não funciona mais nos processos de globalização. Se o cidadão é um ser autônomo, o outro é um ser excluído dos seus direitos (*nomos*). Cidadãos na metrópole comunicacional não são mais apenas os residentes, mas toda a galáxia nebulosa de migrantes, viajantes, apátridas, exilados, estrangeiros. Um mundo de sujeitos ubíquos, repletos de cidadania transitiva.

A heteronímia antecipa o *nickname* ou a *tag*; significa atrair ao seu conceito vago as alteridades irredutíveis no sistema de regras dadas; o *nomos* vira mutante nas multiplicidades dos outros. Aplicar heteronímia significa entrar na poesia de Fernando Pessoa. Pessoa (*nomen homen*) usa heterônimos não só pelo gosto de mudar de nome e identidade, mas para dar sentido a estilos de composições diferentes, para sentir como próxima a relação entre o próprio nome de "pessoa" única e o desejo narrativo de inventar identidades diferenciadas.

Tenho o costume de andar pelas estradas / olhando para a direita e para a esquerda, / e de vez em quando olhando para trás... / e o que vejo a cada momento / é aquilo que nunca antes eu tinha visto [...] / sei ter o pasmo essencial / que tem uma criança se, ao nascer, / reparasse que nascera deveras.../ sinto-me nascido a cada momento / para a eterna novidade do Mundo.[7]

Pessoa é um antropólogo espontâneo que consegue ver o que ainda não se viu, que deseja ver algo totalmente outro, que narra a delicadeza sutil de sentir renascer o *eu* profundo e os outros *eus*, como é intitulada uma poesia sua (do heterônimo Alberto Caeiro): Pessoa e pessoa são *um arquipélago de eus*.

7 *O Eu Profundo e os Outros Eus.*

Deambulando pela cidade polifônica, um anúncio da irresistível expansão de um pensamento pseudomágico, astutamente voltado a ganhar dinheiro fácil e almas ingênuas, difunde-se nos espaços urbanos. Dois desses espaços que eu adoro e que me ensinaram como olhar a comunicação paulistana causaram-me ligeiro espanto: na rua Augusta, havia um assim chamado Mystic Mall, que normalmente seria um lugar repleto de lojas, cinemas, jogos, esportes etc., em versão mística. Melhor: de um misticismo sem mística. Uma loja onde um cidadão perdido ou sem esperança pode comprar visões alteradas a um preço bem barato. Um irracionalismo racionalizado se difunde hegemonicamente nos horrores das tevês evangélicas, nas comidas veganas, no goleador "100% Jesus", nos políticos antievolucionistas e – se possível ainda pior – nas atitudes crescentes de grupos chiquérrimos que organizam, na sua própria casa ou no salão dos edifícios, uma seção tecnoxamânica. Um xamanismo sem conceitos e sem antropologia, para convidados que se dispõem a um fumacê ou a tomar um chá de ayahuasca, a fim de alterar uma semiconsciência, às vezes convidando um verdadeiro xamã superpago que causa arrepios no cérebro e na carteira. Transumanismo e tecnoxamanismo são comportamentos espalhados nas elites urbanas. Místicos, obviamente. E esse misticismo barato se difunde também no outro espaço dos meus sonhos, no já citado parque da Água Branca. Ali, a administração pública oferece aos segmentos mais pobres ou médios a possibilidade de gastar só trinta reais para receber um oráculo bem confeccionado ou entrar na feira mística onde, de novo, o xamã é invocado para limpar a sua casa psíquica. Limpeza xamânica, Mystic Mall, oráculos baratos, misticismos evangélicos, astrologia no metrô, perguntas zodiacais, xamanismo transumano: a metrópole inteira pulsa no desejo de realizar outros mundos, sem imaginar que possa modificar este mundo.

Metrópole Ubíqua

Nesse momento, não quero percorrer a história do conceito de ubíquo e como foi mudada a noção de tempo na cultura digital. Nos últimos anos, houve um forte uso desse termo para identificar um *modus operandi* por intermédio da web-cultura. A atual afirmação compartilhada é que a relação entre a *web* e a metrópole é ubíqua: a ubiquidade subjetiva caracteriza as relações espaço-temporais na cotidianidade. A acepção atual de tal conceito herda e expande o de *cronótopo*, elaborado pelas ciências literárias e antropológicas. A sua matriz científica é transformada numa metodologia a ser aplicada nos romances do século xix[8]. O *cronótopo* determina uma visão da escritura na qual espaço-tempo apresenta uma dinâmica complexa, na qual o herói assume papéis ou estilos discursivos que o autor descentra em cada personagem, nos desdobramentos tanto psicológicos como dialógicos. Em suma, o *cronótopo* é pressuposto para o desenvolvimento descentrado da polifonia literária, onde as subjetividades se multiplicam nas suas específicas e irredutíveis individualidades. O herói não é mais projeção monológica do autor, mas cada personagem desenvolve uma autonomia linguística e psicológica, ou seja, polifônica.

Outro conceito afim a ambos é o de "simultaneidade". Os futuristas afirmaram e amaram tal conceito, aplicando-o tanto às artes plásticas (pintura e escultura) como às performáticas, nas quais as declamações de poesia, as músicas, a narração de contos eram apresentadas justamente de modo simultâneo nos palcos. Essa escolha expressiva é de fundamental interesse para o meu discurso: os futuristas foram os primeiros que, como vanguarda, amaram a

8 Cf. M. Bachtin, *L'autore e l'eroe.*

metrópole contraposta ao tédio do campo e aos clarões da lua. Como tal, parafraseando a "metrópole-que-sobe" de Boccioni, emergem panoramas dissonantes, extensões corpóreas, rumores deslocados, em suma todas aquelas sensorialidades aumentadas simultaneamente na experiência tecnológica urbana[9].

A simultaneidade se apresenta como a irmã "material" da ubiquidade, talvez quase filha do cinema nascente, que na montagem exprime uma contiguidade óptica entre segmentos narrativos diversos. Para os futuristas, a simultaneidade é experiência estética feita de enxertos fragmentados de metrópole e tecnologia; um pulsar expressivo de imagens ou "palavras livres" de *consecutio* clássica, possível graças a um sujeito igualmente simultâneo: o futurista. Aquele que tem a subjetividade adestrada para entender flexibilidades estendidas entre os espaços-tempos vividos nos panoramas urbanos. Tal óptica simultânea é poesia para um futuro anunciado nos movimentos icônicos-sonoros que nascem na rua, atravessam a janela do ateliê e se posicionam na tela do pintor e na partitura do musicista. Simultaneamente. A rua vira arte urbana. Ao contrário, o conceito de ubíquo é desvinculado de tal matriz empírica. Talvez a maior autonomia filosófica derive de ser uma condição abstrata da ubiquidade ligada misticamente a um ser divino. O ubíquo não é o resultado da experiência empírica na vida cotidiana como o simultâneo; ao contrário, ele pertence a uma percepção do invisível no qual o comportamento humano é constantemente observado pelo divino e do qual não se foge escondendo-se em algum lugar secreto, porque o ser divino é ubíquo, sempre o controla.

---

9 No "*Manifesto Futurista*", Filippo Tommaso Marinetti – fundador do movimento cuja fundação deu-se em 20 de fevereiro de 1909, em Paris, por meio da sua publicação no jornal *Le Figaro* – descreve a força sedutora da metrópole e do movimento simultâneo, força essa que se experimenta nesse contexto e se expande nas obras de arte. Cf. F.T. Marinetti, Fondazione e Manifesto del Futurismo, em L. de Maria (a cura di), *Teoria e invenzione futurista*.

Na contemporaneidade, o ubíquo desenvolve a imanência lógico-sensorial de caráter material/imaterial; exprime tensões além do dualismo, ou seja, aquele sentir simplificado da condição humana na qual as oposições binárias são funcionais de modo a reconduzir a complexidade cotidiana no domínio dicotômico da *ratio*. Ubíquo é incontrolável, incompreensível, indeterminável. Fora do controle político vertical, da racionalidade monológica, de qualquer determinação linear espaço-temporal. Ubíquo é a potencialidade da fantasia que conjuga espaços públicos e tecnologia. Nessa perspectiva, é possível arrancar a sua apropriação indébita daquilo que é definido como deus e, em consequência, elaborar visões ubíquas para as invenções humanistas que se movem à margem do além: além da fixidez identitária das coisas e do ser que, por tal qualidade, oferece visões poético-políticas ilimitadas. A ubiquidade etnográfica deve ser abordada na pesquisa. A minha identidade de pesquisador não permanece idêntica a si mesma, porque desenvolve, ao mesmo tempo, relações diagonais que usam diferenciadas expressões metodológicas em aéreas distintas, caracterizadas menos geográfica e mais subjetivamente. Tal identidade é errante em relação ao passado industrialista, é uma identidade que oscila entre diversos contextos no mesmo *frame*. Por isso, o olho etnográfico é ubíquo conquanto adestrado para decodificar a coexistência de códigos discordantes (escritos, visuais, musicais, mixados etc.) e a praticar módulos diferenciados.

As coordenadas espaço-temporais tornam-se tendencialmente supérfluas, e se expande um tipo de experiência subjetiva ubíqua. Em tal situação ubíqua, o sujeito comunicacional encontra-se imerso na própria experiência pessoal e na relação instantânea com o outro; e esse outro é igualmente ubíquo, no sentido de que vive onde está ativo naquele momento o seu sistema comunicacional digital. Tal experiência não significa desmaterialização das relações interpessoais; atesta uma complexa rede psicocorpórea, conexões ópticas e manuais, seguramente cerebrais e imaginárias que deslocam também a *imobilidade vagante* da experiência subjetiva. O conceito de *multivíduo* manifesta-se plenamente em tais conexões ubíquas. A etnografia ubíqua expande multivíduos conectivos. São tramas que conectam fragmentos de espaços/tempos/"eus" sem aquela identificação determinada "normal" e que multiplicam identidades/identificações temporárias.

O sujeito da experiência etnográfica ubíqua é multividual.

Anos atrás, encontrei essa mulher ubíqua, cuja identidade sexual, indefinida e expandida, oscilava entre os códigos que ela mesma manifestava com calma: uma bola de vidro que, ambiguamente (mas não muito), assumia uma forma erétil, como a dizer: "Não preciso do falo masculino, porque posso substituí-lo como e quando quero"; os seios marcados com "x" e ao mesmo tempo expostos, em uma interdição visual que mais provoca que censura; tatuagens disseminadas pelo torso anunciando ligações amorosas animalescas e estrelares; a camiseta inútil enfiada com indiferença nas calças. Seduzido pela majestade do seu caminhar, perguntei-lhe se poderia fotografá-la, mas ela me olhou como se eu fosse transparente e continuou o seu desfile.

Metrópoles eXterminadas

As pesquisas jornalísticas, as pesquisas quantitativas, as abordagens generalistas, as visões prescritivas, não conseguem captar o sentido das perspectivas multissituadas, emitidas por aquelas que se definem "culturas juvenis" em geral, e menos ainda pelos grafites/pichações. Esses últimos desenham constelações móveis, desordenadas, de faces múltiplas. Trata-se de fragmentos e fraturas repletos de significados transurbanos: um sentido alterado é posto em ação por um panorama contextual e metodológico, no qual não é mais possível organizar tipologias ou tabelas referentes a um suposto "objeto" da pesquisa. Produziu--se uma fratura disjuntiva nas narrativas dessas culturas que aqui se tentará abordar a partir de perspectivas atípicas, delicadas e descentralizadas, dialógicas e polifônicas. O contexto performático pelo qual passam as culturas juvenis, assume a metrópole comunicacional (material/imaterial) como o novo sujeito plural, diferenciado e móvel. Um humor que corrompeu o conceito tradicional de sociedade. Inútil e deprimido, esse conceito não consegue mais fornecer os sentidos sincréticos, as pulsações irregulares, os ritmos dissonantes da contemporaneidade.

Desaparece a sociedade organizada, dualista, sintética, produtiva, política. Essa sociedade moderna não consegue desenhar a anatomia da história presente e menos ainda a anatomia de sua transformação revolucionária. O caminho da metrópole, iniciado no século XIX, irrompe no cenário já interpretado pelo social (com seus atores asseados, os papéis fixos, o *status* declarado) e ali se inserem suas representações performativas até desmanchar no ar qualquer tradição. Na metrópole performática – em seus módulos diferenciados e escorregadios –, dissolve-se a sociedade como conceito histórico, e difundem-se o consumo, a comunicação, a cultura, os estilos imprevisíveis, a montagem híbrida, os corpos pichados.

O método é desafiado por esses contextos performáticos, não termina e, por isso, é *eXterminado*. É desafiado tanto na busca quanto na composição. O método é uma gaiola enferrujada que pré-criou e encerrou seus sujeitos, organizando-os em objetos puros dos quais extrai regras, leis, previsões, tipologias, prescrições, tratamentos. Contra tudo isso, eu quis descentralizar o método, multiplicá-lo em seu próprio agir, construí-lo e diferenciá-lo ao longo de narrativas assimétricas: assumir como irredutíveis sujeitos, em cada momento, os protagonistas das culturas juvenis *eXtremas*[10]. Contrariamente à tradição socioantropológica, são as zonas intersticiais, os espaços vazios, os atravessamentos dos *borders*, os que me interessam.

Aqui se reivindica uma espontaneidade metodológica polifônica que vai de encontro a todo rigor "objetivo" monológico, a qualquer moralismo holístico ou implacável estatística. Ou então a metodologia aplicável à comunicação urbana baseada sobre grafites/pichações é o desejo da diferença. Recuso-me explicitamente a elaborar tipologias que servem para a banalização sumarizante e rígida. Rótulos da planície e do enquadramento, em primeiro lugar o conceito mais neocolonial de "tribos". A aliança tipológica entre sociólogos/antropólogos e jornalistas constituiu guetos conceituais contra a mudança dos paradigmas, obrigados somente a "fixar" e "uniformizar" aquilo que é plural, fluido, cambiante.

Tipologias e taxonomias estão exauridas. Não está escrito no estatuto férreo das ciências sociais que se deve reproduzir essas gaiolas. E se no estatuto epistemológico de sociologias/antropologias houver a elaboração de modelos (*patterns*) – eu não os seguirei. A viagem aqui empreendida é de outro tipo. Não satisfará nenhum sistematizador. O objetivo explícito é o de aplicar uma metodologia das diferenças, a fim de acentuar os traços de desordenação performática das produções juvenis intermináveis. Não existe uma visão unitária e global das culturas juvenis que seja passível de se resumir a um número, a um código ou a uma receita. A síntese é o instrumento conceitual de ordem, nascido da pólis, que aqui é quebrado; o que resta – fragmentos transurbanos– cruza-se e afasta-se, sem possibilidade alguma de reconstruir a perspectiva do social.

Na tentativa de se redefinir os cenários múltiplos dentro dos quais se colocam os fragmentos juvenis contemporâneos – contra qualquer tradição continuísta –, eliminam-se todos os fios conceituais, baseados em subcultura ou

---

10 Cf. M. Canevacci, *Culturas eXtremas.*

contracultura: e propõe-se o cenário múltiplo das culturas intermináveis. Ou melhor, "eX-terminadas": condições juvenis e produções culturais, grafites comunicacionais não são "termináveis", são intermináveis, infinitas, sem limites. Há muitos anos, venho frequentando zonas intersticiais em Roma, São Paulo, Rio de Janeiro e Florianópolis. Foi-me dada a possibilidade de encontrar, ouvir, olhar e dialogar com muitos jovens estudantes que constituíram as bases móveis a partir das quais pude aprender e satisfazer minha curiosidade excessiva, talvez entusiasmada em demasia e sempre parcial. O menos possível institucional. Repentinamente, encontrei-me diante de uma quantidade imensa de narrativas, saberes, linguagens corporais (*bodyscapes*), muros falantes, estilos icônicos, *flyers* de parede, músicas ruidosas, emoções causadas pelo risco, comunicações fluidas. As narrativas englobam e envolvem algumas individualidades que acenderam a nossa paixão cognitiva de formas diferentes.

Os grafites são um sintoma da mudança de uma cidade em metrópole. A partir de perspectiva histórica contemporânea, é possível afirmar que já os primeiros grafiteiros de Nova York elaboraram uma comunicação performática baseada numa multiplicidade de nomes, apelidos, *nicks*, *tags* etc. Os grafites se colocaram dentro da crise de identidade como sólidos, industriais, eternos, seja na identidade pessoal, seja na metrópole, seja nos detalhes de ruas, edifícios, muros, concretos, ruínas. E graças a eles – os grafiteiros –começaram a renascer, adquirir outras e mutantes identidades, e serão mais difundidos pela cultura digital. Por isso, a relação entre culturas *eXtremas* praticadas na metrópole – uma metrópole comunicacional, performática, ubíqua, *eXterminada* – e as culturas digitais expandidas no *cyberspace*, é parte constitutiva da experiência transformadora atual. Os nexos entre muros e telas, *spray* e *mouse*, corpo e metrópole, são – de novo – performáticos, ubíquos, *eXterminados*.

Gustavo Coelho foi meu aluno em Roma. Tímido e discreto, participava das aulas em silêncio. Manifestava interesse nas culturas eXtremas e queria continuar a pesquisa no Rio de Janeiro. Anos depois, eu o encontrei justamente nessa cidade e fiquei impressionado com o trabalho etnográfico que estava fazendo. Vídeos complicados junto com artistas pichadores escaladores de prédios. Mas fiquei impressionado com o *seu* corpo: uma multidão de tatuagens desenhava a sua filosofia de vida e de pesquisa: pichadores que desafiavam o sentido comum, transformando uma parede anônima em obra de arte. Incorporar essa mensagem foi e ainda é parte constitutiva da tese dele que, justamente, precisa expandir sempre mais as narrativas, misturando a escritura com o visual e o texto com o corpo.

Pós-Final

Imagino que uma política metropolitana (e não urbana nem partidária), uma cidadania transitiva (e não territorial nem mono-identitária), uma criatividade performática (autor-representada), uma subjetividade ubíqua (multividual) depende do comportamento artístico do nosso silencioso homem que está dormindo ou *morrendo* no vale do Anhangabaú. Espero que o Estrangeiro acorde e tranquilamente comece a caminhar por São Paulo, chamando à ação todas as outras figuras ainda paradas no concreto modernista, cruzando uma cidade bloqueada no trânsito e na psique, em posturas anti-imagem, antipublicidade, antigrafites, antiantipichações, antitudo. E assim, movendo-se numa passeata eXterminada. Que ele possa começar a antropofagizar os paulistas, declarando que uma cidade é viva quando muda e vira metrópole: e o prazer das dissonâncias não significa suportar ou aceitar, mas desejar as diferenças radicais que contribuem para criar a beleza sublime do transurbano desafinado. Mas esse desejo não se realizou. Em fevereiro de 2012, um pouco antes do Carnaval, o prefeito Gilberto Kassab decidiu apagar a obra de Osgêmeos, supostamente com o "consentimento" deles. Uma obra de arte, uma vez realizada, não pertence mais só ao autor, vira pública ou privada. Nesse caso, é arte pública e, se é pública, pertence ao público de São Paulo. A questão é: qual público? Penso que o prefeito interpreta os sentimentos fantasmáticos de um público conservador. *Ele* – o Estrangeiro – agora não é mais uma ameaça ao olhar higienizador desse tipo de público: assim, este mundo fica mais limpo e puro. O "Conjunto Cultural" realizou o seu fim estético: destruindo essa obra, criou um involuntário *happening* sobre a efemeridade das artes. Nesse sentido, a irônica resposta atribuída a Picasso no tocante à pergunta de um alemão sobre a identidade do autor de *Guernica* – *o autor foi você* (*os nazistas*) – é restaurado por Gilberto Kassab: o autor final do fantasma foi ele...

10. CONCLUSÕES METAFETICHISTAS

Os homens são comunicação.
O vídeo é comunicação.
Os homens são vídeo.[1]

Finalmente, acompanhando e desenvolvendo Gregory Bateson, o conceito de ecologia foi desvinculado de sua coincidência com o ambiente "naturalístico", para ser estendido às influências crescentes daquilo que é o panorama por excelência da nossa cultura: o ambiente visual. Tal ecologia visual procurou seguir, compreender e também

---

1 Como podemos notar, esse é um silogismo trôpego, que retoma e modifica em seus predicados o silogismo de um esquizofrênico, citado por Bateson em *Steps to an Ecology of Mind*: "Os homens são mortais/ a grama é mortal/ os homens são grama." Em ambos, em que pese seu erro lógico ou talvez justamente por isso, estão contidas algumas verdades e está explicitada aquela "estrutura que conecta" a grama, o vídeo, o homem, em oposição às rígidas categorias classificatórias que teorizam uma separação ontológica entre natureza, cultura e comunicação visual.

283

transformar a expansão crescente da comunicação digital e da relativa poluição simbólica. Destarte, essa ecologia visual experimentou o seu *fazer-se* fetichista, experimentar o metafetichismo é assumir a perspectiva de uma *antropologia-não-antropocêntrica*. Animismo, totemismo e fetichismo são retomados da tradição etnográfica, descontextualizados, redefinidos e deslocados para dentro das condições comunicacionais atuais. São vírus injetados em *videodromes* ampliados, percorrem a obscura Mulholland Drive, cruzam histórias e mitos, desafiam o pornô sem escritura, cheiram perfumes, furam os olhos e cortam cabeças.

O objetivo de *comunicar sobre a comunicação* – ou seja, o metacomunicar – é focalizar a maneira de cruzar e misturar as tramas que conectam "fontes" tão diferentes. Panoramas urbanos e faciais, diásporas étnicas e *morphing* digitais são transportados para a *constelação visual* selecionando fragmentos qualitativos, sendo possível desenhar, mas não sintetizar no movimento dos sentidos. Com efeito, a urdidura da comunicação contemporânea não está dada, seja pela nebulosidade do objeto, seja pelas dissolvências do *frame*, e nem, sobretudo, pela escolha metodológica que tende a adequar-se às formas nebulosas e dissolventes existentes nas *coisas-seres* visuais. Assim, foi recusado o método único que canaliza o objeto da pesquisa dentro da hipótese da pesquisa, confirmando *a priori* tudo aquilo que deveria ser verificado sucessivamente. Dessarte, procurou-se uma narrativa mais descentralizada e individualizada, mais sensível à variabilidade dos veículos da comunicação. E, recusando uma abordagem sintética, a pesquisa abandonou as visões sincréticas, fetichistas, polifônicas. A perspectiva final coloca as peças de um mosaico instável, *pixelado*, desordenado, que pode conferir um sentido parcial, desenhando um mapa da cultura visual que – mais que definir – desorienta a observação e desafia os olhares.

A interpretação de cada seção procurou desenvolver um diálogo descentralizado com os diversos fragmentos da comunicação, como se cada imagem fosse um sujeito interrogado e interagente, cada um com a própria sensibilidade e a sua biografia – e não meros objetos para classificar.

A constelação da comunicação visual é o resultado de uma seleção essencialmente qualitativa, que busca dar orientação desorientando a representação da mudança cultural. A meu ver, é claro que tal mapa já está mudando; e que essa extrema temporaneidade, em vez de desconforto ou incerteza, causa estranha euforia. Essa mudança delineia uma "ordem mediante flutuações". Tal conceito parece adequar-se àquela fase que se desenvolveu a partir dos anos de 1970 e se acelerou com o digital: uma espécie de acumulação originária de imagens afins com a exploração corsária já percorrida pela indústria. Esse período "anárquico" da comunicação visual conduz a um novo tipo de ordem, na qual se regulam e se dissolvem em continuação novos equilíbrios, caracterizados por um alto grau de *entropia visual*[2]. A comunicação visual – que transita e conecta a mente individual com os circuitos da informação – sofre vários graus de desordens, imprevisibilidades e casualidades como outros agregados. Essa entropia visual emana tramas que "alimentam" uma *estrutura dissipadora*[3], que torna obsoletos, ineficazes, superados cada mapa definido ou paradigma bem temperado. Os impulsos imanentes na entropia visual produzem acelerados sinais dissolventes. Essa desordem perturba a comunicação visual e os seus observadores, enquanto exige mudanças por qualquer código dado. Mediante tal fato, o hábito metodológico do olhar deve ceder espaço ao estupor, ou seja, à porosidade da pele psíquica treinada pelo encontro com o estranho que favorece uma trama culturalmente dissipadora.

2 Nas artes e na comunicação em geral, existe um mecanismo interno que obriga a desordenar os níveis estéticos e perceptivos historicamente consolidados. Cf. o metálogo (ou metadiálogo) de Bateson, "Porque as Coisas Acabam em Desordem", com o qual, não por acaso, inicia sua "Ecologia da Mente". Cf. G. Bateson, *Verso un'ecologia unecologia della mente*, p. 35-40.

3 Cf. I. Prigogine, *La nuova alleanza*.

A relação entre centro e periferia na comunicação visual consiste nas tensões dificilmente resolvíveis entre mutação e estagnação. Bateson denomina isso de trama que conecta os mundos humanos, animais, vegetais e inorgânicos. Nessa contradição, um *sujeito fraco*, longe dos círculos que irradiam inovações, pode esticar-se e lacerar-se para não se integrar nos modelos dominantes da comunicação visual; ou então se afrouxa e cede à homologação. Difunde-se dessa maneira um *duplo vínculo de tipo antropológico*, cada vez mais transcultural, multiétnico e polissêmico. É uma espécie de *antiecologia da mente*, na qual culturas sempre mais numerosas são envolvidas por laços contraditórios: se se aceita a mudança cultural, dissipa-se a própria identidade, e o prazer se inverte em lamento; ou, ao permanecer estático na próprio cultura, tem-se por resultado um isolamento na própria anomia folclórica.

O grande desafio da comunicação atual é o de aceitar o insuprimível processo de transformação, descentralizando o máximo possível cada solução, na busca de um equilíbrio instável, no qual cada sujeito se autorrepresenta e decide as direções criativas dos sincretismos digitais. Quebrar esse duplo vínculo é fundamental, e nas próprias experiências de Bateson citam-se casos de libertação de potencialidades criativas. A produção e a cultura visual podem percorrer tramas sincréticas de cultura não homologadas pela integração e nem museificadas pelo isolamento.

Enfim, outro desafio – que aqui pode ser somente anunciado – mais complexo, dramático e necessitado de outro módulo de imaginação exata se refere à crise da dialética (ou da dicotomia) entre público-privado. A discussão, nos últimos anos, coloca dois pensadores contrapostos que debatem essa questão: Eli Pariser na sua obra *The Filter Bubble* (2011) afirma que a proliferação digital nas redes sociais personaliza o utente apenas para usá-lo como autoprodutor do seu *alvo* publicitário, que será utilizado pelas grandes corporações digitais. Isto posto, Apple, Amazon, Google e Facebook elaboram um algoritmo de controle dos utentes e concentram o poder econômico, tecnológico e comunicacional. Os filtros são baseados nos *big data*, ou seja, em cálculos matemáticos que concentram e selecionam as informações (prevenientes de *e-mails*, GPS, iPhone, redes sociais, aplicativos), que viram *target* pela publicidade individualizada, de-politicizando o público e controlando a sociedade. O *user* não é mais um *prosumer*, que produz valor trabalhando de graça para o Google. Cada utente vira uma cifra por meio da sua identificação via *software*, que segmenta perfis específicos; desse modo, cada um vive inconscientemente numa bolha invisível criada para si por meio dos *big data* que selecionam cada comportamento digital, desenhando os interesses individuais específicos. Em conclusão, os filtros decidem tudo aquilo de que "eu" gosto, segundo a tradição massificada do século passado.

Ao contrário, Byung-Chul Han (influenciado por Flüsser) percebe a rede como libertação potencial, com base nas dimensões progressivas da fragmentação individual[4]. Ele afirma a urgência de um novo paradigma político *a-social*, baseado sobre coordenadas mentais inovadoras; critica o conceito ainda hegemônico de coletivo e avalia positivamente o desaparecimento da esfera pública na rede, considerada fundamento da democracia política por Habermas. Han inventa o conceito de *digitale Schwarm* (enxame digital) que não é uma massa, mas uma nuvem insetívora na qual cada pessoa não se constitui na forma partidária ou ideológica. Uma democracia sem opinião pública ou uma democracia do *Schwarm*. Infelizmente – depois do enxame de abelhas –, inventa uma relação entre o pensamento de Rousseau (a "vontade geral") e a internet, elogia o rebanho citando erroneamente Nietzsche, até se precipitar numa indistinta racionalidade pré-comunicativa. Comunicar como abelhas e ovelhas seria a política sem partidos nem ideologia. Em conclusão, os dois pensadores, como um

---

4 Cf. *Im Schwarm: Ansichten des digitalen*. (No Enxame: Reflexões Sobre o Digital).

amigo filósofo italiano me escreveu: "desenham um futuro que já é passado"[5].

Na minha conclusão, quero explicitar essa declaração de intenções: o livro aplica uma metodologia antropológica fetichista para verificar se é possível praticar a hipótese de um metafetichismo, além dos domínios políticos e das teorias dicotômicas afirmadas nos cursos históricos.

O crescente problema da cultura digital dá ensejo a uma proliferação dos mais diferenciados *fetichismos visuais*. Isso tudo significa que um novo e perturbador paradigma está envolvendo e transfigurando esse conceito. Em outro ensaio enfrento a tradição colonial pela qual tal conceito de fetichiamo nasceu, seu desenvolvimento de Marx com relação à mercadoria e à aplicação que Freud fez dele nas perversões sexuais. Enfim, no sentido "comum", o fetichismo é ainda percebido como qualquer coisa de mágico, irracional, primitivo. Todo esse quadro parece radicalmente inadequado.

Os fetichismos visuais – materiais-imateriais – desenvolvem uma pragmática além do dualismo clássico e da mesma dialética; o fetichismo pode se liberar das incrustações conectadas à reificação, alienação, perversão; incorporar um desejo parcialmente desviado conquanto difundido em culturas diversas: enfrentar as relações orgânico-inorgânico, corpo-mercadoria, *skin-screen*, carne-tecnologia, nas manifestações míticas, sagradas ou artísticas que animam o que parece *coisa* morta. O fetichismo conecta, cruza e mistura reificações e petrificações, histórias e mitos, tempos e espaços. Está inserido no corpo do capitalismo atual e nos ossos mitológicos transculturais que convivem na cotidianidade. O fetichismo não anima só a mercadoria e reifica

---

5 Decio Murè, em comunicação pessoal (na conferência "Software e Big Data nella comunicazione digitale", 2016): "Han nos dá um livro de visões escuras do digital, cheio de imagens poderosas, afiadas e, às vezes, ao limite do genial, mas falta, quando mais é necessária, a filosofia: a produção de uma teoria, o esforço do conceito na lentidão hegeliana, caindo na velocidade comunicacional, naquela velocidade da informação que não é reflexão, que é o próprio objeto principal da crítica" Cf. A. Lucci, *Peter Sloterdijk*.

os trabalhadores: *ele* vivifica o que é fixo; um objeto, uma coisa ou uma imagem.

Da minha perspectiva, as novas formas de fetichismos digitais exprimem tendências além do paradigma dualista. Nesse sentido, o *metafetichismo* por sua vez se relaciona com outro conceito praticado em diferentes modais e em diferenciadas culturas: o da *metamorfose*.

O cruzamento potencial entre *metafetichismos* e metamorfoses é praticado por meio dos *sincretismos culturais*. Essa compulsiva mistura de códigos, estilos, comportamentos, artes, modas, espécies e coisas, desenha cenários que estão se tornando fundamentais nas culturas políticas contemporâneas. É tempo de apoiar o potencial de *ir além*, incorporado nas reificações ou perversões contemporâneas, bem diversas das industriais. E de imaginar metafetichismos em seu alvorecer – sincréticos, polifônicos, ubíquos.

Destarte, o livro apresenta uma constelação fetichista de publicidades, cinema, músicas, *mass media* e rede social, a partir de uma seleção qualitativa empírica: o fetichismo – conceito de matriz colonial – esconde um desejo obscuro/luminoso que os portugueses tentaram encerrar numa regressão primitivista e animista, sem história, nem teologia. O animismo como uma *anima* (alma) secundária e inferior. *Anima* degenerada ou não desenvolvida. As potencialidades imanentes ao fetichismo aspiram a um desejo de resolver as diferenças entre o que está morto e o que está vivo, entre o sagrado e o cotidiano, entre o sexual e o erótico, o trabalho e a arte. Em conclusão, o fetichismo incorpora o desejo de vivificar fragmentos culturais, além dos paradigmas dicotômicos ou da dialética sintética: fetichismo é filosofia pragmática perturbativa que entende a relação entre reificação e petrificação, entre mito e razão. E a dissolve.

Denomino *metafetichismo* essa constelação sincrética vagante. Nele, sobrevivem desejos transculturais, esperanças políticas, performances marginais, desvios subterrâneos que flutuam, diferenciam-se e se misturam nas diversas culturas. *A imaginação exata do metafetichismo explora uma antropologia-não-antropocêntrica*, em que coisas, mercadorias, objetos, são liberados da sentença de serem úteis ou mortos. Os metafetichismos se sincretizam com as metamorfoses e, juntos, afirmam a potencialidade de subverter o "estado das coisas": porque as *coisas* são materiais-imateriais e não têm *estado*, mas movimento.

Por fim, voltemos ao silogismo esquizofrênico citado no início, pois, justamente em seu erro, oculta-se uma grande verdade. O erro, por vezes, possui a capacidade de explorar aquelas regiões irracionais da existência que não são controladas pela pura racionalidade. Ou que, com ela, não coincidem. No erro, pode haver uma aporia para a lógica (uma certa lógica), mas nem sempre para a existência individual. Assim, nas dobras daquele erro – que vê uma contiguidade ecológica entre grama e humanidade –, estabelece-se uma verdade diferente: ser grama é parte da humanidade, existe uma contiguidade imanente a cada forma de vida e inclusive entre o orgânico e o inorgânico.

Procurei transportar aquele erro de uma trama ecológico-naturalista para uma ecologia-comunicacional-digital.

É interessante notar que, aceitando-se jogar com esse erro, é possível elaborar uma trama em forma de *patchwork* – ou seja, conferir sentidos e sensores, visões e visores – para conectar as pesquisas exploradas ao longo deste ensaio: as mudanças expressas no *Videodrome* de Cronenberg, nos corpos balineses em *transe,* no enroscar perfumado dos corpos, na animalidade de Tigra; nas poesias mítico-fílmicas de Pasolini (*não existe nada de natural na natureza*), na proliferação de *visus* e *videoscapes*. Talvez, o mesmo ruído, a mesma luz ou o mesmo abismo emitidos pelas caixas-pretas, luminosas, azuis de *A Bela da Tarde, Pulp Fiction, Mulholland Drive*. No silogismo errado – os homens são vídeo (ou *videodromes*) –, é possível encontrar uma parte de verdade daquilo que se afirmava no início: que a fantasmagoria visual pode ser decifrada e liberada somente arriscando-se fetichisticamente a *fazer-se ver*.

IMAGENS

Índice de Fotos

1. Anúncio de Tigra.
2. O transe e o beroek, de *Balinese Character*.
3. Duplo vínculo, de *Balinese Character*.
4. Catherine Deneuve (Séverine) em *A Bela da Tarde*.
5. Quadrinho de *Solo quando rido*.
6-8. Evolução das logomarcas de McDonald's, Mastercard e Starbuck's.
9. Propaganda de jeans Levi's.
10. Mulher e grafite assassino em São Paulo; foto cortesia de Bruno Giovannetti.
11-12. Cindy Sherman, "Selfie! No filter, hahaha" (2017).
13-15. Cenas do comercial de Égoïste.
16. Margaret Qualley em cena do comercial de Fragrance.
17. Foto publicitária de Fragrance Pour Homme.
18. Crânio totêmico.
19. Máscara, falso Agamêmnon.
20-25. Imagens dos filmes de Pasoline mencionados.
26-31. Cenas de *Videodrome*.
32. Mistery Man de *A Estrada Perdida*.

33. Cena de *Twin Peaks: O Retorno.*
34. Foto da coleção Pierre Louÿs.
35. A pele dupla de Elena Anaya em *A Pele Que Habito.*
36. A vagina dupla de Stoya.
37. Estrangeiro, por Osgêmeos.
38. Parque da Água Branca, na zona oeste de São Paulo.
39. Sesc Pompeia, zona oeste de São Paulo.
40. Boneca desmembrada.
41. Códigos bizarros em São Paulo.
42. Código fascista na Grande São Paulo.
43-45. Códigos místicos na rua Augusta e no parque da Água Branca, em São Paulo.
46. Parada do Orgulho Gay em Roma, 2006.
47. Corpo-metrópole na tatuagem/pichação de Gustavo Coelho, 2012.
48. Estrangeiro desaparecido de Osgêmeos.

Peças Publicitárias, Quadrinhos e Outras Artes Visuais

501 (Levi Strauss).
Égoïste (Chanel).
Tigra (Opel).
Fragrance Pour Homme (Ferrè).
Fragrance (Kenzo).
Vagina (Stoya).
Fake Agent.
Estrangeiro (Osgêmeos).
Tatuagem/Pichação (G. Coelho).
Same Time Tomorrow (Anderson L.).
Solo quando rido (Superman).

Filmes

ALMODÓVAR, Pedro. *La Piel Que Habito* (A Pele Que Habito). Espanha, 2011.
BECKHAN, Michael. *The Kayapo Out of the Forest* (Os Kayapòs Saindo da Floresta). Inglaterra, 1989.
BUÑUEL, Luis. *Belle de Jour* (A Bela da Tarde). França-Itália, 1967.
COPPOLA, Francis Ford. *Apocalipse Now.* Estados Unidos, 1979.
CRONENBERG, David. *Videodrome* (A Síndrome do Vídeo). Canadá, 1983.
HITCHCOCK, Alfred. *Psycho* (Psicose). Estados Unidos, 1960.
KAZAN, Elia. *Un Volto nella Folla* (Um Rosto na Multidão). Estados Unidos, 1957.
LYNCH, David. *Mulholland Drive* (Cidade dos Sonhos). Estados Unidos-França, 2000.
PASOLINI, Pier Paolo. *Edipo Rey* (Édipo Rei). Itália-Marrocos, 1970.

PASOLINI, Pier Paolo. *Medea* (Medeia). Itália-França-Alemanha, 1969.

PASTRONE, Giovanni. *Cabiria* (Cabíria). Itália, 1914.

PATIRA, B.; WAIASSÉ, C.; TSEREWAHU, D.; PROTODI-SUYA, J. *Wapté Mnhõnõ, a Iniciação do Jovem Xavante.* Brasil, 1998.

ROUCH, Jean. *Les Maîtres Fous.* França,1955.

STEVENS, George. *Gunga Din.* Estados Unidos, 1939.

_____. *Shane.* (Os Brutos Também Amam). Estados Unidos, 1953.

SCHIPPER, Sebastian. *Victoria.* Alemanha, 2015.

TARANTINO, Quentin. *Pulp Fiction* (Tempo de Violência). Estados Unidos, 1994.

TSEREWAHU, Divino. *Ou Racha!, vamos à luta.* Brasil, 2002.

TSUKAMOTO, Shinya. *Tetsuo* (Tetsuo, o Homem de Ferro). Japão, 1989.

BIBLIOGRAFIA

ADORNO, Theodor W. et al. *La personalità autoritaria*. Milano: Comunità, 1973.

ADORNO, Theodor W.; Horkheimer, Max. *Dialettica dell'illuminismo*. Torino: Einaudi, 1966.

APPADURAI, Arjun. Disjuncture and Difference in the Global Cultural Economy. In: FEATHERSTONE, Mike (ed.). *Global Culture*. London: Sage, 1990.

APPADURAI, Arjun (ed.). *The Social Life of Things: Commodities in Cultural Perspective*. Cambridge: Cambridge University Press, 1986.

BACHTIN, Michail. *L'autore e l'eroe: Teoria letteraria e scienze umane*. Torino: Einaudi, 1988.

_____. *L'opera di Rabelais e la cultura popolare*. Torino: Einaudi, 1979. [Ed. bras.: *A Cultura Popular na Idade Média e no Renascimento: O Contexto de François Rabelais*. 4. ed. São Paulo: Hucitec, 1999.]

BALÀZS, Béla. *Il film: Evoluzione ed essenza di un'arte nuova*. Torino: Einaudi, 1975.

BATESON, Gregory. *Naven: Un rituale di travestimento in Nuova Guinea*. Torino: Einaudi, 1988.

_____. *Mente e natura: Un'unità necessaria*. Milano: Adelphi, 1984.

_____. *Verso un'ecologia della mente*. Milano: Adelphi, 1976.

_____. *Steps to an Ecology of Mind*. London: Chandler Publications, 1972.

BATESON, Gregory; MEAD, Margaret. *Balinese Character. A Photographic Analysis*. New York: Academy of Sciences, 1942.

BATESON, Mary Catherine. *Con occhi di figlia: Ritratto di Margaret Mead e Gregory Bateson*. Milano: Feltrinelli, 1985.

BAUDELAIRE, Charles. *I fiori del male*. Milano: Feltrinelli, 1964.

BAZIN, Andre. *Che cos'è il cinema?* Milano: Garzanti, 1973.

BELLMER, H. *Anatomia dell'immagine*. A cura di Ottavio Fatica. Milano: Adelphi, 2001.

BENJAMIN, Walter. *Parigi, capitale del XIX secolo*. Torino: Einaudi, 1986.

_____. *Lettere (1913-1940)*. Torino: Einaudi, 1978.

_____. *Il dramma barocco tedesco*. Torino: Einaudi, 1971.

_____. *L'opera d'arte nell'epoca della sua riproducibilità tecnica*. Torino: Einaudi, 1966.

_____. *Angelus novus: Saggi e frammenti*. Torino: Einaudi, 1962.

BERMAN, Marshall. *All that is Solid Melts Into Air*. New York: Simon and Schuster, 1982.

BERNERS-LEE, Tim. L'invenzione del World Wide Web. *La Repubblica*, Roma, 14 nov. 2011.

BETSKY, Aaron.; Adigard, Erik. *Architecture Must Burn: Manifestos for the Future of Architecture*. San Francisco: Ginko, 2000.

BHABHA, Homi K. *I luoghi della cultura*. Roma: Meltemi, 2001.

BLISSETT, Luther. *Strategia del multiple name*. Roma: Derive-Approdi, 1995.

BOCK, Philip K. *Antropologia culturale moderna*. Torino: Einaudi, 1978.

BOON, James A. *Other Tribes, Other Scribes: Symbolic Anthropology in the Comparative Study of Cultures, Histories, Religions and Texts*. Cambridge: Cambridge University Press, 1982.

BOURGUIGNON, Erika. *Antropologia psicologica*. Bari: Laterza, 1983.

BUÑUEL, Luis. *Sette film*.Torino: Einaudi, 1974.

_____. Decoupage o Segmentación Cinematográfico. *La Gaceta Literaria*, Madrid, n. 43, 1 out. 1928.

BUREAU, Georges. *Les Masques*. Paris: Seuil, 1948.

BURROUGHS, William S. *Ragazzi selvaggi*. Milano: Sugarco, 1969.

_____. *Il pasto nudo*. Milano: Sugarco, 1969.

CAILLOIS, Roger. *I giochi e gli uomini. La maschera e la vertigine*. Milano: Bompiani, 1981.

CANEVACCI, Massimo. *Fetichismos Visuais: Corpos Erópticos e Metrópole Comunicacional*. São Paulo: Ateliê, 2016.

_____. *SincretiKa: Explorações Etnográficas sobre Artes Contemporâneas*. São Paulo: Nobel, 2014.

_____. *A Linha de Pó: A Cultura Bororo entre Tradição, Mutação e Auto-Representação*. São Paulo, Annablume, 2011.

_____. *Culturas eXtremas: Mutações Juvenis nos Corpos das Metrópoles*. Rio de Janeiro: DP&A, 2005.

_____. *A Cidade Polifônica: Ensaio Sobre a Antropologia da Comunicação Urbana*. 2. ed. São Paulo: Nobel, 2004.

_____. *Antropologia do Cinema: Do Mito à Industria Cultural*. 2. ed. São Paulo: Brasiliense, 1990.

_____. *Dialética da Família: Gênese, Estrutura e Dinâmica de uma Instituição Repressiva*. 5. ed. São Paulo: Brasiliense, 1988.

CETINA, Karin Knorr. Primitive Classification and Postmodernity: Towards a Sociological Notion of Fiction. *Theory, Culture & Society*, v. 11, n. 3, 1994.

CHIOZZI, Paolo. *Manuale di Antropologia Visuale*. Milano: Unicopli, 1993.

CLIFFORD, James. *The Predicament of Culture: Twentieth-Century Ethnography, Literature, and Art*. Cambridge/Massachusetts: Harvard University Press, 1988.

CLIFFORD, James; MARCUS, George E. (eds.). *Writing Culture: The Poetics and Politics of Ethnography*. Berkeley: University of California Press, 1986.

COOPER, Mick; ROWAN, John. (eds.). *The Plural Self: Multiplicity in Everyday Life*. London: Sage, 1998.

COURTINE, Jean Jacques; HAROCHE, Claudine. *Storia del viso: Esprimere e tacere le emozioni, dal XVI all'inizio del XIX secolo*. Palermo: Sellerio, 1992.

CRANE, Gregory. Composing Culture: The Authority of an Electronic Text. *Current Anthropology*, v. 32, n. 3, June 1991.

CRAPANZANO, Vincent. Hermes' Dilemma: The Masking of Subversion in Etnographic Description . In: CLIFFORD, James; Marcus, George E. (eds.). *Writing Culture: The Poetics and Politics of Ethnography*. Berkeley: University of California Press, 1986.

_____. *Tuhami: Portrait of a Moroccan*. Chicago: University of Chicago Press, 1980.

CURI, Umberto (a cura di). *La comunicazione umana*. Milano: Angeli, 1985.

D'AGOSTINO, Mário Henriques S. *A Coluna e o Vulto: Reflexões Sobre a Casa e o Habitar na História Antiga e Moderna*. São Paulo: Annablume, 1987.

DE MARTINO, Ernesto. *Il mondo magico: Prolegomeni a una storia del magismo*. Torino: Boringhieri, 1973.

_____. *Sud e magia*. Milano: Feltrinelli, 1959.

DELL HYMES. Anthropology and Poetry. *Dialectical Anthropology*, v. 11, n. 2/4, 1986.

DENZIN, Norman K. *Images of Postmodern society: Social Theory and Contemporary Cinema*. London: Sage, 1991.

DETIENNE, Marcel. *Dioniso e la pantera profumata*. Bari: Laterza, 1983.

DEVEREUX, Georges. *Saggi di etnopsichiatria generale*. Roma: Armando, 1978.

DICKS, B.; MASON, B. The digital ethnographer. *Research Methodology Online*. Disponível em: <www.cybersociology.com>. Acesso em: 26/04/2017.

DOUGLAS, Mary. *Il simboli naturali: Esplorazioni in cosmologia*. Torino: Einaudi, 1979.

DURHAM, Jimmie. Cowboy e... *Avatar*, n. 3. Roma: Meltemi, 2002.

EBERLE, Oskar. *Cenalora*. Milano: Il Saggiatore, 1966.

EIBL-EIBESFELDT, Irenäus. *L'avventura umana: Natura e possibilità culturali*. Bari: Laterza, 1980.

ELBAOR, C. Art World: Cindy Sherman Just Made Her Instagram Account Public and It's Amazing. *Artnet*, 2 aug. 2017. Disponível em: < http://www.artnet.com>. Acesso em: 10 ago. 2018.

297

ELLIS, Breat Easton. *American Psycho*. Milano: Bompiani, 1991.

FEATHERSTONE, Mike. *Cultura globale*. Roma: Seam-TCC, 1995.

_____. *Cultura del consumo e postmodernismo*. Roma: Seam-TCC, 1990.

_____. *Global Culture: Nationalism, Globalization and Modernity*. London: Sage, 1990.

FEATHERSTONE, Mike; HEPWORTH, Mike; TURNER, Bryan S. (eds.). *The Body: Social Process and Cultural Theory*. London: Sage, 1991.

FERRAZZI, M. *Con occhi sbarrati*. Tesi (Laurea). Università di Bologna/ Facoltà di Giurisprudenza, Bologna, 2001.

FOX, Robin. *Antropologia biosociale*. Roma: Armando, 1979.

FRAZER, James George. *The Golden Bough: A Study in Magic and Religion*. London: Mcmillan, 1911.

FREEMAN, Derek. *Margaret Mead and Samoa: The Making and Unmaking of an Anthropological Myth*. Cambridge: Harvard University Press, 1983.

GAGLIARDI, Pasquale. (a cura di). *Le imprese come culture: Nuove prospettive di analisi organizzativa*. Torino: Isedi, 1986.

GEERTZ, Clifford. *Opere e vite: L'antropologo come autore*. Bologna: Il Mulino, 1990.

_____. *Interpretazione di culture*. Bologna: Il Mulino, 1987

_____. *The Interpretation of Cultures*. New York: Basic Book, 1973.

GEFFROY, Yannick. Le Masque: Visage à corp perdu. *Bullettin de psychologie*, tome 39, n. 376, 1986.

GEHLEN, Arnold. Anthropologische ansicht der technik. In FREYER, Hans et al. (eds.). *Technik im technischen Zeitalter*. Düsseldorf: Schilling, 1965.

GIBSON, William. *Neuromancer*. London: Victor Gollancz, 1984.

GINSBURG, Faye. *Indigenous Media: Faustian Contract or Global Village?* Arlington: Cultural Anthropology, 1991.

GOLDBERG, RoseLee. *A Arte da Performance: Do Futurismo ao Presente*. São Paulo: Martins Fontes, 2006.

HAMMAN, Robin. *Cyberorgasm Among Multiple Selves and Cyborgs*. Dissertation. University of Essex Press, Essex, 1996. Achei *Cyberorgasms: Cybersex amongst Multiple-Selves and Cyborgs in the Narrow Bandwidth Space of America Online Chat Rooms*. Tese de Mestrado. University of Essex Press, Essex, 1996.

HAN, Byung-Chul. *Im schwarm: Ansichten des digitalen*. Berlin: Matthes & Seitz, 2013.

HARRIS, Marvin. *America now: I modi di vivere e di pensare, le paure e le speranze di una società che cambia*. Milano: Feltrinelli, 1983.

_____. *L'evoluzione del pensiero antropologico*. Bologna: Il Mulino: 1971.

HAUSER, Jens. Bio Art:Taxonomy of an Etymological Monster. In: *Hybrid creatures*. Ars Electronica. Linz: Hatje Cantz, 2005.

HOFSTADTER, Douglas R. *Gödel, Escher, Bach: Un'Eterna Ghirlanda Brillante*. Milano: Adelphi, 1984.

JAMESON, Frederic. *Il postmoderno o la logica culturale del tardo capitalismo*. Milano: Garzanti, 1989.

JENEMANN, David. *Adorno in America*. Minneapolis: University of Minnesota Press, 2007.

KEESING, Roger M. Exotic Readings of Cultural Texts. *Current Anthropology*, v. 40, n. 4, aug.-oct., 1989.

KERÉNYI, Károly. *Gli dei e gli eroi della Grecia: Il racconto del mito, la nascita della civiltà*. Milano: Il Saggiatore, 1963.

KOPYTOFF, Igor. The Cultural Biography of Things: Commoditization as Process. In: APPADURAI, Arjun (ed.). *The Social Life of Things: Commodities in Cultural Perspective*. Cambridge: Cambridge University Press, 1986.

KRAHL, Hans J. *Costituzione e lotta di classe*. Milano: Jaca Book, 1973.

KRACAUER, Siegfried. *Cinema tedesco: dal "Gabinetto del dottor Caligari" a Hitler, (1918-1933)*. Milano: Mondadori, 1954.

KRAUS, Karl. *Detti e contraddetti*. Milano: Rizzoli, 1972.

KUPTANA, Rosemarie. Inuit Broadcasting Corporation. *Commission on Visual Anthropology Newsletter*, may 1988.

LASCH, Christopher. *La cultura del narcisismo: L'individuo in fuga dal sociale in un'età di disillusioni collettive*. Milano: Bompiani, 1981.

LASH, Scott. Reflexive Modernization: The Aesthetic Dimension. *Theory, Culture & Society*, v. 10, n.1, 1993.

LEACH, Edmund R. *Cultura e comunicazione: la logica della connessione simbolica. Un'introduzione all'uso dell'analisi strutturale nell'antropologia sociale*. Milano: Angeli, 1981.

LEIRIS, Michel. *Sul rovescio delle immagini*. Milano: SE, 1988.

LÉVI-STRAUSS, Claude. *La via delle maschere*. Torino: Einaudi, 1985.

_____. *Le strutture elementari della parentela*. Milano: Feltrinelli, 1969.

_____. *Antropologia strutturale*. Milano: Il Saggiatore, 1966.

LIPSET, David. *Bateson: The Legacy of a Scientist*. Boston: Beacon Press, 1980.

LOMBROSO, Cesare. *L'uomo delinquent in rapport all'antropologia, alla giurisprudenza ed alle discipline carcerarie*. Milano: Bocca, 1876.

LOUŸS, Pierre. *Manuel de civilité pour les petites filles à l'usage des maisons d'éducation*. Paris: Petite Bibliothèque Payot, 2013.

_____. *Piccole scene amorose*. Milano: ES, 1998. LUCCHETTI, Daniela. *Writing: Storia, linguaggi, arte nei graffiti di strata*. Roma: Castelvecchi, 2001.

LUCCI, A.; SLOTERDIJK, M.; HAN, B.-C. In: *Doppiozero*. Disponível em: <www.doppiozero.com>. Acesso em: 26/04/2017.

LYNCH, David. *Perdersi è meraviglioso. Interviste sul cinema*. R.A. Barney (a cura di). Roma: Minimun Fax, 2012.

MARCUS, George E. Una opportuna rilettura di "Naven": Bateson saggista orocolare (posfácio). In: BATESON, G. *Naven: Un rituale di travestimento in Nuova Guinea*, Torino: Einaudi, 1988.

_____. Contemporary Problems of Ethnography in the Modern World System. In: CLIFFORD, James; MARCUS, George E. (eds.). *Writing Culture: The Poetics and Politics of Ethnography*. Berkeley: University of California Press, 1986.

_____. Book Review of David Lipset's "Gregory Bateson: The Legacy of a Scientist". *American Anthropologist*, v. 86, n. 2, June 1984.

MARCUS, George E.; FISCHER, Michael M.J. *Anthropology as Cultural Critique: An Experimental Moment in the Human Sciences*. Chicago: University of Chicago Press, 1986.

MARCUS, George E.; CUSHMAN, Dick. Ethnographies as Texts. *Annual Review of Anthropology*, v. 11, 1982.

MARINETTI, Filippo Tommaso. Fondazione e Manifesto del Futurismo. In: DE MARIA, Luciano (ed.). *Teoria e invenzione futurista*. Milano: Mondadori, 1968.

MAUSS, Marcel. *Teoria generale della magia*. Torino: Einaudi, 1965.

MEAD, Margaret; MÉTRAUX, Rhoda. (orgs.). *The Study of Culture at a Distance*. Chicago: University of Chicago Press, 1966.

MICHAELS, Eric. *The Aboriginal Invention of Television in Central Australia, 1982-1986*. Canberra: Australian Institute for Aboriginal Studies, 1986.

MULDER, Arjen et al. (eds.). *Transurbanism*. Rotterdam: V2_, 2002.

"MULHOLLAND DRIVE" Leads the Pack in List of 21st. Century's Top Films, *The Guardian*, Aug. 23, 2016.

MURTHI, V. Close Reads: In Praise of Dougie Jones, the Biggest Tease in the New Twin Peaks. *Vulture*, 13 jun. 2017. Disponível em:< http://www.vulture.com >. Acesso em 10 ago. 2018.

NIETZSCHE, Friedrich. *La nascita della tragedia*. Bari: Laterza, 1967.

NOVAES, Sylvia Cayubi (org.). *Habitações Indígenas*. São Paulo: Nobel, 1983.

PARISER, Eli. *The Filter Bubble: What The Internet is Hiding From You*. New York: Penguin, 2011.

PASOLINI, Pier Paolo. *Empirismo eretico*. Milano: Garzanti, 1972.

_____. *Medea, un film di Pier Paolo Pasolini*. Milano: Garzanti, 1970.

PERNIOLA, Mario. *Del sentire*. Torino: Einaudi, 1994.

PESSOA, Fernando. *O Eu Profundo e os Outros Eus*. Nova Fronteira: Rio de Janeiro, 1980.

PETRAGLIA, Sandro. *Pasolini: Pier Paolo Pasolini*. Firenze: La Nuova Italia, 1974.

PRICE-WILLIAMS, Douglass Richard. *Culture a confronto*. Torino: Boringhieri, 1975.

PRIGOGINE, Ilya. *La nuova alleanza: Uomo e natura in una scienza unificata*. Milano: Longanesi, 1979.

PROPP, Vladimir. J. *Edipo alla luce del folklore*. Torino: Einaudi, 1975.

QUATTROCCHI, Luca. Le perle dell'eternità. *FMR*, n. 54, set. 1987.

RABINOW, Paul. *Reflections on Fieldwork in Morocco*. Berkeley: University of California Press, 1977.

ROBERTSON, Roland. *Globalization: Social Theory and Global Culture*. London: Sage, 1992.

ROHDE, Erwin. *Psiche*. Bari: Laterza, 1970.

ROSALDO, Ronaldo. *Culture & Truth: The Remaking of Social Analysis*. Boston: Beacon, 1989.

RUBY, Jay. Franz Boas and Early Camera Study of Behavior. *The Kinesis Report*, v. 3, n. 1, 1980.

SADOUL, Georges. *Storia del cinema mondiale dalle origini ai nostri giorni*. Milano: Feltrinelli, 1964.

SAHLINS, Marshall. Cultura e ambiente: lo studio dell'ecologia culturale. In: TAX, Sol (ed.). *Orizzonti di antropologia*. Brescia: Morcelliana, 1964.

300

SANGREN, Paul Steven. Rhetoric and the Authority of Ethnography: Postmodernism and the Social Reproduction of Texts. *Current Anthropology*, v. 29, n. 3, June 1988.

SCHAFER, R. Murray. Exploring the New Soundscape: Pioneer Research into the Global Acoustic Environment. *The Unesco Courier*, v. 29, November 1976.

SCHEPER-HUGHES, Nancy. Embodied Knowledge: Thinking With the Body in Critical Medical Anthropology. In: BOROFSKY, Robert (ed.). *Assessing Cultural Anthropology*. New York: McGraw-Hill, 1994.

SOBCHACK, Vivian. (ed.). *Meta-morphing: Visual Transformation and the Culture of Quick-Change*. Minneapolis: University of Minnesota Press, 2000.

SPERBER, Dan. *Per una teoria del simbolismo: Una ricerca antropologica*. Torino: Einaudi, 1981.

SPIVAK, Gayatri C. Can the Subaltern Speak? In: NELSON, Cary; GROSSBERG, Lawrence (eds.). *Marxism and the Interpretation of Culture*. Urbana: University of Illinois Press, 1988.

SPRINKLE, Annie. *Post-porn modernist: I miei venticinque anni da puttana multimediale*. Roma: Venerea, 2005.

STRZYZ, Klaus. *Narcisismo e socializzazione: Trasformazione sociale e il mutamento di dati caratteriali*. Milano: Feltrinelli, 1981.

TAMBURINI, Paolo; CINI, Marcello (orgs.). *Gregory Bateson: Il maestro dell'ecologia della mente*. Bologna: Federazione Università Verdi, 1987.

TASSARA, Eda. (org.). *O Índio: Ontem, Hoje, Amanhã – Dossiê do I Ciclo*. São Paulo: Edusp, 1991.

TEDLOCK, Dennis. Questions Concerning Dialogical Anthropology. *Journal of Anthropological Research*, v. 43, n. 4, Winter 1987.

_____. *The Spoken Word and the Work of Interpretation*. Philadelphia: University of Pennsylvania Press, 1983.

TURKLE, Sherry. *Life on the Screen: Identity in the Age of the Internet*. New York: Simon & Schuster, 1995.

TURNER, Terrence. Imagens Desafiantes: A Apropriação Kaiapó do Vídeo, *Revista de Antropologia*, v. 36, 1993.

_____. The Kayapò Video Project: a Progress Report. CVA Review, Fall 1990.

TURNER, Victor. *From Ritual to Theatre: The Human Seriousness of Play*. New York: Performing Arts Journal,1982.

_____. *La foresta dei simboli: Aspetti del rituale ndembu*. Brescia: Morcelliana, 1976.

VIDAL, Lux. (org.). *Grafismo Indígena: Estudos de Antropologia Estética*. São Paulo: Nobel, 1992.

WATZLAWICK, Paul; BEAVIN, Janet H.; JACKSON, Don D. *Pragmatica della comunicazione umana: Studio dei modelli interattivi, delle patologie e dei paradossi*. Roma: Astrolabio, 1971.

WEBSTER, Steven. Ethnography as Storytelling. *Dialectical Anthropology*, v. 8, n. 3, December 1983.

_____. Dialogue and Fiction in Ethnography. *Dialectical Anthropology*, v. 7, n. 2, September 1982.

WILLIAMS, Raymond. *The Sociology of Culture*. New York: Shocken Books, 1982.

_____. *Keywords. A Vocabulary of Culture and Society*. New York: Oxford University Press, 1976.

WITTGENSTEIN, Ludwig. *Osservazione sopra i fondamenti della matematica*. Torino: Einaudi, 1979.

WORTH, Sol. Per una politica antropologica delle forme simboliche. In: DELL HYMES (a cura di). *Antropologia radicale*. Milano: Bompiani, 1979.

WORTH, Sol; ADAIR, John. *Through Navajo Eyes: An Exploration in Film Communication and Anthropology*. Bloomington: Indiana Universiry Press, 1972.

WOUTERS, Cas. The Sociology of Emotions and Flight Attendants: Hochschild's Managed Heart. *Theory, Culture & Society*, v. 6, n. 1, 1989.

ZUKIN, Sharon. *Landscapes of Power: From Detroit to Disney World*. Berkeley: University of California Press, 1991.